Microeconometría
y decisión

BERNARDÍ CABRER BORRÁS
AMPARO SANCHO PÉREZ
GUADALUPE SERRANO DOMINGO
PROFESORES DE ECONOMETRÍA DE LA UNIVERSIDAD DE VALENCIA

Microeconometría y decisión

EDICIONES PIRÁMIDE

COLECCIÓN «ECONOMÍA Y EMPRESA»

Director:
Miguel Santesmases Mestre
Catedrático de la Universidad de Alcalá de Henares

Diseño de cubierta: C. Carabina

Realización de cubierta: Anaí Miguel

© Bernardí Cabrer Borrás
   Amparo Sancho Pérez
   Guadalupe Serrano Domingo
© Ediciones Pirámide (Grupo Anaya, S. A.), 2001
Juan Ignacio Luca de Tena, 15. 28027 Madrid
Teléfono: 91 393 89 89. Fax: 91 742 36 61
Depósito legal: M. 1.956-2001
ISBN: 84-368-1537-8
Printed in Spain
Impreso en Lerko Print, S. A.
Paseo de la Castellana, 121. 28046 Madrid

Índice

Índice

© Ediciones Pirámide

Prólogo

La necesidad de dar una interpretación económica de las pautas de comportamiento de los agentes económicos o individuos, ha obligado a desarrollar un conjunto de métodos y técnicas que se les denomina Microeconometría.

El análisis con datos microeconómicos[1] es muy convincente para el estudio de la adecuación de los recursos escasos dentro de las familias y de las empresas, y de cómo se emplean estos recursos dentro del marco de la toma de decisiones racionales de los individuos.

La ventaja de los modelos microeconométricos frente a los tradicionalmente estudiados en Econometría está centrada en la superación de los problemas de agregación que existen en los planteamientos econométricos, e igualmente permite explicar las preferencias o utilidades individuales en términos probabilísticos.

Algunos aspectos que han favorecido el uso y difusión de estos modelos han sido:

1. La generalización del uso de los medios informáticos junto con el desarrollo de software específico, que ha facilitado el uso de técnicas y métodos sofisticados de análisis.
2. El aumento de la disponibilidad de información estadística obtenida principalmente a través de encuestas.
3. La difusión de nuevas tecnologías que han motivado que empresas e instituciones basen sus decisiones en estudios cuantitativos bien fundamentados, lo que ha provocado, en definitiva, la catalización de la Econometría.

La relevancia de estas técnicas de análisis microeconométrico queda refrendada por la concesión del premio Nobel de Economía en el año 2000 a los economistas

---

[1] La información individual o aislada que hace referencia a los agentes económicos también se denomina «datos microeconómicos».

James Hecman y Daniel L. McFadden. El galardón reconoce que a través de sus trabajos se ha facilitado el análisis del comportamiento individual de los agentes económicos. Sus estudios tratan de explicar, dentro del binomio *teoría económica-observación empírica*, el comportamiento de los individuos o bien de las familias. Así, sus trabajos se desarrollan en el marco de la teoría de la utilidad y, desde el punto de vista factual, tratan de analizar y explotar información microeconómica relacionada con los individuos, familias, empresas, etc., y en general con los agentes económicos, con el fin de definir y caracterizar su conducta más probable.

El presente manual se ha organizado de forma que cualquier estudioso o profesional de la economía, tras su lectura, se pueda familiarizar y utilizar modelos microeconométricos vinculados esencialmente a problemas que se les presentan a los agentes económicos a la hora de tomar decisiones y/o describir la situación de los «hechos económicos».

La obra que se ofrece es el resultado de varios años de docencia en los que se han explicado temas relacionados con la Microeconometría en la licenciatura de Administración y Dirección de Empresa (ADE) y en la licenciatura de Economía (ECO). A lo largo de estos años hemos podido comprobar el interés creciente por parte de los alumnos en temas relacionados con el comportamiento individual de los agentes económicos, dado que la problemática analizada ponía de relevancia la utilidad de esta materia a la hora de proveer al agente económico de un instrumento objetivo para tomar una decisión. Para ilustrar esta idea se pueden enunciar, a título de ejemplo, los siguientes casos: estudiar la utilidad que le reportan a un agente económico (un ciudadano) cada una de las alternativas posibles entre las que debe elegir, fijar la cantidad de gasto en bienes y servicios a la hora de consumir, fijar la cantidad de endeudamiento ante la realización de una inversión, analizar la probabilidad de que un cliente no devuelva un crédito a la entidad financiera, etc.

El objetivo final que se pretende con esta publicación es facilitar la difusión y el uso de las técnicas microeconométricas, en particular a los alumnos de ADE y ECO, a los profesionales de la economía y a los del mundo empresarial en general. A tal fin se han ilustrado las explicaciones con un número considerable de ejemplos y casos reales.

Tan incompleto es estudiar veterinaria sin ver jamás un animal como estudiar Econometría sin analizar datos reales. El estudio de la teoría y la resolución de ejercicios debe completarse con el análisis de problemas reales donde el estudiante compruebe por sí mismo lo que aporta la teoría estudiada. A través de este procedimiento los conceptos teóricos se convierten en herramientas útiles para su futura actividad científica. Por ello, los temas que se proponen en este libro van acompañados de prácticas con datos económicos con las que el lector podrá comprobar la utilidad y alcance del análisis microeconométrico.

El contenido del libro, dedicado a la Microeconometría Básica, es el siguiente. Después de revisar algunos conceptos básicos sobre la estimación, validación e interpretación de los modelos econométricos, se procede a estudiar los modelos de elección discreta que constituyen el núcleo del libro. Se parte del análisis del modelo de elección discreta dicotómico más sencillo, el Modelo Lineal de Probabilidad, en el que se estudia su especificación, estimación y limitaciones. A continuación se exponen los modelos Logit, Probit y Valor Extremo. En este caso se revisa su especificación, la interpretación de los distintos elementos que configuran este tipo de modelos, su estimación y la evaluación de la bondad del modelo.

Dentro de los modelos de elección discreta politómicos se estudia el Modelo Ordenado, que se caracteriza por la exclusividad de las distintas opciones entre las que se plantea la decisión. Además, estas alternativas están jerarquizadas de forma correlativa.

Por último, se aborda el estudio del Modelo Censurado y del Modelo Truncado (Tobit). Éstos son modelos híbridos, ya que aúnan las características de los modelos dicotómicos junto con las de los modelos lineales, ya que la variable cuyo comportamiento se trata de explicar a través de dichos modelos es de tipo mixto, es decir, que presenta aspectos de variable discreta y a la vez continua.

En la concepción de este libro se han tenido en cuenta las líneas actuales de aprendizaje de las ciencias factuales, en las que se recomienda acompañar las explicaciones teóricas con el planteamiento de problemas y con la realización de prácticas de ordenador con casos reales. Por este motivo se han ilustrado los distintos conceptos con ejemplos, ejercicios y el estudio de casos reales. Además, para mayor facilidad del lector se facilitan los datos de todas las prácticas y de algunos ejercicios y problemas en soporte magnético.

Queremos dar las gracias a todos los compañeros que han aportado comentarios, sugerencias y críticas a la redacción del libro. En especial por los comentarios de Víctor Barrios y de Javier Ferri, que han contribuido a mejorar la presentación y enfoque de muchas secciones. Algunos de los contenidos del libro se han beneficiado de los comentarios efectuados en el marco de seminarios y cursos de doctorado celebrados en la Universidad Autónoma de Madrid y en la Universidad de Sevilla.

Hemos tenido la suerte de contar con estupendos alumnos en la Facultad de Economía de la Universidad de Valencia cuyos comentarios han mejorado las primeras versiones de este trabajo. Estamos especialmente agradecidos a Carmina Tordera por su ayuda en la redacción de las versiones preliminares. Por último, y no por ello menos importante, queremos agradecer a nuestras familias el respaldo que hemos recibido en todo momento.

Este trabajo se ha desarrollado dentro el marco del Proyecto de Investigación PB98-1460 de la CICYT del Ministerio de Educación y Cultura.

LOS AUTORES

1

La economía cuantitativa

1.1. ECONOMETRÍA Y PROCESOS DE DECISIÓN

La vida cotidiana está llena de situaciones en las que se debe tomar una decisión. A veces, estas elecciones son casi automáticas, sin que apenas uno sea consciente de que tras cada opción ha habido un razonamiento lógico. Sin embargo, en otras ocasiones, un individuo debe tomar una decisión que requiere una reflexión más profunda para la que no es suficiente la mera intuición. En estos casos el proceso de elección dependerá de determinados factores, entre ellos sus propias preferencias y condicionantes y acarreará unas consecuencias concretas.

Las repercusiones que se derivan de determinada elección pueden ser de distinta trascendencia. No es tan comprometido decidir si comprar o no comprar un coche como conceder o negar un préstamo a una familia para adquirir una vivienda ya que, en este último caso, la decisión es importante para terceras personas. Una cuestión que un agente se podría plantear es: ¿no sería interesante disponer de algún instrumento objetivo que ayudara a tomar una decisión? Este instrumento debería sintetizar toda la información disponible sobre la situación en que se va a tomar la decisión, incluyendo la experiencia previa de las decisiones adoptadas en casos análogos.

Por ejemplo, al director de una entidad financiera le sería muy útil disponer de un instrumento objetivo, aparte de su propia intuición, que le ayudara a decidir si conceder un préstamo a un cliente o no concedérselo. El director todavía no sabe si el cliente devolverá el préstamo, hecho que será positivo para él y para la empresa, o bien si el cliente resultará moroso, hecho negativo para su posición como director de la entidad y para la corporación como empresa. Ante esta disyuntiva, sería de gran ayuda conocer, a la vista de lo ocurrido con otros préstamos concedidos a diversos clientes del banco, con distinta situación familiar, diferentes salarios y rentas, distinto nivel educativo, etc., cuál es la probabilidad de que el cliente devuelva el préstamo, y así objetivar el criterio de decisión.

De forma análoga, la economía, como ciencia ligada al estudio de la forma en que los agentes emplean los recursos escasos, está sujeta a los continuos procesos de decisión entre las diferentes alternativas que se presentan en la vida cotidiana, tanto a nivel macro como microeconómico. Ello indica que una de las tareas más importantes en la actitud de los agentes económicos es la búsqueda de herramientas que permitan objetivar el problema de la elección de una forma racional (Amemiya [1985] y Greene [2000]).

La teoría económica facilita modelos sobre la conducta de los agentes en circunstancias similares, y la Econometría desarrolla métodos para explicar el comportamiento de los individuos ante los procesos de decisión, los cuales se pueden realizar mediante la mera intuición económica o bien a través de un proceso objetivo mediante uno de los modelos específicos distintos a los modelos agregados (Arrow [1951]), ya que éstos explican el comportamiento medio del grupo en lugar de interpretar el comportamiento individual. De esta forma, la Econometría pretende dar respuesta a estas necesidades de la economía, planteando modelos que permitan medir y cuantificar los hechos económicos, con el fin de proporcionar un marco teórico-empírico que facilite los procesos objetivos de toma de decisión.

Un posible ejemplo sobre esta problemática queda recogido a través del siguiente paradigma. Se supone un agente económico, un ama de casa de 35 años de edad, con dos hijos de 3 y 5 años, que se enfrenta a la decisión de trabajar o no fuera del hogar, es decir, repartir un recurso escaso que posee (su tiempo) entre actividades dentro del hogar, u ofrecer determinada cantidad de esas horas en el mercado laboral. El hecho de que la mujer opte por trabajar fuera del hogar lleva asociados unos factores positivos (beneficios) como mejora de la renta familiar, autorrealización, etc., y otros negativos (costes), como el abandono de los hijos pequeños, menor tiempo de ocio, etc. Ante esta disyuntiva, la mujer puede valorar los beneficios y los costes que le supondrían las diferentes elecciones posibles (trabajar fuera del hogar a tiempo completo, no trabajar o trabajar a tiempo parcial). Tras esta valoración de todos los factores (variables) a favor y en contra de cada opción, se marca su criterio de preferencia en función del cual tomará una decisión.

Es evidente imaginar que la decisión adoptada presenta cierta aleatoriedad ya que la respuesta puede ser distinta para cada una de las mujeres estudiadas, aun en el caso de que los valores de las variables que la condicionasen fuesen idénticos. Es decir, que dos mujeres con las mismas características o condicionantes, por ejemplo, 35 años de edad, dos hijos (3 y 5 años), e incluso con el mismo lugar de residencia, podrían optar por decisiones diferentes. Sin embargo, a pesar de esas diferencias, las ordenaciones de las preferencias de ambas mujeres tendrán en común algunos rasgos importantes a partir de los que se podría establecer un patrón de comportamiento medio de la población de mujeres.

De esta forma, el estudio de los comportamientos individuales de las mujeres puede servir para modelizar el mercado laboral de la mujer, proporcionando un instrumento para la planificación económica y social de las familias (podría servir para determinar el tipo de ayuda que se ha de otorgar a las familias con mujeres que trabajan fuera de casa, etc). En general, esta posibilidad implica que, a partir de la observación del comportamiento de una muestra de individuos, se pueden obtener conclusiones generales sobre el comportamiento medio de la población a la que pertenece dicha muestra de individuos analizada. Esta posibilidad de establecer resultados generales a partir del análisis de una muestra es un factor clave dentro de los estudios económicos, puesto que permiten establecer medidas de política económica.

Así, y en resumen, cabe poner de manifiesto que para analizar los procesos de decisión se necesita algún instrumento que permita describir las preferencias, así como establecer una ordenación posible de ellas. Por lo tanto, dentro del ámbito de la Econometría, es importante abordar los problemas de la decisión mediante un tipo de modelos que permita analizar las conductas individuales y que, en consecuencia, pueda explicar las preferencias o utilidades de los agentes económicos.

La rama de la Econometría que se dedica a estudiar y modelizar los procesos de decisión, así como dar solución a los procesos de elección entre diversas alternativas se denomina Microeconometría.

1.2. MICROECONOMETRÍA

Tradicionalmente, la Econometría se enfrentaba a los problemas de decisión utilizando los modelos agregados, de forma que haciendo uso del modelo general se definía la conducta esperada de los agentes. Sin embargo, cuando se quieren captar los procesos de decisión individual, y las relaciones causales inherentes al proceso de decisión, es mucho más interesante estudiar los modelos desde un punto de vista desagregado o analizar el comportamiento más probable de cada individuo.

La Microeconometría provee así de un conjunto de técnicas para estudiar y explicar los comportamientos individuales de las unidades decisorias, así como la posibilidad de contrastar estadísticamente las hipótesis efectuadas (Maddala, 1983).

Ahora bien, estos estudios necesitan un marco de información con datos individuales, es decir, datos desagregados para cada uno de los agentes económicos, lo cual supone un gran esfuerzo en el tratamiento de la información. Como resultado de los avances informáticos, que permiten el tratamiento de una gran cantidad de datos individuales, la Microeconometría ha desarrollado un marco teórico-práctico de referencia donde fundamentar el estudio de los procesos de decisión individual.

Además, el avance experimentado en las últimas décadas de los estudios realizados con encuestas proporciona una gran cantidad de datos individuales, permitiendo realizar un análisis más detallado de los individuos en un momento del tiempo.

Así pues, la Microeconometría proporciona una metodología que permite examinar y modelizar los resultados extraídos de las encuestas de forma individualizada, permitiendo captar efectos que nunca se podrían haber captado con los datos agregados (Johnston y Di Nardo, 1997).

Un ejemplo de datos individualizados por empresas son los proporcionados por la Central de Balances del Banco de España. Ésta es una fuente de información muy importante para el análisis de las estructuras empresariales españolas. Igualmente, las empresas elaboran potentes estudios de mercado, con un nivel individualizado, donde las encuestas tienen un papel relevante para la determinación de políticas empresariales.

Por su parte, las Encuestas de Consumo Permanente del INE que se efectúan trimestralmente sobre los hábitos de compra de los españoles proporcionan un marco de referencia obligado en los estudios del consumo, en general, y en la determinación del gasto, en particular.

Efectivamente, lo expuesto anteriormente no es más que una primera aproximación a lo que la Microeconometría ha aportado al estudio de la realidad económica empresarial. Su gran interés se centra en que estos tipos de técnicas econométricas permiten solventar los problemas del tratamiento desagregado (individual) de la información. Estos modelos facilitan, también, la tarea de identificar las características o factores que provocan un comportamiento de los individuos diferentes ante los procesos de decisión.

Ahora bien, a pesar de la gran utilidad de estos modelos, es interesante puntualizar algunas de las posibles limitaciones de las técnicas microeconométricas. Las estimaciones obtenidas mediante dichas técnicas están determinadas de forma muy importante por los supuestos básicos establecidos, es decir, los «supuestos fundamentales» (como, por ejemplo, la normalidad de las preferencias, errores de medida, simultaneidad de las relaciones, etc.). Éstos son aspectos no demasiado importantes desde el punto de vista económico, pero pueden crear serios problemas (inconsistencia) en las estimaciones de los parámetros.

Hay que señalar que las técnicas tradicionales de estimación, como por ejemplo los Mínimos Cuadrados Ordinarios, resultan inapropiadas dado el carácter de discontinuidad que tiene el regresando y la no linealidad de la ecuación. Por ello, en estos modelos se debe recurrir a procesos de estimación no lineales, donde la técnica de referencia para la estimación es, generalmente, a través de Máxima Verosimilitud. Además, en Microeconometría se da gran importancia a los diagnósticos que permiten validar correctamente los resultados del modelo, así como en los supuestos establecidos en su formulación teórica. La parte de la Econometría que estudia los problemas teóricos inherentes a este tipo de modelos se denomina Métodos Microeconométricos.

¿Cómo se enfrenta la Microeconometría al problema de la decisión?

El proceso de elección entre diferentes alternativas está sometido a ciertas limitaciones, que radican en la asignación de un cierto grado de objetividad a cada una de las opciones posibles a las que se enfrenta el individuo económico. La Microeconometría da respuesta a este tipo de problemas asignando la probabilidad de que un individuo elija una determinada alternativa entre un conjunto finito, exhaustivo y mutuamente excluyente de éstas. Dicha probabilidad de elección depende del conjunto de características de cada una de las alternativas, así como de los condicionantes propios del individuo decisor.

Así, en el ejemplo anteriormente expuesto sobre la participación laboral del ama de casa, se puede establecer que el hecho de que la mujer trabaje o no está condicionado por dos tipos de características:

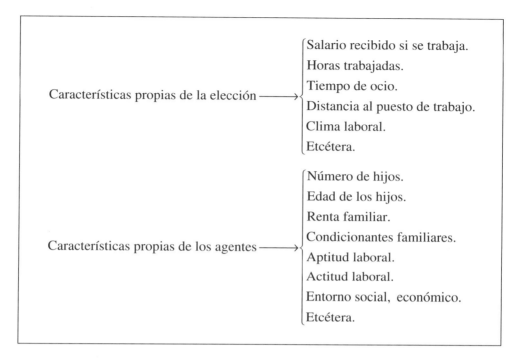

Características propias de la elección
- Salario recibido si se trabaja.
- Horas trabajadas.
- Tiempo de ocio.
- Distancia al puesto de trabajo.
- Clima laboral.
- Etcétera.

Características propias de los agentes
- Número de hijos.
- Edad de los hijos.
- Renta familiar.
- Condicionantes familiares.
- Aptitud laboral.
- Actitud laboral.
- Entorno social, económico.
- Etcétera.

Cada uno de estos regresores o características influyen en los procesos de decisión, siendo el papel de la Microeconometría determinar un modelo que permita, dadas esas características, explicar ese proceso de decisión. A tal fin se establece un valor numérico que permita ordenar las preferencias y que está asociado, en nuestro ejemplo, con el hecho probabilístico de que la mujer decida trabajar.

Por lo tanto, en estos modelos lo que se explica no es el valor que toma el regresando o variable endógena, sino la probabilidad de que el agente económico i elija una determinada alternativa, que dependerá de los factores que condicionan el proceso de decisión, y de acuerdo con la función de distribución de la probabilidad que se haya supuesto para el caso de elegir una alternativa frente a sus complementarias.

1.3. CLASIFICACIÓN DE LOS MODELOS MICROECONOMÉTRICOS

Los modelos microeconométricos se clasifican según las características del regresando o variable endógena, ya que ésta es la que modeliza las distintas alternativas implícitas en el problema de decisión al que se enfrenta el individuo. En concreto, se va a hacer referencia a tres tipos: Modelos de elección discreta, Modelos censurados y truncados y Modelos de panel de datos.

Modelos de elección discreta

A menudo, el problema de la decisión entre dos o más alternativas implica que la variable dependiente que se va a utilizar no es cuantitativa, es decir, no tiene un valor concreto, sino que es cualitativa, y se codifica mediante dígitos o categprías para indicar cuál de las opciones elige cada individuo de la muestra. Los modelos que tienen una variable dependiente con estas características se denominan *Modelos de elección discreta.*

Por ejemplo, en el caso anteriormente expuesto sobre la disyuntiva a la que se enfrenta una mujer ante el hecho de trabajar o no, es un caso típico de modelo de elección discreta. En este caso el regresando toma tan sólo dos valores cuantificados a través de los números, 1 si la mujer trabaja y 0 si la mujer no trabaja. Estas alternativas se codifican mediante valores numéricos como cualquier variable cualitativa. Así, la opción trabajar se codifica con el valor uno: $Y_i = 1$, y la opción no trabajar se codifica con el valor cero: $Y_i = 0$. De esta forma se construye la variable Y_i, con valores 1 o 0 según el individuo *i-ésimo* haya elegido la opción trabajar o no trabajar, y será objeto de modelización y, por tanto, será la variable dependiente del modelo.

Los modelos de elección discreta tienen una larga tradición en Economía Aplicada. A partir de los años cincuenta se empezaron a utilizar en el mundo económico y siempre aplicados a modelos abstractos de teoría de la decisión racional del consumidor, por ejemplo demandar (consumir o no consumir) un determinado producto sujeto a unas restricciones presupuestarias. La introducción en el campo de la Microeconometría fue a raíz del trabajo de McFadden (1973). Previamente a éste, se habían realizado algunos trabajos en esta área basados, fundamentalmente, en los modelos matemáticos de la biología de los años treinta, donde se determinaba la probabilidad de que un enfermo mejorara o no después de un tratamiento quirúrgico, o la probabilidad de vencer a un parásito después de un tratamiento fitosanitario determinado.

Como ya se ha explicado, la principal característica de este tipo de modelos es que su regresando es discreto, ya que hace referencia a distintas categorías o alternativas de elección. Cuando el individuo se enfrenta a una decisión entre dos alternativas posibles y mutuamente excluyentes (comprar o no comprar, conceder un préstamo o no concederlo, trabajar o no trabajar) la variable dependiente sólo mostrará dos categorías. Si el individuo elige la primera opción el regresando toma el valor 1, y si el individuo elige la opción complementaria el regresando tomará el valor cero. En este caso, se denominan Modelos de respuesta dicotómica, y su representación gráfica queda recogida en la figura 1.1.

Theil (1970) generalizó los modelos de elección binaria para el caso de que el individuo se enfrente a más de dos alternativas en su elección. En concreto, el individuo se enfrenta a múltiples alternativas, y por tanto, la variable dependiente hace referencia a múltiples categorías: ir a trabajar en coche, a pie, en autobús o en motocicleta (cuatro categorías), trabajar a tiempo completo, a tiempo parcial o no trabajar, (tres categorías), hacer dos, tres, cuatro o seis viajes este año, etc. Este tipo de Modelos de elección múltiple también se denominan Modelos multinomiales. Para el

© Ediciones Pirámide

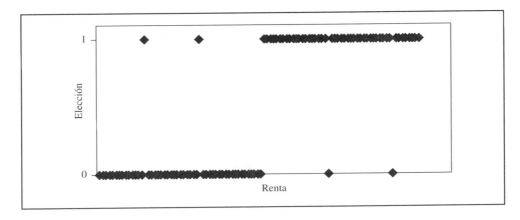

Figura 1.1. Variable dicotómica.

caso de que el agente económico *i-ésimo* se enfrente a tres alternativas, por ejemplo, comprar un piso, una casa o un chalet, se tiene:

$$Y_i = \begin{cases} 0 \text{ si compra el piso} \\ 1 \text{ si compra la casa} \\ 2 \text{ si compra el chalet} \end{cases}$$

y su representación se muestra en la figura 1.2.

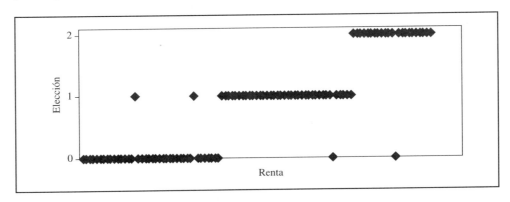

Figura 1.2. Variable de respuesta múltiple o politómica.

La especificación de los modelos de respuesta múltiple está determinada por el tipo de función de distribución utilizada, por el proceso seguido al efectuar la elección (ordenado o secuencial) y por la naturaleza de los regresores, es decir, características de la elección y de los agentes.

Dado el tipo de variable endógena que se utiliza, los modelos requieren un tratamiento econométrico específico, ya que en este caso el objetivo no es tanto determinar el comportamiento medio de la población (como en los modelos de variable continua), sino que, como ya se ha apuntado anteriormente, el objetivo primordial es la obtención del valor de probabilidad de que el individuo adopte una elección determinada según el valor de las variables explicativas.

Relacionado con su objetivo, un aspecto importante a considerar en los modelos microeconométricos es la gran importancia que tienen las técnicas de recogida de la información o técnicas de muestreo (obtención de una muestra que sea representativa de la población que se quiere analizar). El motivo radica en que la validez de los resultados estará condicionada a la representatividad de la muestra, puesto que, en estos modelos, se parte de las probabilidades muestrales para determinar la probabilidad poblacional de los factores que condicionan el proceso de decisión.

Modelos de tipo censurado y truncado

Si bien bajo esta denominación existe una gran variedad de modelos, sólo se hará referencia a los llamados modelos Tobit, donde se presenta un proceso de elección secuencial. En ellos la primera decisión hace referencia a la voluntad del agente a participar en una determinada elección, como comprar o no un bien. Si el individuo opta por comprar, se determina en una segunda selección la cantidad que está dispuesto a demandar del citado bien, estableciendo para ello la consiguiente función de demanda.

En estos modelos se determinan, en primer lugar, las características que influyen en la primera decisión, asignando una probabilidad al hecho de realizar o no la acción. Por ejemplo, ante la decisión de viajar o no hacerlo se establecen, en primer lugar, las variables que puedan intervenir en la decisión de viajar como tiempo de ocio, obligaciones familiares, profesión, etc. Posteriormente, en una segunda etapa, se determinan las variables asociadas con la cantidad a demandar, que fundamentalmente son variables relacionadas con los modelos de demanda tales como niveles de renta, duración del viaje, relación de precios, etc. (véase figura 1.3).

En la literatura econométrica, este tipo de modelos se ha aplicado fundamentalmente a modelos de demanda, tales como la demanda de tabaco (Labeaga [1993]), en los que el proceso secuencial realizado ha consistido, en primer lugar, en explicar la decisión de fumar o no fumar y posteriormente la cantidad de tabaco que se consume. En el trabajo de Sancho y Pérez (1995) se establecen modelos de demanda de turismo en los que se explica, en primer lugar, la elección de viajar o no, y si se decide realizar el viaje, se determina posteriormente la cantidad a gastar en ese servicio.

Otro ejemplo de este tipo de modelos sería el que se plantea un director de banco ante la disyuntiva de conceder o no un préstamo. En primer lugar, establece el modelo de decisión, asignando una probabilidad al hecho de conceder o no un préstamo al cliente, donde los factores que influyen pueden ser: edad del individuo, el

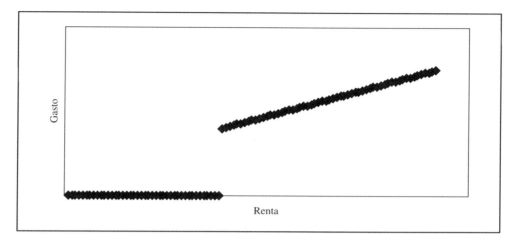

Figura 1.3. Variable mixta dicotómica/real (Modelo Censurado).

hecho de trabajar o estar parado, tipo de trabajo, situación familiar, etc. En segundo lugar, se establece la cantidad de préstamo que se puede conceder, lo cual depende de: salario, renta familiar, patrimonio, etc.

Modelos de panel de datos

Los modelos anteriormente expuestos tienen una característica común que es la ausencia de temporalidad de su formulación. Su estudio se realiza generalmente a través de datos de corte transversal (muestra de individuos en el mismo momento del tiempo).

Considerar el carácter dinámico de los modelos económicos dentro del marco de los procesos de decisión obliga a un tratamiento de los modelos desde la doble vertiente de corte transversal y de información temporal; son los llamados *Modelos de panel de datos*.

El planteamiento de los modelos de panel de datos parte del seguimiento de una muestra de individuos a través de diferentes periodos muestrales. Este enfoque implica algunas ventajas respecto a los modelos anteriormente expuestos, ya que permite analizar la evolución dinámica de las variables y modelos planteados, así como captar la trayectoria dinámica que siguen las preferencias de los individuos. Además, permiten el análisis de ciertos comportamientos económicos que, por su propia naturaleza, exigen un tratamiento dinámico.

Efectivamente, volviendo al ejemplo de la decisión de una mujer de trabajar o no, se puede comprobar la riqueza que puede aportar a estos modelos el seguimiento en el tiempo de las mujeres de la muestra. Ello permitiría analizar las variaciones en el tiempo de sus decisiones según van cambiando sus condiciones iniciales.

Igualmente, los modelos basados en el estudio de los balances de las empresas[1] han mejorado sensiblemente sus resultados al establecer un seguimiento de las empresas a través de diferentes periodos. Esto ha supuesto un conocimiento importante en las estructuras dinámicas de dichas empresas. Otra aplicación de los modelos de panel de datos ha sido la obtención de las elasticidades intertemporales en los modelos de demanda, permitiendo profundizar en la explicación del comportamiento del consumidor.

1.4. ECONOMÍA Y MODELOS DE ELECCIÓN DISCRETA

La interpretación económica de los modelos de elección discreta parte de la utilidad, donde se especifica que la racionalidad de los agentes económicos hace que se comporten de forma que maximicen la utilidad esperada que les proporciona cada una de las opciones posibles sobre las que deben decidir.

En el ejemplo establecido previamente de la mujer que se enfrenta a la decisión de trabajar fuera del hogar, este planteamiento postularía que la mujer decide trabajar si la utilidad que le proporciona esa elección supera la utilidad de no hacerlo (una vez considerados los beneficios y costes de la elección). Igualmente, un empresario decidirá lanzar un nuevo producto al mercado si la utilidad que le proporciona este hecho supera a la de no realizarlo. El director del banco decidirá conceder un préstamo si la utilidad de concederlo supera la de no hacerlo, y el estudiante decidirá continuar estudiando siempre que la utilidad de realizarlo supere a la utilidad del resto de alternativas, etc.

A la luz de estos ejemplos, el planteamiento teórico, de las preferencias de los individuos permite ordenar las diferentes alternativas en función de su atractivo para el individuo decisor y proporciona un marco teórico en el que se fundamentan los modelos de elección discreta.

Así pues, sobre la base de este planteamiento teórico cabe establecer que la probabilidad[2] de que el individuo *i-ésimo* escoja una de las dos alternativas a las que se enfrenta depende de que la utilidad que le proporciona dicha decisión sea superior a la que le proporciona su complementaria. La formalización de esta teoría parte del supuesto de que la utilidad derivada de una elección, U_{i1} o U_{i2}, es función de las variables explicativas de dicha decisión; que son, en definitiva, características propias de cada una de las alternativas de elección y de las características personales socioeconómicas y culturales propias del individuo. Igualmente existe una perturbación aleatoria ε_{ij} que recoge las desviaciones que los agentes tienen respecto a lo que sería el comportamiento del agente medio. En este caso el problema de decisión binaria ($j = 0,1$) se puede plantear en los siguientes términos:

---

[1] En España la información sobre las empresas se puede obtener a partir de la Encuesta Industrial, la Central de Balances del Banco de España y la CNMV.

[2] En este contexto, se entiende por probabilidad la cuantificación de la utilidad.

Se define:

U_{i0}: como la utilidad que le proporciona al agente i la elección 0.
U_{i1}: es la utilidad que le proporciona al agente i la elección 1.

Y sean

X_{i0}: el vector de variables explicativas que caracterizan la elección de la alternativa 0 por parte del agente i.
X_{i1}: el vector de variables explicativas que caracterizan la elección de la alternativa 1 por parte del agente i.

Suponiendo, además, linealidad en las funciones[3], implicaría que:

$$U_{i0} = \overline{U}_{i0} + \varepsilon_{i0} = \alpha_0 + X_{i0}\,\beta + \varepsilon_{i0}$$
$$U_{i1} = \overline{U}_{i1} + \varepsilon_{i1} = \alpha_1 + X_{i1}\,\beta + \varepsilon_{i1} \tag{1.1}$$

Donde los valores $\overline{U}_{i0}$ y $\overline{U}_{i1}$ representan las utilidades medias asociadas a cada elección, las cuales pueden ser observadas y conocidas a través del proceso de investigación. Las utilidades medias son función de una combinación lineal de las variables explicativas observadas: $X_{i0}\beta$ y $X_{i1}\beta$. Además, ε_{i0} y ε_{i1} representan aquellos factores de la utilidad asociada a cada una de las alternativas que son desconocidos y que pueden variar según los individuos y según la alternativa de la que se trate. Se considera que éstas son variables aleatorias ruido blanco, es decir, independientemente distribuidas, con esperanza constante e igual a 0 y varianza constante e igual a σ_ε^2; además, generalmente se supone que siguen una función de distribución normal.

El agente i elegirá la opción uno si la utilidad de esa elección supera la de la opción cero y viceversa. Es decir,

$$Y_i = \begin{cases} 1 \text{ si } U_{i1} > U_{i0} \\ 0 \text{ si } U_{i0} > U_{i1} \end{cases} \tag{1.2}$$

Como consecuencia de ello, se puede comprobar que la probabilidad de que un individuo elija la opción uno será:

$$\text{Prob}(Y_i = 1) = \text{Prob}(U_{i1} > U_{i0}) = \text{Prob}(\varepsilon_{i0} - \varepsilon_{i1} < \overline{U}_{i1} - \overline{U}_{i0}) =$$
$$= \text{Prob}[\varepsilon_{i0} - \varepsilon_{i1} < (\alpha_1 - \alpha_0) + \beta(X_{i1} - X_{i0})] = F(X_i\beta) \tag{1.3}$$

A través de la ecuación (1.3) se determina la probabilidad de que un individuo elija la opción uno, que depende de la distancia entre utilidades $(\overline{U}_{i1} - \overline{U}_{i0})$ observa-

---

[3] El supuesto de linealidad es importante, puesto que si se reemplaza U_i por $\log U_i$, los resultados no son los mismos.

das más que de la utilidad real. Asimismo, dicha probabilidad viene dada por el valor de la función de distribución F en el punto $X_i\beta$, es decir, $F(X_i\beta)$.

Para el ejemplo propuesto de la mujer que se plantea la decisión de trabajar fuera del hogar, el planteamiento sería:

U_{i0}: representa la utilidad que le proporciona a la mujer i el hecho de no trabajar, elección 0.

U_{i1}: representa la utilidad que le proporciona a la mujer i el hecho de trabajar, elección 1.

X_{i0}: serían las características propias del hecho de no trabajar fuera del hogar, tales como mayor tiempo libre, mejor cuidado de los niños, etc., mientras que X_{i1}, serían las características propias del hecho de trabajar fuera del hogar, como menos tiempo libre, un salario profesional, etc. Además, ambas opciones estarían condicionadas por las características que definen a la mujer que se enfrenta a la decisión: renta familiar, número de hijos, edad, etc.

Así, tal y como se ha explicado anteriormente, la probabilidad de que el individuo elija la opción 1 depende de las variables que explican el proceso de decisión y de la función de distribución que se supone que sigue dicha probabilidad. Si se supone que F es una función de distribución uniforme —y por tanto $F = 1$— la modelización de la decisión se establecería ajustando una recta de regresión a la nube de puntos. Dicho ajuste se denomina Modelo Lineal de Probabilidad (véase figura 1.4).

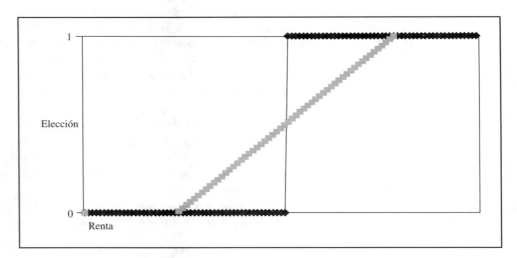

Figura 1.4. Ajuste del modelo lineal a una nube de puntos dicotómica.

Si se asume para el ajuste a la nube de puntos dicotómica una función de distribución F no lineal, en concreto una función en forma de S (véase figura 1.5), se puede plantear una familia de modelos no lineales entre los que se recoge:

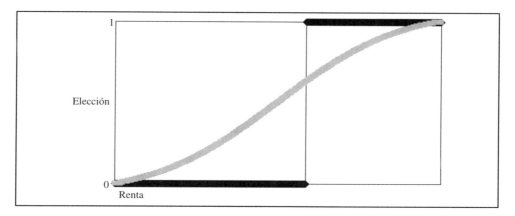

Figura 1.5. Ajuste de la función *S* a una nube de puntos dicotómica

— **Modelo Probit:** cuando la función de distribución que se utiliza es la normal tipificada, $N(0,1)$.
— **Modelo Logit:** cuando la función de distribución utilizada es la logística.
— **Modelo Gompit:** cuando la función de distribución es Valor Extremo Tipo I (Gompit)

1.5. PROGRAMA INFORMÁTICO ECONOMETRIC VIEWS (*EVIEWS*)

Los problemas económicos de decisión requieren el tratamiento de una gran cantidad de información sobre las variables que caracterizan a cada individuo que compone la muestra. Por ello, es importante elegir un programa econométrico suficientemente flexible, amplio y sencillo en su manejo para poder llevar a cabo el análisis de problemas de decisión, así como predicciones a partir de los modelos desarrollados.

En las aplicaciones econométricas contenidas en este libro se va a utilizar el programa Econometric Views (*Eviews*), versión 3.0. Es un programa preparado para funcionar en un entorno Windows y su manejo es muy sencillo, a partir de distintas ventanas. Sus posibilidades de trabajo y análisis son muy ricas (Lilien et al., 1997).

A continuación se va a proceder a introducir unas nociones básicas sobre el funcionamiento de dicho programa, si bien para un conocimiento más detallado del mismo se puede consultar el manual *Eviews Users's Guide*, Quantitative Micro Software, 1994-1998. El entorno que requiere dicho programa para su buen funcionamiento es Windows 95, Windows 98 o Windows NT. El procesador requerido será 486, pentium, pentium II o superior. En cuanto a la memoria RAM, es posible que funcione con 4 MB, en un entorno Windows 3.1; no obstante, se recomienda una memoria de 8 Mb o superior. Por lo que respecta al disco duro, será necesario disponer de, al menos, 8 Mb libres.

Una vez iniciado el programa *Eviews,* aparece la ventana principal del programa, que se muestra en la figura 1.6. En ella, en la barra de herramientas principal, se encuentran distintas opciones de menú que recogen casi todas las posibilidades de trabajo del programa.

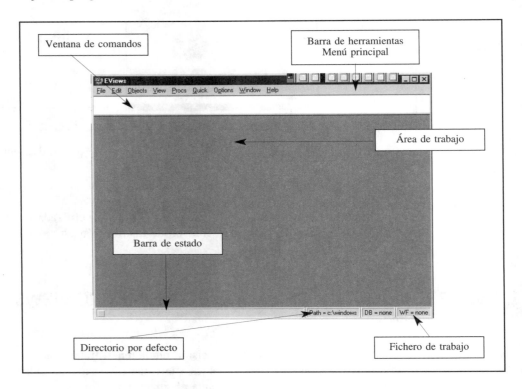

Figura 1.6. Ventana principal del programa *Eviews.*

El rectángulo blanco que aparece debajo del menú principal se denomina ventana de comandos *windows*. Su función es la de proveer de un espacio donde teclear directamente los comandos a ejecutar por el programa. La ejecución de los mismos se realiza tras pulsar la tecla *intro,* una vez escrito el comando que proceda. La zona gris es el área de trabajo donde se abrirán las ventanas del fichero de trabajo y las de los resultados obtenidos tras la ejecución de los comandos.

En la parte inferior de la ventana principal del programa se encuentra la barra de estado, que contiene el directorio por defecto en el que el programa guardará la sesión de trabajo, o del que la recuperará, *Path*. También informa sobre el nombre del fichero de trabajo que está activo, *WF* (en este caso, puesto que no hay ningún fichero activo, lo indica: *WF = none*).

Las opciones que se encuentran en el menú principal contienen a su vez comandos relacionados con la palabra que da nombre a cada opción. Así, al hacer clic con

28

el ratón sobre la opción *FILE*, se abre un menú que contiene distintas posibilidades de trabajo con un fichero (FILE/NEW, OPEN, SAVE...), con datos (FILE/NEW/ DATABASE) o con programas previamente preparados para ser ejecutados en *Eviews* (FILE/ RUN).

Si se activa el menú *EDIT* aparecen las opciones de tratamiento de texto de un programa típico del entorno Windows, es decir, gestión de escritura y distintas posibilidades de modificación de textos y ficheros de datos. El menú *OBJECTS* posibilita la creación de nuevos objetos, recuperarlos, almacenar y cambiar el nombre de dichos objetos, borrar e imprimir. Los objetos que contempla el programa *Eviews* son: series o variables, matrices, ecuaciones, modelos VAR, sistemas de ecuaciones, *pool* de datos, modelos, tablas, gráficos, textos, etc. Así, sucesivamente, se pueden ir activando las distintas posibilidades del menú principal.

La opción *VIEW* permite seleccionar y visualizar objetos del fichero de trabajo. Dicha visualización se puede efectuar abriendo una nueva ventana, mediante gráficos e impresión. La opción *PROCS* permite, a través de distintas opciones, modificar el tamaño de la muestra, el espacio de trabajo, generar series, ordenar las series según un criterio ascendente, importar y exportar datos.

La opción que ofrece al usuario el acceso directo a los principales comandos que se utilizan en el análisis econométrico es *QUICK* (véase figura 1.7). Entre otras, cabe destacar las instrucciones que permiten generar series (GENERATE SERIES), visualizar los datos (SHOW), representarlos gráficamente (GRAPH), editar series (EMPTY GROUP EDIT SERIES), análisis estadístico de una o un grupo de series (SERIES ESTATISTICS) y estimación de modelos.

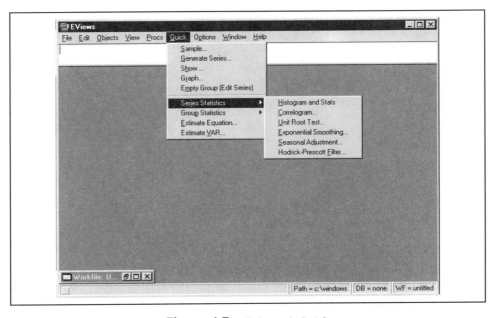

Figura 1.7. Submenú *Quick.*

Las restantes opciones del menú principal contienen los comandos que permiten modificar los parámetros de funcionamiento del programa y el cambio de frecuencia de las series, *OPTIONS*, y los que gestionan las ventanas y la ayuda en un programa típico de entorno *windows*.

1.5.1. Inicio de una sesión de trabajo

La primera acción al iniciar el trabajo con Eviews es crear un fichero de trabajo donde se encuentren los datos referentes a las variables con las que se va a trabajar. En el menú principal se activa la opción *File*, con lo que se abre una ventana con las opciones de fichero (véase figura 1.8).

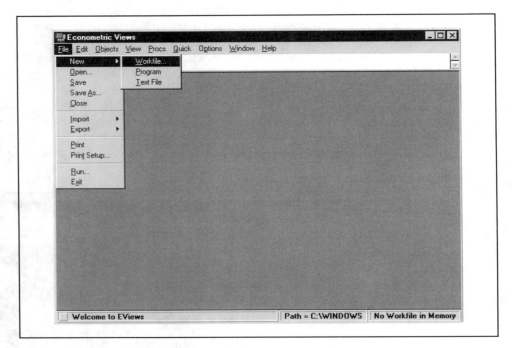

Figura 1.8. Opciones de Menú. *File*.

Dado que se va a crear un nuevo fichero de trabajo, se selecciona la opción *New*, y a continuación *Workfile*: FILE/NEW/WORKFILE. Acto seguido aparece una ventana de diálogo que permite definir las características de la información sobre las variables que se van a introducir en el fichero.

Entre los distintos tipos de datos que se pueden introducir, cabe distinguir aquellos correspondientes a datos de serie temporal con frecuencia anual *(Annual),* frecuencia semestral *(Semi-annual),* frecuencia trimestral *(Quarterly),* frecuencia mensual *(Monthly),* etc; y los que corresponden a datos de variables que no presentan una ordenación temporal *(Undated or irregular)*. En el caso de datos de serie temporal se escribirá en la casilla *Start observation* el primer año con cuatro cifras, 1980, primer semestre 1980.1, primer trimestre 1980.1, etc., y en la casilla *End observation* el último año de la muestra, incluyendo períodos adicionales si se pretende obtener predicciones futuras, por ejemplo, 2005 en el caso anual, 2005.2 si son datos semestrales, 2005.4 si son trimestrales, etc. Dado que el caso objeto de estudio es trabajar con datos individuales, se elige la opción *Undated or irregular*. En la casilla *Start observation* se numera al primer individuo sobre el que se tiene información, y en *End observation* se numera al último de ellos (véase ejemplo en la figura 1.9, en la que se consideran un total de 1.150 individuos).

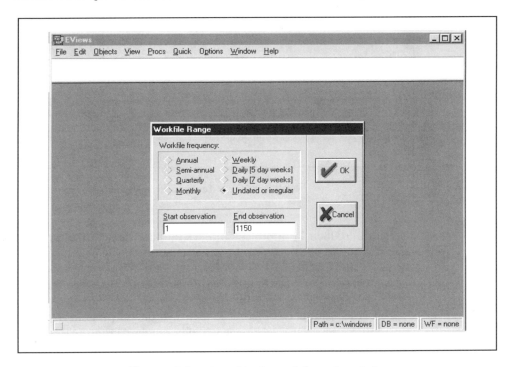

Figura 1.9. Creación de un fichero de trabajo.

Al pulsar *intro,* o bien seleccionar la opción OK, se abre la ventana que contiene la información introducida, es decir, la ventana del fichero de trabajo que se denomina ventana del *Workfile*. En dicha ventana aparece la barra del nombre del fichero de trabajo. Al ser un nuevo fichero que todavía no se ha guardado, no tiene ningún nombre asignado, por lo que consta *Workfile: UNTITLED* (véase figura 1.10).

En el fichero de trabajo creado, el rango *(range)* coincide con la muestra de individuos *(sample)* y además se generan dos series por defecto, es decir, dos objetos: una constante *(c)* y la serie de residuos *(resid)* bajo cuyo nombre se guardan los residuos de la última estimación realizada.

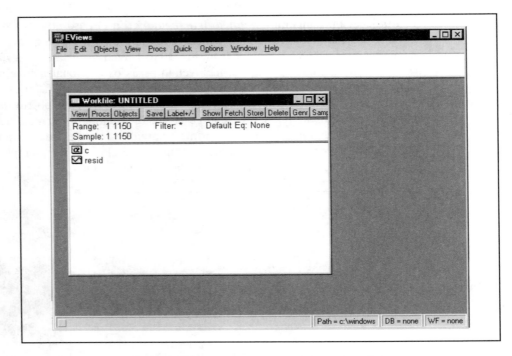

Figura 1.10. Creación de un fichero de trabajo.

Para introducir la información muestral para cada variable existen varias posibilidades. Una de ellas consiste en seleccionar en el menú principal QUICK/EMPTY GROUP [EDIT SERIES]. Al seleccionar este último comando con el ratón, se abre una ventana con una configuración similar a la de una hoja Excel. Es en esta hoja donde se introducirán los datos sobre la muestra de individuos (véase figura 1.11). En este caso, para dar nombre a la serie (ya que el programa, por defecto, la denomina SER1), se debe seleccionar la celda donde consta dicho nombre y escribir en ella el nombre destinado a la serie que se va a introducir. A continuación se introducirían los datos.

Otra opción que permite introducir datos consiste en seleccionar en el menú principal el comando OBJECTS/NEW OBJECTS/. Al hacer clic con el ratón en esta opción se abre una ventana en la que se ofrece una lista de los posibles objetos a crear, así como la posibilidad de darle un nombre. Se selecciona el objeto series, se escribe el nombre de la misma en la casilla correspondiente y se selecciona OK con el ratón. A continuación aparece la hoja en formato Excel donde es posible introducir los datos de la serie.

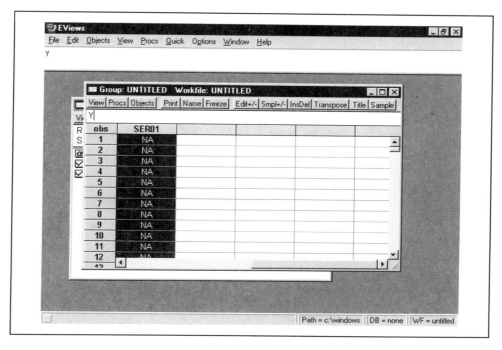

Figura 1.11. Introducción de la información. Edición de series.

1.5.2. Guardar una sesión de trabajo

Las series que se han introducido en el fichero de trabajo, y las que se han podido generar a partir de las mismas, no estarían disponibles para otra sesión de trabajo a no ser que se guarde la sesión actual, bien en el disco duro (C:), bien en el disquete (A:). Para ello se utiliza la opción *FILE* del menú principal: FILE/SAVE AS. Al seleccionar la opción SAVE AS aparece una ventana que da opción a guardar el fichero en el directorio deseado, *Guardar en* (el directorio por defecto es el Eviews3, a no ser que se seleccione otro desplegando las opciones de dicha casilla al pulsar la flecha). También da opción a dar un nombre al fichero, por ejemplo, *Prueba1*, nombre al que el programa añade la extensión *wf1* (indicativa de que es un archivo de *Eviews*) de forma automática.

Si se desea guardar sólo una de las series del fichero de trabajo, se puede realizar con la instrucción STORE en el menú principal del archivo de trabajo, no en el del programa. Esta opción permite guardar una serie en formato DB (extensión .db) en el directorio indicado. Adicionalmente, se pueden exportar las series en otros formatos, como, por ejemplo, en Texto, Lotus o Excel: FILE/EXPORT/ WRITE TEXT-LOTUS-EXCEL, y también en formato DB: FILE/EXPORT/STORE TO DB.

1.5.3. Recuperar una sesión de trabajo

Cuando se desee seguir trabajando en un fichero de trabajo que se ha guardado previamente en el disco duro, se debe abrir el fichero con extensión *.wf1* correspondiente. Para ello, se selecciona el comando *FILE* en el menú principal del programa: FILE/OPEN/WORKFILE, y se selecciona el archivo que se desea abrir. Dicho archivo se abre al activar con el ratón la opción *Abrir,* o bien haciendo clic dos veces seguidas sobre el nombre del archivo seleccionado.

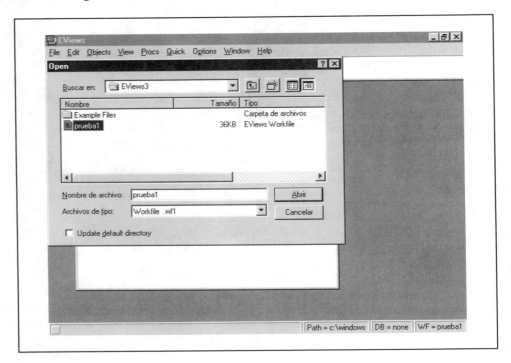

Figura 1.12. Recuperar un fichero de trabajo.

Si lo que se desea recuperar es una serie en formato DB, la secuencia de comandos será, en este caso: FILE/IMPORT/FETCH FROM DB. Igualmente, si de lo que se trata es de leer datos de un fichero de Excel o Lotus, la secuencia de comandos será, en este caso: FILE/IMPORT/ READ TEXT-LOTUS-EXCEL. De esta manera, una vez leídos los datos, se comenzaría a trabajar con el archivo de trabajo.

2

Conceptos básicos

2.1. ESTIMACIÓN MÁXIMO-VEROSÍMIL

La estimación de los modelos de decisión, dadas sus características específicas, no se puede realizar mediante métodos lineales. Los estimadores máximo-verosímiles solucionan los problemas que surgen en los modelos microeconométricos, ya que éstos son aplicables tanto a modelos lineales como a modelos no lineales.

La estimación máximo-verosímil se fundamenta en dos elementos: las poblaciones distintas generan muestras distintas y la diferencia en probabilidad de la ocurrencia de las muestras. Más concretamente, se puede describir del siguiente modo: dada una variable aleatoria caracterizada por unos parámetros y dada una muestra poblacional, se consideran Estimadores Máximo-Verosímiles (EMV o MV) de los parámetros de una población determinada aquellos valores de los parámetros que generarían con mayor probabilidad la muestra observada. En otras palabras, los Estimadores Máximo-Verosímiles son aquellos valores para los cuales la función de densidad (o función de probabilidad) alcanza un máximo.

Con el fin de ilustrar el concepto de Estimador Máximo-Verosímil se puede exponer el ejemplo siguiente: en el modelo de regresión lineal simple expresado con desviaciones a la media:

$$y_i = \beta x_i + u_i$$

donde y_i y x_i son variables cuantitativas[1] referidas al individuo *i-ésimo* y, bajo las hipótesis básicas sobre la perturbación aleatoria, ésta se distribuye según una función normal con esperanza igual a cero, varianza constante e igual a σ^2 y autocovarian-

---

[1] Se hace referencia a datos de serie temporal mediante el subíndice t. Cuando las variables llevan el subíndice i se hace referencia a datos de corte transversal (individuales).

zas nulas, $u_i \sim N[0,\sigma^2]$; si, además, se dispone de una muestra de tamaño I, se puede establecer la siguiente función de densidad o probabilidad conjunta:

$$\text{Prob}(u_1, u_2, u_3, u_4, \cdots u_I) = \text{Prob}(u_1)\text{Prob}(u_2)\text{Prob}(u_3)\ldots\text{Prob}(u_I) = \frac{1}{(2\pi\sigma^2)^{\frac{I}{2}}} e^{\frac{-1}{2\sigma^2}\Sigma u_i^2}$$

o bien, efectuando el cambio de variables, ya que $u_i = y_i - \beta x_i$ (es decir, hay una transformación lineal implícita), se obtiene la probabilidad conjunta del modelo teniendo en cuenta los valores del regresando (variable endógena) y de los parámetros del modelo:

$$\text{Prob}(y_1, y_2, y_3, y_4, \ldots, y_I; \beta, \sigma^2) = L(y_1, y_2, y_3, y_4, \ldots, y_I; \beta, \sigma^2) =$$

$$= L(\beta, \sigma^2) = \frac{1}{(2\pi\sigma^2)^{\frac{I}{2}}} e^{\frac{-1}{2\sigma^2}\Sigma(y_i - \beta x_i)^2} \tag{2.1}$$

que es como, en Econometría, se acostumbra a expresar la función de probabilidad conjunta a través de la función de verosimilitud.

A menudo, y en aras de hacer más operativos los cálculos, se utiliza el logaritmo de la función de verosimilitud que se denota a través de la siguiente expresión:

$$\pounds(\beta, \sigma^2) = \ln[L(\beta, \sigma^2)] = \frac{-I}{2}\ln 2\pi - \frac{I}{2}\ln\sigma^2 - \frac{1}{2\sigma^2}\Sigma(y_i - \beta x_i)^2 \tag{2.2}$$

Por ejemplo, si la muestra de los valores observados de y_i y x_i son los dispuestos en la tabla 2.1:

TABLA 2.1

Series originales		Series centradas	
Y_i	X_i	$y_i = Y_i - \bar{Y}$	$x_i = X_i - \bar{X}$
3	1	−1	−2
4	2	0	−1
3	3	−1	0
4	4	0	1
6	5	2	2

en este caso, la función de verosimilitud o de probabilidad conjunta vendrá dada por:

$$L(y_1, y_2, y_3, y_4, y_5; \beta, \sigma^2) = \text{Prob}(y_1, y_2, y_3, y_4, y_5; \beta, \sigma^2) = L(\beta, \sigma^2)$$

y sustituyendo en (2.1) los valores de y_i y x_i por los proporcionados por la tabla 2.1 se obtiene:

$$= L(\beta, \sigma^2) = \frac{1}{(2\pi\sigma^2)^{\frac{t}{2}}} e^{\frac{-1}{2\sigma^2}\Sigma(y_i - \beta x_i)^2} =$$

$$= \frac{1}{(2\pi\sigma^2)^{\frac{5}{2}}} e^{\frac{-1}{2\sigma^2}[(-1+\beta 2)^2 + (0+\beta 1)^2 + (-1+\beta 0)^2 + (0+\beta 1)^2 + (2+\beta 2)^2]} =$$

$$= \frac{1}{(2\pi\sigma^2)^{\frac{5}{2}}} e^{\frac{-1}{2\sigma^2}(10\beta^2 - 12\beta + 6)}$$

Tomando logaritmos neperianos se tiene:

$$£(\beta, \sigma^2) = \ln[L(\beta, \sigma^2)] = \frac{-5}{2}\ln 2\pi - \frac{5}{2}\ln\sigma^2 - \frac{1}{2\sigma^2}(10\beta^2 - 12\beta + 6)$$

Asignando distintos valores a β y σ^2 obtenemos valores concretos de la función de verosimilitud $L(\beta, \sigma^2)$ o bien de su logaritmo $£(\beta, \sigma^2)$. Así, por ejemplo, si el valor de β es igual a 0,4, y el valor de σ^2 es 0,44, la función de verosimilitud es igual a 0,003266. Operando de forma análoga para cada par de valores se construye la tabla 2.2 y su representación gráfica en la figura 2.1.

TABLA 2.2
Valores de la función de verosimilitud

Valor de β	Valor de σ^2	Función de verosimilitud $L(\beta, \sigma^2)$	Log. función de verosimilitud $£(\beta, \sigma^2)$
0,4	0,44	**0,003266**	−5,724189
0,4	0,46	0,003357	−5,696708
0,4	0,48	0,003426	−5,676362
0,4	0,50	0,003476	−5,661873
0,4	0,52	0,003510	−5,652139
0,5	0,44	0,004593	−5,383222
0,5	0,46	0,004651	−5,370673
0,5	0,48	0,004682	−5,364030
0,5	0,50	0,004692	−5,361896
0,5	0,52	0,004683	−5,363816
0,6	0,44	0,005146	−5,269536
0,6	0,46	0,005186	−5,261793
0,6	**0,48**	**0,005196**	**−5,259866**
0,6	0,50	0,005186	−5,261793

TABLA 2.2 *(continuación)*

Valor de β	Valor de σ^2	Función de verosimilitud $L(\beta, \sigma^2)$	Log. función de verosimilitud $\pounds(\beta, \sigma^2)$
0,6	0,52	0,005156	−5,267594
0,7	0,44	0,004593	−5,383222
0,7	0,46	0,004651	−5,370673
0,7	0,48	0,004682	−5,364030
0,7	0,50	0,004692	−5,361896
0,7	0,52	0,004683	−5,363816
0,8	0,44	0,003266	−5,724189
0,8	0,46	0,003357	−5,696708
0,8	0,48	0,003426	−5,676362
0,8	0,50	0,003476	−5,661873
0,8	0,52	0,003510	−5,652139

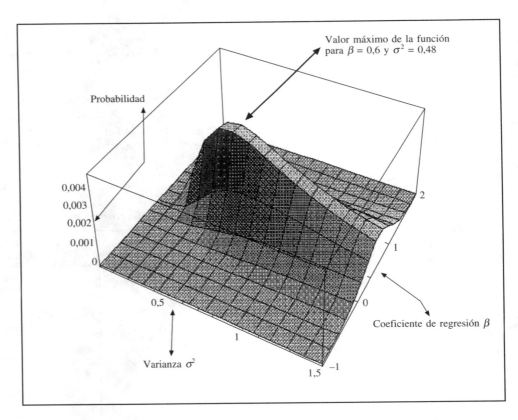

Figura 2.1. Función de verosimilitud $L(\beta, \sigma^2)$.

El modelo propuesto en el ejemplo anterior es muy sencillo, ya que se trata de un modelo lineal y además queda determinado tan sólo por dos parámetros (β y σ^2). En el caso de que el modelo no sea lineal, o bien cuando el número de parámetros sea más elevado, el procedimiento descrito no sería operativo. En estos casos se debe utilizar un algoritmo de optimización.

2.2. MEDIDAS DE BONDAD DE LOS MODELOS

Una vez estimado el modelo, los resultados obtenidos se deben someter a una batería de tests o contrastes con el fin de verificar la adecuación entre el modelo estimado y el modelo teórico propuesto. La mayoría de los tests se fundamentan en el hecho de que la perturbación aleatoria sigue algún tipo de distribución, generalmente una distribución normal. El proceso de contraste y validación de los modelos no es único, se puede efectuar bajo distintas perspectivas, todas ellas complementarias. Los criterios deseables que deben reunir los modelos se basan en los principios y tests siguientes:

Parsimonia: se dice que un modelo es más parsimonioso que otro cuando se puede definir con un número menor de parámetros que el modelo alternativo.

Significatividad estadística o coherencia de los resultados: se trata de contrastar que el modelo estimado se adecua con los datos e hipótesis estadísticas. Para ello se debe estudiar: los posibles errores de especificación del modelo, la bondad del ajuste, la significatividad de los parámetros aisladamente, la significatividad del modelo en su conjunto, la capacidad predictiva del modelo y la aleatoriedad de los residuos.

Consistencia con la información previa: este conocimiento puede provenir de la Teoría Económica. En efecto, la Teoría Económica puede proporcionar información sobre la magnitud y signo de los parámetros. En otros casos, la información proviene de los propios estadísticos que deben cumplir ciertas propiedades o condiciones, como, por ejemplo, que el coeficiente de correlación está acotado y su valor está comprendido entre menos uno y la unidad.

Admisibilidad de los datos: los valores de las variables obtenidos a través del modelo econométrico deben ser coherentes con la información estadística. Por ejemplo, muchas variables deben tener los valores positivos (población, producción, número de ocupados, etc.).

Estabilidad estructural: una vez estimado el modelo se debe estudiar la permanencia de los parámetros dentro del ámbito del estudio.

Significatividad econométrica: tradicionalmente se dice que un modelo es significativo econométricamente si supera los principios o tests de *coherencia de los resultados, consistencia con la información previa, admisibilidad de los datos y estabilidad estructural.*

«Encompassing»: un modelo se dice que abarca a otros si puede explicar los resultados obtenidos mediante especificaciones alternativas de modelos alternativos.

El proceso de contraste y validación estadística del modelo se puede realizar a través de los dos siguientes grupos de contrastes:

— **Contrastes sobre las hipótesis básicas**[2]:

* *Especificación errónea del modelo* (por ejemplo: omisión variables, redundancia variables y forma funcional) (test de Hausman).
* *Regresores o variables explicativas estocásticas* (test de Hausman).
* *Multicolinealidad.*
* *Normalidad* (test de Bera-Jarque).
* *Autocorrelación* (test Durbin-Watson, función de autocorrelación, etc.).
* *Heteroscedasticidad* (test de White, etc.).
* *Cambio estructural* (test de Chow).

— **Contrastes sobre la significación estadística**[3]:

* *Contraste de parámetros individuales:*
  – Estadístico t-Student.
* *Contraste de un subconjunto de parámetros:*
  – Test de Wald.
  – Test de Titner (Estadístico F de Snedecor).
  – Análisis de la varianza parcial (Estadístico F de Snedecor).
* *Contraste del modelo en su conjunto de parámetros:*
  – Coeficiente de determinación.
  – Coeficiente de determinación ajustado.
  – Test de Wald.
  – Test de Titner (Estadístico F de Snedecor).
  – Análisis de la varianza (Estadístico F de Snedecor).
  – Función de verosimilitud (Logaritmo de la función de verosimilitud).
  – Multiplicadores de Lagrange.
  – Razón de verosimilitud.
  – Criterio de información Akaike.
  – Criterio de información Schwarz.
  – Criterio de información Hannan-Quinn.

Los estadísticos más usuales y que comúnmente aparecen en las salidas de los programas econométricos de ordenador son:

— *t*-Student.
— Coeficiente de determinación.
— *F* de Snedecor.
— Función de verosimilitud (Logaritmo de la función de verosimilitud).
— Criterio de información Akaike.
— Criterio de información Schwarz.
— Criterio de información Hannan-Quinn.

---

[2] Entre paréntesis se escriben los tests más utilizados.
[3] Algunos de los contrastes propuestos son redundantes, ya que bajo alguna transformación sencilla son equivalentes.

Así, por ejemplo, si se estima el modelo: $Y_i = \beta_1 + \beta_2 X_i + u_i$ utilizando la información recogida en la tabla 2.3:

TABLA 2.3
Información sobre las variables Y_i y X_i

Y_i	X_i
3	1
4	2
3	3
4	4
6	5
5	6
7	7
6	8
7	9
8	10
6	11
7	12
7	13
8	14

Siendo $I = 14$.

los resultados de la estimación del vector de coeficientes β a través del Método de Máxima Verosimilitud coinciden[4] con los de la estimación mediante el método de Mínimos Cuadrados Ordinarios (LS en *Eviews*). La salida o resultados se recoge en la figura 2.2, cuyos estadísticos pasamos a comentar.

t-Student (t-Statistic)

En este apartado se describe el estadístico t-Student para contrastar la significatividad aislada de un parámetro (coeficiente de regresión) del modelo. En efecto, bajo las hipótesis básicas del modelo lineal general y efectuando el supuesto de que se distribuye normal, es sabido que cada uno de los estimadores de los coeficientes de regresión, por ejemplo $\hat{\beta}_2$, se distribuye normal con esperanza igual a β_2 y varianza igual a var(β_2). A partir de este estadístico se pueden construir contrastes de hipótesis sobre el parámetro ($_2$ a través de la siguiente desigualdad probabilística:

$$\text{Prob}\left(-t_{\alpha/2} < \frac{\hat{\beta}_2 - \beta_2}{S_{\hat{\beta}_2}} < t_{\alpha/2}\right) = 1 - \alpha \qquad (2.3)$$

---

[4] Coinciden cuando se cumplen las hipótesis básicas de normalidad, no autocorrelación y homoscedasticidad.

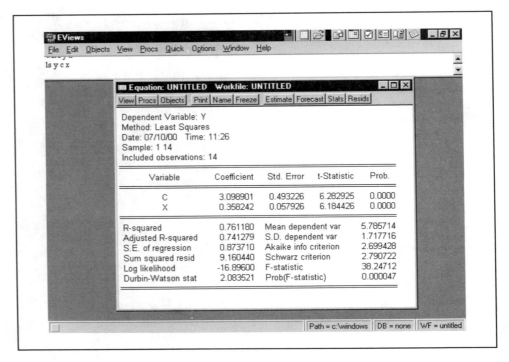

Figura 2.2. Estimación Máximo-Verosímil.

Así, en el ejemplo propuesto y a partir de los resultados obtenidos, se obtienen los valores concretos del estadístico:

$$\text{Prob}\left(- t_{\alpha/2} < \frac{0,358242 - \beta_2}{0,057926} < t_{\alpha/2}\right) = 1 - \alpha$$

si ahora se plantea el docimar la hipótesis nula H_0: $\beta_2 = 0$, frente a la hipótesis alternativa H_1: $\beta_2 \neq 0$, la desigualdad anterior se transforma en:

$$\text{Prob}\left(- t_{\alpha/2} < \frac{0,358242}{0,057926} < t_{\alpha/2}\right) = 1 - \alpha$$

o bien, operando:

$$\text{Prob}(-t_{\alpha/2} < 6,184426 < t_{\alpha/2}) = 1 - \alpha \tag{2.4}$$

Llegados a esta desigualdad probabilística se pueden plantear distintas opciones. Entre otras, cabe destacar:

1. Dado un valor del grado de significación (por ejemplo, $\alpha = 0{,}05$) y un número de grados de libertad (número de observaciones menos el número de coeficientes de regresión estimado, en nuestro caso, $I - K = 14 - 2 = 12$), se concreta el valor de la t-Student tabulada. En el caso de que se cumpla la desigualdad se acepta la hipótesis nula y en el caso contrario se rechaza en beneficio de la hipótesis alternativa.

    En el ejemplo propuesto, véase (2.4), se puede obtener el valor tabulado de la función t-Student para un nivel de significación $\alpha = 0{,}05$ y un número de grados de libertad igual a 12. Dicho valor es: $t_{\alpha/2} = 2{,}179$. Sustituyendo este resultado en la desigualdad (2.4) se obtiene:

    $$\text{Prob}(-2{,}179 < 6{,}184 \not< 2{,}179) = 1 - 0{,}05 = 0{,}95$$

    Dado que no se cumple la desigualdad probabilística, se rechaza la hipótesis nula ($\beta_2 = 0$), con una probabilidad del 95%, en beneficio de la hipótesis alternativa. Es decir, las variaciones del regresor X_i explican las variaciones del regresando Y_i.

2. Obtener el valor de α que tolere el cumplimiento de la desigualdad (aceptación de la hipótesis nula). En otras palabras, el grado de significación que proporcione valores de $-t_{\alpha/2}$ y $t_{\alpha/2}$ que permitan el cumplimiento probabilístico de la desigualdad.

    En el ejemplo propuesto sabemos que, bajo la hipótesis nula, el valor calculado de la t-Student es 6,184. Si ahora se busca en las tablas de la t-Student el valor del nivel de significación α para 12 grados de libertad y un valor ligeramente superior a 6,184 se comprueba que dicho grado de significación es $\alpha = 0{,}000046$. Así pues, con una probabilidad $(1 - \alpha)$ del 0,999954, se cumple la desigualdad probabilística:

    $$\text{Prob}(-6{,}20 < 6{,}184 \not< 6{,}20) = 1 - 0{,}000046 = 0{,}999954$$

Coeficiente de determinación R^2 (R-squared)

Mide la bondad de ajuste del modelo y se define como la proporción entre la varianza explicada por el modelo (de los regresores) y la varianza total (de los regresandos). El valor del coeficiente de determinación está acotado entre cero y la unidad. Dicho estadístico se define como:

$$R^2 = \frac{Suma\ de\ cuadrados\ explicada\ por\ el\ modelo}{Suma\ de\ cuadrados\ total} =$$

$$= 1 - \frac{Suma\ de\ cuadrados\ no\ explicada\ por\ el\ modelo}{Suma\ de\ cuadrados\ total}$$

o bien

$$R^2 = \frac{\sum \hat{y}_i^2}{\sum y_i^2} = 1 - \frac{\sum e_i^2}{\sum y_i^2}$$ (2.5)

En el ejemplo propuesto (véase figura 2.2), se obtienen los siguientes resultados:

$$R^2 = 1 - \frac{9,160440}{38,357173} = 0,761180$$

El coeficiente de determinación no siempre es válido para analizar la bondad del modelo. En efecto, cuando un modelo se especifica sin término constante, el valor del coeficiente de determinación no está acotado, lo cual provoca que el estadístico, en estas circunstancias, carezca de interés. Otra limitación nace del hecho de que el contraste de hipótesis que se puede efectuar a través de dicho estadístico no es probabilístico. Además, cuando se utiliza el coeficiente de determinación para comparar la capacidad explicativa de dos modelos alternativos, es necesario tener en cuenta el número de observaciones (tamaño de la muestra) y el número de variables explicativas (regresores) que intervienen en cada uno de los modelos. Con el fin de evitar estas limitaciones se utiliza el coeficiente de determinación corregido *(Adjusted R-squared)* que se define como:

$$\overline{R}^2 = 1 - \left(\frac{I-1}{I-K}\right)(1 - R^2)$$ (2.6)

En el caso analizado (véase figura 2.1) los resultados son:

$$\overline{R}^2 = 1 - \left(\frac{14-1}{14-2}\right)(1 - 0,761180) = 0,741279$$

Por otra parte, hay que señalar que otra restricción consiste en que el coeficiente de determinación tan sólo se puede utilizar para comparar la bondad de los modelos cuando la forma funcional de la variable endógena (regresando) es la misma en ellos (los modelos están anidados).

F-Snedecor *(F-Statistic)*

Se utiliza para contrastar hipótesis y restricciones sobre los parámetros del modelo. El estadístico se fundamenta en la comparación de varianzas. En la presente exposición, se utiliza para contrastar la significatividad de un modelo en su conjunto. En efecto, bajo las hipótesis básicas del modelo lineal general y bajo el supuesto de que u_i se distribuye normal, se pueden construir contrastes de hipótesis sobre todos los coeficientes de regresión β_2 ; β_3 ; ... ; β_K (a excepción del término constante β_1). Así, por ejemplo, si se quiere docimar la hipótesis nula H_0: $\beta_2 = \beta_3 = ... = \beta_K = 0$, es decir, que el modelo no es significativo en su conjunto, frente a la hipótesis alternativa H_1: $\beta_2 \neq \beta_3 \neq ... \neq \beta_K \neq 0$ de que el modelo es significativo en su conjunto, a través del estadístico F-Snedecor y de la siguiente desigualdad probabilística:

$$\text{Prob}\left(\frac{R^2/(K-1)}{(1-R^2)/(I-K)} < F_{(K-1)/(I-k)}\right) = 1 - \alpha \qquad (2.7)$$

En el ejemplo propuesto y a partir de los resultados obtenidos en la figura 2.2 se puede construir el estadístico:

$$\text{Prob}\left(\frac{0{,}761180/(2-1)}{(1-0{,}761180)/(14-2)} < F_{(K-1)/(I-k)}\right) = 1 - \alpha$$

operando:

$$\text{Prob}(38{,}247120 < F_{(K-1)/(1-k)}) = 1 - \alpha \qquad (2.8)$$

Llegados a esta desigualdad probabilística se pueden plantear dos opciones:

1. Dado un valor del grado de significación α (por ejemplo = 0,05), un número de grados de libertad del numerador (número de coeficientes de regresión del modelo menos uno, en nuestro caso $K - 1 = 2 - 1 = 1$) y un número de grados de libertad del denominador (número de observaciones menos el número de coeficientes de regresión, en nuestro caso $I - K = 14 - 2 = 12$) se concreta el valor de la F-Snedecor tabulada. En el caso de que se cumpla la desigualdad se acepta la hipótesis nula y en el caso contrario se rechaza en beneficio de la hipótesis alternativa.

    En el ejemplo propuesto, se puede obtener el valor tabulado de la F-Snedecor para un nivel de significación $\alpha = 0{,}05$ y un número de grados de libertad igual a $(1,12)$; dicho valor es: $F_{1,12} = 4{,}75$. Sustituyendo este resultado en la desigualdad (2.8) se obtiene:

$$\text{Prob}(38{,}2471 \nless 4{,}75) = 1 - 0{,}05 = 0{,}95$$

    Dado que no se cumple la desigualdad probabilística, se rechaza la hipótesis nula, H_0: $\beta_2 = 0$, con una probabilidad del 95%, en beneficio de la hipótesis alternativa. Es decir, que el modelo en su conjunto es significativo.

2. Obtener el valor de α que tolere el cumplimiento de la desigualdad (aceptación de la hipótesis nula). En otras palabras, el grado de significación que proporcione un valor de $F_{(K-1)/(I-k)}$ que permita el cumplimiento probabilístico de la desigualdad planteada.

En el ejemplo propuesto sabemos que el valor calculado de la *F*-Snedecor es 38,241. Si ahora se busca en las tablas de la *F*-Snedecor el valor del nivel de significación α para (1,12) grados de libertad y un valor ligeramente superior a 38,247, se comprueba que el grado de significación es $\alpha = 0,000047$. Así pues, con una probabilidad del 0,999953, se cumple la desigualdad probabilística:

$$\text{Prob}(38,2471 < 38,50\ ) = 1 - 0,000047 = 0,999953$$

Al igual que con el coeficiente de determinación, el contraste *F*-Snedecor tan sólo se puede utilizar para comparar la bondad de los modelos que presentan la misma variable endógena (regresando) en ambos (modelos anidados).

Función de verosimilitud y logaritmo de la función de verosimilitud (*Log likelihood*) estimada

La función de verosimilitud o de densidad conjunta de los *I* residuos del modelo estimado, ver ecuación (2.1), se puede expresar como:

$$L = f(e_1, e_2, \ldots, e_1) = \frac{1}{(2\pi\hat{\sigma}_e^2)^{\frac{I}{2}}} e^{\frac{-1}{2\hat{\sigma}^2}\sum e_i^2} \tag{2.9}$$

tomando logaritmos neperianos y sustituyendo $\hat{\sigma}^2$ por su estimación máximo-verosímil se obtiene *el logaritmo de la función de verosimilitud (Log likelihood)* que es:

$$\pounds = \ln(L) = \frac{-I}{2}\ln 2\pi - \frac{I}{2}\ln\frac{\sum e_i^2}{I} - \frac{1}{2\frac{\sum e_i^2}{I}}\sum e_i^2 = \frac{-I}{2}\left[1 + \ln(2\pi) + \ln\frac{\sum e_i^2}{I}\right]$$

A partir de los resultados obtenidos en la figura 2.2 se puede obtener el valor del *logaritmo de la función de verosimilitud (Log likelihood)* para el ejemplo propuesto:

$$\pounds = \frac{-14}{2}\left[1 + \ln(2\pi) + \ln\frac{9,160440}{14}\right] =$$

$$= -7[1 + 1,8378794 - 0,42416312] = -16,89600$$

El valor que toma *la función de verosimilitud* o bien su logaritmo (*el logaritmo de la función de verosimilitud = Log likelihood*) puede ser un criterio para valorar la bondad del modelo, esencialmente cuando se trata de comparar dos o más modelos alternativos. *La principal ventaja de este estadístico,* frente al coeficiente de determinación, *es que no se ve influido por las transformaciones a que se puede ver sometida la variable endógena* (regresando). Por lo que se refiere a este criterio para la elección entre distintos modelos, se escoge aquel modelo que presenta un valor de la función de verosimilitud mayor.

A partir de la función de verosimilitud se pueden construir distintos contrastes de hipótesis; entre otros cabe destacar el de la Razón de Verosimilitud, que sirve para docimar hipótesis entre dos modelos que presentan la misma variable endógena, el primer modelo estimado bajo la hipótesis nula (modelo con restricciones) cuya función de verosimilitud se denota por $L_0 = L_{CR}$; mientras que el segundo modelo es estimado bajo la hipótesis alternativa (modelo sin restricciones) cuya función de verosimilitud se denota por $L_A = L_{SR}$. A partir de estas dos funciones de verosimilitud (L_{CR} y L_{SR}) se define la Razón de Verosimilitud entre ambas funciones, que se define como:

$$\lambda = \frac{L_{CR}}{L_{SR}}$$

y a partir de la Razón de Verosimilitud se define el estadístico:

$$-2\ln(\lambda) = -2\ln\left(\frac{L_{CR}}{L_{SR}}\right) = -2(\ln L_{CR} - \ln L_{SR}) = -2(\pounds_{CR} - \pounds_{SR})$$

Dicho estadístico, $-2\ln(\lambda)$, bajo la hipótesis nula (modelo con restricciones) se distribuye según una χ^2 con un número de grados de libertad r igual al número de restricciones.

Criterio de información Akaike (AIC)

Un perfeccionamiento de los contrastes anteriores fue propuesto por Akaike (1973) al corregir los estadísticos anteriores por el número de parámetros del modelo (coeficientes de regresión y el número de diferencias efectuadas en el regresando). La expresión del estadístico *Akaike Information Criterion* (AIC) es:

$$AIC = \frac{2K}{I} - \frac{2\pounds}{I} \tag{2.10}$$

y sirve para comparar la bondad del ajuste entre dos modelos. El criterio para la elección entre distintos modelos se fundamenta en el valor estimado del estadístico. Se selecciona aquel modelo que presenta un estadístico AIC menor.

En el ejemplo propuesto y a partir de los resultados obtenidos en la figura 2.2, se puede construir el estadístico AIC cuyo resultado es:

$$AIC = \frac{2*2}{14} - \frac{2*(-16,8960)}{14} = 2,699428$$

Criterio de información Schwarz

Una alternativa al criterio propuesto por Akaike es el propuesto por Schwarz (1978) que se define como:

$$Schwarz = \frac{K*\ln I}{I} - \frac{2£}{I} \qquad (2.11)$$

que al igual que el criterio AIC de Akaike sirve para comparar la bondad del ajuste entre modelos alternativos (no es necesario que presenten la misma variable endógena). El estadístico de Schwarz penaliza de forma explícita el tamaño de la muestra. Este criterio de elección de un modelo entre varios alternativos se fundamenta en el valor estimado del estadístico. Se selecciona aquel modelo que presenta un estadístico Schwarz menor.

En el ejemplo propuesto y a partir de los resultados obtenidos en la figura 2.2, se puede construir el estadístico Schwarz cuyo resultado es:

$$Schwarz = \frac{2*\ln 14}{14} - \frac{2*(-16,8960)}{14} = 2,790722$$

Criterio de información Hannan-Quinn

Otra alternativa al criterio propuesto por Akaike es el propuesto por Hannan y Quinn (1979) que se define como:

$$Hannan - Quinn = \frac{2*K*\ln(\ln I)}{I} - \frac{2£}{I} \qquad (2.12)$$

que al igual que el criterio AIC de Akaike sirve para comparar la bondad del ajuste entre modelos alternativos. El estadístico de Hannan-Quinn penaliza de forma explícita el tamaño de la muestra. Este criterio de elección de un modelo entre varios alternativos se fundamenta en el valor estimado del estadístico. Se selecciona aquel modelo que presenta un estadístico Hannan-Quinn menor.

En el ejemplo propuesto y a partir de los resultados obtenidos en la figura 2.1 se puede construir el estadístico Hannan-Quinn cuyo resultado es:

$$\text{Hannan-Quinn} = \frac{2*2*\ln(\ln 14)}{14} - \frac{2*(-16,8960)}{14} = 3,16773$$

2.3. INTERPRETACIÓN DE LOS COEFICIENTES DE LOS MODELOS

En el presente apartado se van a analizar dos problemas: uno relacionado con la *interpretación de los coeficientes de regresión* y el otro que está relacionado con la influencia de las *unidades de medida de las variables* en el valor (estimación) de los coeficientes de regresión. El estudio de la *interpretación de los coeficientes* se va a efectuar analizando tres tipos concretos de modelos econométricos: el modelo lineal general, el modelo con variables explicativas cualitativas y el modelo exponencial.

Los coeficientes de regresión del modelo lineal general[5] miden las propensiones marginales. En efecto, el modelo quedará como:

$$Y_t = \beta_1 + \beta_2 X_{2t} + \beta_3 X_{3t} + \dots + \beta_K X_{Kt} + u_t$$

La interpretación del coeficiente β_3 que afecta a la variable X_{3t} se puede obtener a partir de la derivada parcial de la función (modelo) respecto a la variable explicativa (regresor) X_{3t}.

En este caso la derivada parcial es:

$$\frac{\partial Y_t}{\partial X_{3t}} = \beta_3$$

lo cual indica que una variación unitaria (un incremento unitario) en la variable explicativa X_{3t} provocaría una variación (un incremento) igual a β_3 en la variable endógena Y_t.

En un modelo de demanda, por ejemplo, la demanda de un bien en función de la renta y de la demanda de dicho bien en el período anterior, puede expresarse a través de la siguiente ecuación:

$$\hat{C}_t = 1300,56 + 0,14\, R_t + 0,37\, C_{t-1}$$

donde el parámetro $\hat{\beta}_2 = 0,14$ es una estimación de la propensión marginal al consumo.

---

[5] En este caso se refiere a un modelo con datos de serie temporal.

Los coeficientes del modelo exponencial miden (cuantifican) la elasticidad. En efecto, sea el modelo:

$$Y_t = \beta_1 X_{2t}^{\beta_2} X_{3t}^{\beta_3} e^{u_t}$$

La interpretación del coeficiente β_2, exponente de la variable X_{2t}, se puede obtener a partir de la derivada parcial de la función (modelo) respecto a la variable explicativa (regresor) X_{2t}.

En este caso la derivada parcial es:

$$\frac{\partial Y_t}{\partial X_{2t}} = \beta_1 X_{3t}^{\beta_3} e^{u_t} X_{2t}^{\beta_2 - 1} \beta_2 = Y_t X_{2t}^{-1} \beta_2 = \frac{Y_t}{X_{2t}} \beta_2$$

o bien reordenando términos tendremos:

$$\frac{\partial Y_t}{Y_t} \frac{X_{2t}}{\partial X_{2t}} = \frac{\partial Y_t}{\partial X_{2t}} \frac{X_{2t}}{Y_t} = \beta_2$$

lo cual indica que el coeficiente β_2 se puede interpretar desde el punto de vista económico como la elasticidad entre las variables Y_t y X_t.

La interpretación de los coeficientes que acompañan a las variables cualitativas (dicotómicas o ficticias, tricotómicas, politómicas) no es inmediata ya que poseen una interpretación específica. Con el fin de hacer más asequible la interpretación se va a utilizar el siguiente modelo[6]:

$$Y_i = \beta_1 + \beta_2 X_{2i} + \beta_3 S_i + u_i$$

donde:

Y_i: son los salarios percibidos por los trabajadores.

X_{2i}: son los años de experiencia del trabajador *i-ésimo*.

S_i: es una variable dicotómica que toma el valor uno cuando el trabajador tiene estudios superiores y cero en los demás casos.

En este caso, para la interpretación del coeficiente β_3 se debe proceder calculando los siguientes valores esperados:

— Los salarios esperados para un trabajador que tiene (condicionado a que posea) estudios superiores:

$$E(Y_i \, / \, S_i = 1) = \beta_1 + \beta_2 \, X_{2i} + \beta_3$$

---

[6] En este modelo se utilizan datos de corte transversal.

— Los salarios esperados para un trabajador que no tiene (condicionado a que no posea) estudios superiores:

$$E(Y_i \,/\, S_i = 0) = \beta_1 + \beta_2 \, X_{2i}$$

La diferencia o discriminación salarial entre un trabajador que tenga estudios superiores y otro que no los posea vendrá dada por la diferencia entre valores esperados:

$$E(Y_i \,/\, S_i = 1) - E(Y_i \,/\, S_i = 0) = \beta_1 + \beta_2 X_{2i} + \beta_3 - \beta_1 - \beta_2 X_{2i} = \beta_3$$

Así pues, el coeficiente β_3 mide la discriminación entre un asalariado que posea estudios superiores frente a otro que no posea este nivel educativo.

Otro ejemplo de variables explicativas cualitativas se refiere a un modelo con datos trimestrales de una empresa en el que se establece la relación siguiente:

$$Y_t = \beta_1 + \beta_2 D_{2t} + \beta_3 D_{3t} + \beta_4 \, D_{4t} + u_t$$

donde:

Y_t: son las ventas de una empresa.

D_{2t}: es una variable ficticia o *dummy* que toma el valor uno para el segundo trimestre del año y cero para el resto de los casos.

D_{3t}: es una variable ficticia o *dummy* que toma el valor uno para el tercer trimestre del año y cero para el resto de los casos.

D_{4t}: es una variable ficticia o *dummy* que toma el valor uno para el cuarto trimestre del año y cero para el resto de los casos.

D_{1t}: es la categoría de referencia que no aparece para evitar el problema de multicolinealidad.

La interpretación de los coeficientes de regresión β_2, β_3 y β_4 no es inmediata ya que se debe proceder calculando los valores esperados para cada caso:

— Las ventas esperadas de la empresa para el segundo trimestre son:

$$E(Y_t \,/\, D_{2t} = 1) = \beta_1 + \beta_2$$

— Las ventas esperadas de la empresa para el tercer trimestre son:

$$E(Y_t \,/\, D_{3t} = 1) = \beta_1 + \beta_3$$

— Las ventas esperadas de la empresa para el cuarto trimestre son:

$$E(Y_t \,/\, D_{4t} = 1) = \beta_1 + \beta_4$$

— Las ventas esperadas de la empresa para el primer trimestre son:

$$E(Y_t \, / \, D_{2t} = D_{3t} = D_{4t} = 0) = \beta_1$$

En este caso, para la interpretación de un coeficiente, por ejemplo β_2, se debe proceder calculando los siguientes valores esperados:

— Las ventas esperadas de la empresa para el segundo trimestre $(\beta_1 + \beta_2)$.
— Las ventas esperadas de la empresa para el primer trimestre (β_1).

La discriminación de las ventas esperadas de la empresa entre el segundo y primer trimestre viene dada por la diferencia entre valores esperados:

$$E(Y_t \, / \, D_{2t} = 1) - E(Y_t \, / \, D_{2t} = D_{3t} = D_{4t} = 0) = \beta_1 + \beta_2 - \beta_1 = \beta_2$$

Así pues, el coeficiente β_2 mide la discriminación o diferencia en el volumen de ventas de la empresa entre el segundo y el primer trimestre.

El segundo problema a considerar sobre los coeficientes de regresión es la influencia de las *unidades de medida* de las variables sobre el valor que toman sus estimadores. Así, en el modelo:

$$Y_t = \beta_1 + \beta_2 X_t + u_t$$

la estimación MCO del coeficiente $\hat{\beta}_2$ es:

$$\hat{\beta}_2 = \frac{\Sigma(X_t - \overline{X})(Y_t - \overline{Y})}{\Sigma(X_t - \overline{X})^2}$$

Si ahora multiplicamos por mil la variable X_t el modelo sería:

$$Y_t = \beta_1 + \beta_2^* \, (1.000 \, X_t) + u_t$$

y el estimador MCO del coeficiente da como resultado:

$$\hat{\beta}_2^* = \frac{\Sigma(1.000 X_t - 1.000 \overline{X})(Y_t - \overline{Y})}{\Sigma(1.000 X_t - 1.000 \overline{X})^2} = \frac{1.000 \Sigma(X_t - \overline{X})(Y_t - \overline{Y})}{1.000.000 \Sigma(X_t - \overline{X})^2} =$$

$$= \frac{\Sigma(X_t - \overline{X})(Y_t - \overline{Y})}{1.000 \Sigma(X_t - \overline{X})^2} = \frac{1}{1.000} \hat{\beta}_2$$

Así pues, se puede comprobar que las unidades de medida influyen sobre el valor de las variables y, en consecuencia, sobre los parámetros del modelo. En el caso presente se ha comprobado que al multiplicar por mil la variable exógena el coeficiente de regresión queda dividido por mil.

2.4. PRÁCTICA. CONCEPTOS BÁSICOS

Dados los datos de corte transversal (véase tabla 2.4) de diversos municipios españoles referidos a su renta, valor añadido agrícola, inversión en viviendas y valor añadido de su industria, se desea contrastar la teoría siguiente:

«Los municipios cuya economía depende prioritariamente de la agricultura presentan una menor renta per cápita que aquellos cuya economía se sustenta sobre la industria o sobre el desarrollo de la construcción».

Para ello hay que establecer las tareas siguientes:

1. Formular un modelo lineal (estableciendo las hipótesis oportunas) que permita estudiar las implicaciones que sobre la renta puedan tener la construcción de viviendas, la agricultura y la dinámica industrial.
2. Análisis de la significatividad del modelo en su conjunto.
3. Significatividad de las variables aisladamente.
4. Realizar una evaluación global del modelo verificando las hipótesis mantenidas en el apartado 1.

Respuesta

1. Formular un modelo lineal (estableciendo las hipótesis oportunas) que permita estudiar las implicaciones que sobre la renta puedan tener la construcción de viviendas, la agricultura y la dinámica industrial.

El modelo a plantear tiene que estudiar la relación existente entre la renta (Renta = Variable endógena) con las variables valor añadido agrícola (VAA), valor añadido industria (VAI) y la inversión en viviendas (IVI).

La relación lineal establecida es:

$$Y_i = \beta_1 + \beta_2 VAA_i + \beta_3 VAI_i + \beta_4 IVI_i + u_i$$

Las hipótesis mantenidas en este modelo son:

1. Las variables exógenas son fijas en el muestreo. Ello garantiza la independencia entre las variables explicativas y la perturbación aleatoria.
2. Existe una relación causal definida entre las variables explicativas y la endógena.
3. u_i es la perturbación aleatoria ruido blanco. El vector u se distribuye normal con esperanza 0 y matriz varianzas-covarianzas $\sigma_u^2 I$. Es decir, u es $N(0, \sigma_u^2 I)$.

Ante las hipótesis planteadas el proceso de estimación adecuado puede ser el de Mínimos Cuadrados Ordinarios.

TABLA 2.4

	Renta	**VAA**	**VAI**	**IVI**
Torremolinos	2.500.000	10	75	253
Ronda	1.100.000	86	25	140
Nerja	1.300.000	50	15	56
Chiclana	1.350.000	89	29	25
Mojácar	1.400.000	74	30	42
Benidorm	3.200.000	56	90	308
Jávea	2.100.000	45	12	265
Bihar	1.200.000	57	43	10
Morella	900.000	47	40	12
Peñíscola	1.100.000	41	23	45

$I = 10$.

La estimación del modelo por Mínimos Cuadrados Ordinarios (LS) se obtiene mediante la orden del programa *Eviews* siguiente:

LS RENTA C VAA VAI IVI

cuyos resultados se recogen en la figura 2.3.

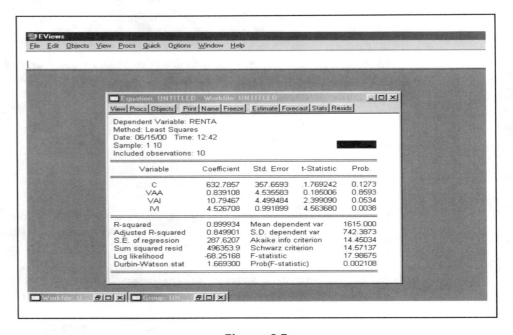

Figura 2.3.

2. **Análisis de la significatividad del modelo en su conjunto.**

Los resultados del modelo son satisfactorios dados los resultados de los siguientes tests:

Coeficiente de determinación R^2: Cuantifica que el 89,9% de la varianza de la variable renta viene explicada por las variables exógenas propuestas.

Estadístico F (véase 2.7): Analiza probabilísticamente la significatividad del modelo en su conjunto,

$$H_0: \beta_{VAA} = \beta_{VAI} = \beta_{IVI} = 0$$

$$H_1: \text{No todos los coeficientes son cero}$$

$$F_{K-1,I-k} = \frac{R^2 / K - 1}{(1 - R^2) / I - K} = \frac{0,8999 / 4 - 1}{(1 - 0,899) / 10 - 4} = 17,98$$

Este valor se contrasta con el valor tabulado de una F de Snedecor para un nivel de significación de $\alpha = 0,05$ y para 3 y 6 grados de libertad $F_{3,6} = 4,76$.

Con ello se plantea: Prob$(17,98 < 4,76) = 1 - 0,05 = 0,95$

Al no cumplirse la desigualdad probabilística se rechaza la hipótesis nula establecida $H_o: \beta_2 = \beta_3 = \beta_4 = 0$, es decir, que el modelo en su conjunto es significativo.

Estadísticos basados en la función de verosimilitud

Hay una clase de tests de validación basados en la función de verosimilitud que resultan de gran interés cuando alguno de los supuestos establecidos se relajan y, por lo tanto, los estimadores de Mínimos Cuadrados Ordinarios no sean válidos. En esos casos los estimadores de Máxima Verosimilitud son una herramienta muy potente para la estimación del modelo, y hay que basar los tests de validación sobre sus resultados.

Criterio de información Akaike, según (2.10):

$$AIC = \frac{2K}{I} - \frac{2\pounds}{I} = \frac{2 \cdot 4}{10} - \frac{2(-68,25)}{10} = 14,45$$

Este criterio es solamente válido en el caso de comparación entre modelos alternativos, escogiendo siempre aquel que tenga el AIC de Akaike más pequeño.

Criterio de Schwartz (según 2.11)

$$Schwartz = \frac{K \cdot \ln I}{I} - \frac{2\pounds}{I} = \frac{4 \log 10}{10} - \frac{2(-68,25)}{10} = 14,57$$

Este criterio es válido también ante la comparación de modelos alternativos, eligiendo siempre aquel que proporciona el valor de Schwartz más bajo.

3. Significatividad de una variable aislada.

El estudio de la significatividad de las variables por separado se realiza a través del estadístico t de Student (expuesto en 2.13) realizando el contraste de la hipótesis H_0: $\beta_i = 0$ frente a la alternativa $\beta_i \neq 0$. Si se aceptase la H_0 indicaría que la variable analizada es no significativa en el estudio, y en caso contrario indicarían la relevancia de la variable para la determinación del objetivo.

$$\text{Prob}\left(-t_{\alpha/2} < \frac{\hat{\beta}_i - \beta_i}{S_{\hat{\beta}_i}} < t_{\alpha/2}\right) = 1 - \alpha$$

Estableciendo este contraste para cada uno de los estimadores se obtienen los resultados siguientes:

Para el caso de la variable VAA:

$$\text{Prob}\left(-2,45 < \frac{0,839 - 0}{4,53}\right) = \text{Prob}(-2,45 < 0,18 < 2,45) = 0,95$$

Para los valores tabulados de la t-Student de $I - k$ grados de libertad $t_{\alpha/2} = 2,45$. Como el valor obtenido 0,18 pertenece al intervalo establecido por $\pm t_{\alpha/2}$ indica que se acepta la hipótesis nula H_0, por lo que la variable es no significativa.

Para el caso de la variable VAI:

$$\text{Prob}\left(-2,45 < \frac{10,79 - 0}{4,49} < 2,45\right) = \text{Prob}(-2,45 < 2,39 < 2,45) = 0,95$$

Como el valor obtenido 2,39 no pertenece al intervalo establecido por $\pm t_{\alpha/2}$ indica que se rechaza la hipótesis nula H_0, por lo que la variable *VAI* es significativa y relevante para explicar la renta.

Para el caso de la variable IVI:

$$\text{Prob}\left(-2,45 < \frac{4,52-0}{0,99} < 2,45\right) = \text{Prob}(-2,45 < 4,56 < 2,45) = 0,95$$

Como el valor obtenido 4,56 no pertenece al intervalo establecido por $\pm t_{\alpha/2}$ indica que se rechaza la hipótesis nula H_0, por lo que la variable *VAI* es significativa y relevante para explicar la renta.

4. Validación de las hipótesis establecidas.

Hipótesis sobre normalidad

El Eviews nos proporciona un análisis de los residuos del ajuste con el fin de poder validar los supuestos establecidos.

Para ello y sobre la ventana de la regresión se activa la opción VIEW apareciendo el cuadro de opciones que se muestra en la figura 2.4.

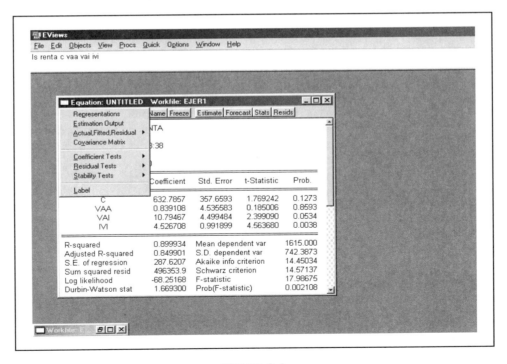

Figura 2.4.

A continuación se selecciona la opción RESIDUAL TEST, que nos permite obtener diferentes estadísticos sobre los residuos, como se ve en la figura 2.5.

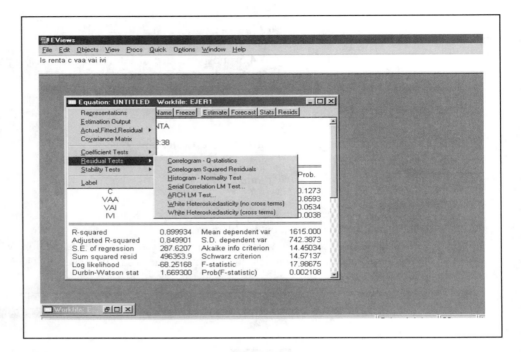

Figura 2.5.

Al seleccionar HISTOGRAM se obtiene como respuesta el histograma de los residuos, algunos estadísticos que resumen la información de dicha serie (media, mediana, etc., véase figura 2.6) y los resultados del estadístico de Jarque-Bera utilizado para contrastar la normalidad.

Como se ha explicado, los resultados del test de Jarque-Bera sirven para contrastar la hipótesis de normalidad.

$$JB = \frac{I}{6}\left(Sk^2 + 1/4(ku-3)^2\right) = \frac{10}{6}\left((-1{,}07^2) + 1/4(3{,}14-3)^2\right) = 1{,}92$$

Este estadístico JB sigue una distribución χ^2 con 2 grados de libertad bajo la hipótesis nula de que los residuos se distribuyen según una normal.

De esta forma, bajo la hipótesis nula de normalidad se debe cumplir la desigualdad probabilística siguiente:

$$\text{Prob}(JB < \chi^2_\alpha) = 1 - \alpha$$

Dado que para el caso de esudio se cumple dicha desigualdad, se acepta la hipótesis de normalidad de los residuos, ya que

$$\text{Prob}(1,92 < 5,99) = 0,95$$

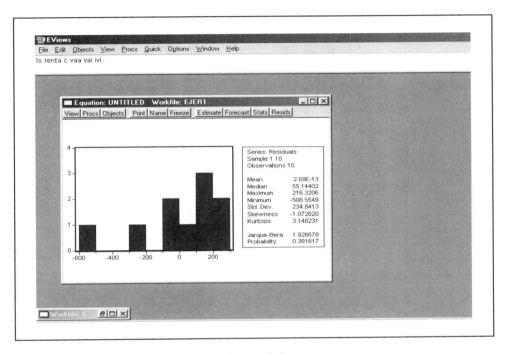

Figura 2.6.

Hipótesis de homoscedasticidad (varianzas iguales)

Dado que los datos utilizados son de corte transversal, es conveniente realizar un test sobre la heteroscedasticidad. El test utilizado es el de White, que se puede obtener tecleando la orden WHITE en la ventana de comandos. Así se obtiene la figura 2.7, donde se ofrece el valor del test de White 8,068. El estadístico de White se obtiene a partir de la expresión White = IR^2. El valor R^2 hace referencia al coeficiente de determinación del modelo estimado que se ha obtenido al regresar los residuos del modelo original, al cuadrado, respecto a las variables explicativas, en su forma simple y elevadas al cuadrado (como señala la figura 2.7).

En el test de White se contrasta como hipótesis nula la homoscedasticidad frente a la alternativa de heteroscedasticidad. El estadístico de White bajo la hipótesis nula se distribuye según una χ^2 con un número de grados de libertad igual al número de regresores de la ecuación auxiliar (se excluye el término independiente).

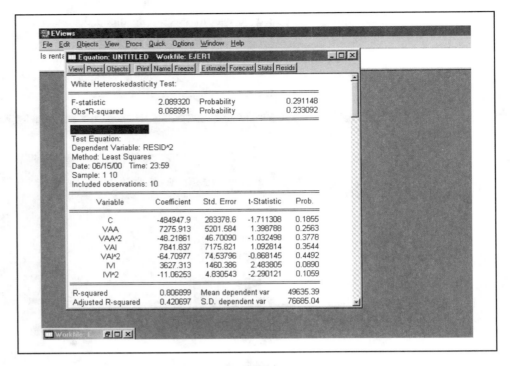

Figura 2.7.

Bajo la hipótesis nula de homoscedasticidad se debe cumplir la desigualdad probabilística siguiente,

$$\text{Prob}(White < \chi_\alpha^2) = 1 - \alpha$$

En el caso en estudio se tiene, para un nivel de significación $\alpha = 0,005$,

$$\text{Prob}(8,068 < 12,592) = 0,95$$

al cumplirse la desigualdad probabilística se acepta la hipótesis nula con una probabilidad del 95%.

Problemas propuestos

Problema 2.1

Deduzca el estadístico AIC de Akaike a partir de la función de verosimilitud estimada de los residuos.

Problema 2.2

Deduzca los estadísticos de Schwarz y Hannan-Quinn a partir de la función de verosimilitud estimada de los residuos.

Problema 2.3

En un modelo estimado cuya suma de residuos es distinta de cero, ¿tiene sentido calcular la función de verosimilitud estimada de los residuos? Razone la respuesta.

Problema 2.4

¿Qué ventajas e inconvenientes presenta utilizar el criterio AIC de Akaike frente al criterio de Schwarz en el análisis de la bondad de un modelo?

Problema 2.5

¿Qué interpretación económica tiene el parámetro β_2 en el modelo siguiente?

$$Y_t = \beta_1 + \beta_2 X_t + u_t$$

donde Y_t es el consumo familiar medio de productos alimenticios y X_t es la renta familiar media.

PROBLEMA 2.6.

¿Qué interpretación económica tiene el parámetro β_2 en el modelo siguiente?

$$Y_t = \beta_1 X_t^{\beta_2} e^{u_t}$$

donde: Y_t es el consumo medio de productos energéticos y X_t son los ingresos medios familiares.

PROBLEMA 2.7

¿Qué interpretación económica tiene el parámetro β_3 en el modelo siguiente?

$$Y_i = \beta_1 + \beta_2 X_{2i} + \beta_3 X_{3i} + u_i$$

donde: Y_i es el salario percibido, X_{2i} son los años de experiencia del trabajador y X_{3i} es una variable que toma el valor uno si el trabajador posee título superior y cero en el resto de los casos.

PROBLEMA 2.8

Un economista ha estimado el siguiente modelo:

$$\hat{Y}_i = 8,32_1 + 18,2 X_i$$

donde $\hat{Y}_i$ es el gasto en tabaco, en miles de u.m. anuales, y X_i es la renta en millones de pesetas anuales.

Posteriormente, se da cuenta de que existe un error en la estimación ya que se debería haber medido en miles de u.m. ¿Cómo influye el error de medida en la variable X_i sobre el valor del parámetro, 18,2? Comente el resultado desde el punto de vista económico y estadístico.

3

Modelo Lineal de Probabilidad

3.1. INTRODUCCIÓN

En ocasiones los ciudadanos, en general, y los economistas, en particular, se encuentran ante situaciones en que deben elegir o decidir entre posibles alternativas. En el caso de que estas alternativas fuesen dos, la modelización adquiere un carácter especial denominándose *modelos de respuesta dicotómica* (o binaria). Algunos de los ejemplos que se pueden plantear de este tipo de modelización son los siguientes:

— Una familia puede o no tener vivienda en propiedad (atendiendo a un conjunto de características económicas: nivel de renta o ingresos mensuales, nivel cultural del cabeza de familia, edad del cabeza de familia, etc.).
— Una persona activa puede estar en situación de paro o trabajando.
— Un trabajador se puede plantear afiliarse o no a un sindicato.
— Un trabajador puede optar entre seguir o no una huelga.
— Un ciudadano se puede plantear elegir el medio de transporte, público o privado, para su desplazamiento al lugar de trabajo.
— Un ciudadano decide comprar (cambiar) un coche.
— Un individuo decide suscribir o no una póliza de seguro.
— Una familia se puede plantear el tipo de escuela (pública / privada) a la que desea mandar a sus hijos.
— Un banco o una entidad financiera se encuentra ante la situación de conceder o no un crédito a un agente económico (ciudadano, familia, empresa, corporación).
— Una entidad financiera puede estudiar la probabilidad de si un crédito concedido a un cliente será devuelto o no en la fecha de vencimiento.

El planteamiento de estos modelos se fundamenta en la ecuación (1.3) donde se especifica que el individuo se enfrenta a un proceso de decisión entre dos alternativas denominadas 0 y 1, por ejemplo, comprar o no comprar un bien, afiliarse a un sindicato o no, etc., decidiendo realizar aquella que le proporciona mayor utilidad. Así, en el caso de que se opte por la opción 1 se tiene que:

$$\text{Prob}(Y = 1) = \text{Prob}(U_{i1} > U_{i0}) = F(X_i\beta)$$

Además, esta decisión está condicionada al valor de la función de distribución en el punto $X_i\beta$ y, por tanto, según se establezcan las hipótesis de cómo es esta función de distribución, se especifican diferentes modelos de elección dicotómica. En este tema, se supone que F es una función de distribución uniforme y, por tanto, $F = 1$. La modelización de la decisión se establecería a través de la ecuación:

$$\text{Prob}(Y = 1) = X_i\beta$$

Por tanto el Modelo Lineal de Probabilidad quedaría especificado[1] de la siguiente forma:

$$Y_i = X_i\beta + u_i$$

Una característica específica de este tipo de modelos es la distribución de la muestra, cuya representación gráfica para una sola variable explicativa configura una nube de puntos, que se obtiene a través de su representación sobre un diagrama definido por el regresor en el eje de abscisas y por el regresando, que toma los valores uno o cero, en el eje de ordenadas (véase figura 3.1).

En la nube de puntos de la figura 3.1 se aprecia que la muestra está dividida en dos subgrupos. Uno de ellos está dispuesto alrededor de la recta $Y = 0$, que representa al conjunto de individuos que no optaron por la realización de la opción y el

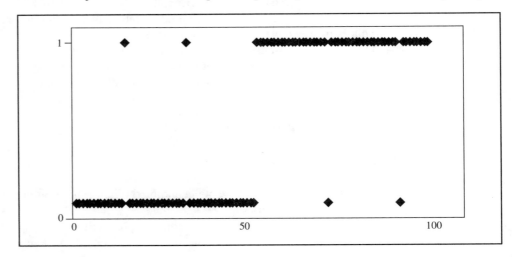

Figura 3.1. Representación de la nube de puntos de variable dicotómica.

---

[1] U_i es una variable aleatoria.

otro subgrupo está dispuesto en torno a la recta $Y = 1$, que representa a los individuos que optaron por realizar la opción.

La elaboración del modelo econométrico requiere el ajuste de esa nube de puntos a una función capaz de explicar el comportamiento de la muestra. En el caso del Modelo Lineal de Probabilidad, el ajuste realizado es una recta de regresión (véase figura 3.2).

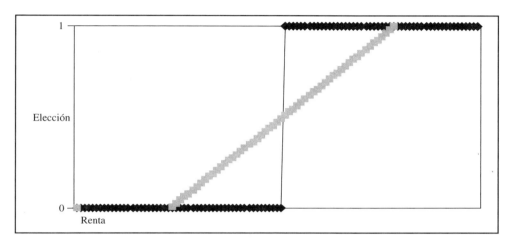

Figura 3.2. Ajuste de una función lineal a una nube de puntos de una variable dicotómica.

3.2. MODELO LINEAL DE PROBABILIDAD (MLP)

3.2.1. Especificación

Con el fin de estudiar el Modelo Lineal de Probabilidad (MLP) se va a plantear el siguiente ejemplo económico: se dispone de datos de cuarenta familias de las que se conoce su nivel de ingresos mensuales y el hecho de disponer o no de ordenador personal, que se representa a través de la nube de puntos de la figura 3.3.

Modelo simple

Desde el punto de vista general se pueden relacionar, a través de una ecuación de comportamiento, una variable endógena que indica un «hecho» o «suceso» (la variable endógena real tan sólo puede tomar los valores uno o cero) en función de una variable explicativa o característica, por ejemplo, el «hecho» de poseer ordenador en función del nivel de renta familiar. Dicho modelo se especificó en el apartado anterior de la forma siguiente:

$$Y_i = F(X_i\beta) + u_i = X_i\beta + u_i = [1X_{2i}][\beta_1\beta_2]' + u_i$$

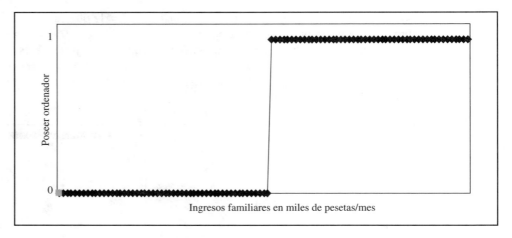

Figura 3.3. Nube de puntos de una variable dicotómica.

Para el caso en que existiera una sola variable explicativa X_{2i} quedaría:

$$Y_i = \beta_1 + \beta_2 X_{2i} + u_i \tag{3.1}$$

donde:

X_{2i}: es la variable explicativa o regresor, y en el ejemplo mide el nivel de renta familiar.

Y_i: es la variable endógena o regresando, y toma dos valores:

$Y_i = 1$ si la familia posee ordenador personal.

$Y_i = 0$ si la familia no posee ordenador personal.

El modelo (3.1) se puede reinterpretar en términos de probabilidad condicional, es decir, dado un valor X_{2i}, la probabilidad de que ocurra el «hecho», es decir, que Y_i valga la unidad es P_i, mientras que para el mismo valor de X_{2i} la probabilidad de que no ocurra el «hecho» es de $(1 - P_i)$. En nuestro ejemplo se tendría que dado un nivel de renta determinado (dado un valor concreto de X_{2i}), la probabilidad de poseer ordenador es P_i, es decir, Prob$(Y_i = 1) = P_i$; mientras que para el mismo nivel de renta, la probabilidad de no poseer ordenador es $(1 - P_i)$.

Siguiendo con el mismo ejemplo, se podría efectuar el análisis planteando el ajuste de una recta de regresión a la nube de puntos de la figura 3.3. En este caso, el resultado que se obtendría es la recta que se representa en la figura 3.4. Como se aprecia, el resultado es incorrecto, ya que a una familia que tuviera unos ingresos superiores a 80.000 u.m./mes, según el modelo estimado se le debería asignar una probabilidad superior a uno, lo que violaría el axioma básico de la probabilidad.

Se ha comprobado intuitivamente que este tipo de enfoque no tiene sentido, ya que estimar el modelo (3.1) mediante MCO presenta problemas específicos a la hora

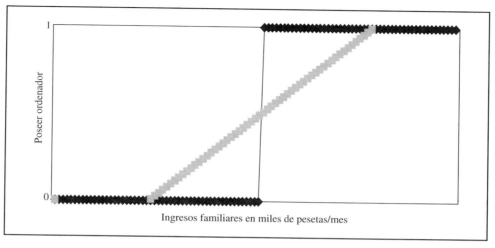

Figura 3.4. Ajuste de una función lineal a una nube de puntos de una variable dicotómica (Modelo Lineal de Probabilidad).

de interpretar las estimaciones de las variables dependientes en términos probabilísticos. Pero, además, puede presentar otros problemas especiales tales como: error de especificación, no normalidad de las perturbaciones, heteroscedasticidad, etc.

Modelo general

En el caso de que el «hecho» o «suceso» analizado venga determinado por más de una variable explicativa o característica del individuo u observación, por ejemplo, se podría cuestionar: ¿qué característica o características determinan que una familia tenga ordenador personal?: el nivel de ingreso familiar, la edad del cabeza de familia, el nivel de estudios del cabeza de familia, el número de hijos, el número de miembros de la familia que trabajan, número de miembros de la familia que estudian, etc. En este caso, el modelo se puede especificar a través de la ecuación[2]:

$$Y_i = F(X_i\beta) + u_i = X_i\beta + u_i = [1 X_{2i} \ldots X_{ki}][\beta_1 \beta_2 \ldots \beta_k]' + u_i$$

$$Y_i = \beta_1 + \beta_2 X_{2i} + \ldots + \beta_k X_{ki} + u_i \tag{3.2}$$

En el modelo (3.2), se efectúan las hipótesis adicionales siguientes:

— Las variables X_i son fijas en el muestreo (deterministas) (3.2.a)
— La esperanza de la variable aleatoria u_i es cero, esto es: $E(u_i) = 0$ (3.2.b)

---

[2] Se supone que el tipo de función que relaciona las variables es lineal, que no hay redundancia ni omisión de variables y que existe estabilidad estructural.

Teniendo en cuenta que la variable Y_i sólo puede tomar los valores 0 y 1, el significado del modelo implica que éste asigna cierta probabilidad de que $Y_i = 1$. En efecto, el modelo planteado se puede interpretar en términos probabilísticos, en el sentido de que la probabilidad de que la variable Y_i tome el valor uno $\text{Prob}(Y_i = 1)$, es decir, que «ocurra el hecho», es P_i, mientras que la probabilidad de que «no ocurra el hecho» $\text{Prob}(Y_i = 0)$ es $(1 - P_i)$. De forma esquemática:

Valor de Y_i	Prob(Y_i)
1	P_i
0	$1 - P_i$
TOTAL	1

Una cuestión a tener en cuenta es cómo estimar la probabilidad P_i de que «ocurra el hecho», es decir, de que $Y_i = 1$.

Alternativa 1

Se calcula la esperanza de Y_i en términos probabilísticos:

$$E(Y_i \,/\, X_i) = (\text{valor de } Y_i = 0)(\text{Prob}(Y_i = 0)) + (\text{valor de } Y_i = 1)(\text{Prob}(Y_i = 1)) =$$

$$= 0(1 - P_i) + 1P_i = P_i \tag{3.3}$$

Además, a partir del modelo (3.2) el valor esperado de la variable Y_i condicionado a un valor concreto de las variables es:

$$E(Y_i \,/\, X_i) = E(X_i\beta + u_i) = X_i\beta + E(u_i) = X_i\beta \tag{3.4}$$

Igualando (3.3) con (3.4) se obtiene:

$$P_i = X_i\beta$$

es decir, que la probabilidad de que ocurra el «hecho», para unos valores concretos de las variables explicativas, $\text{Prob}(Y_i = 1) = P_i$, se puede medir a partir del valor concreto asignado a través de la recta de regresión estimada.

Alternativa 2

Una forma alternativa de comprobar que un valor concreto de la recta de regresión mide la probabilidad de que ocurra el «hecho» o «suceso», es decir, que ($Y_i = 1$), se puede deducir a partir del modelo (3.2) ya que:

$$u_i = Y_i - X_i\beta$$

Para valores concretos de Y_i se tiene:

Valor de Y_i	Prob(Y_i)	Valor de (u_i / Y_i)	Prob(u_i / Y_i)
1	P_i	$1 - X_i\beta$	P_i
0	$1 - P_i$	$-X_i\beta$	$1 - P_i$

En este caso el valor de la esperanza de u_i es:

$$E(u_i) = (\text{valor}(u_i / Y_i = 1))(\text{Prob}(u_i / Y_i = 1)) + (\text{valor}(u_i / Y_i = 0))(\text{Prob}(u_i / Y_i = 0)) =$$

$$= (1 - X_i\beta)P_i + (-X_i\beta)(1 - P_i) = P_i - X_i\beta \tag{3.5}$$

Además, por (3.2.b) sabemos $E(u_i) = 0$ (es la hipótesis que se efectúa al exigir que la esperanza sea igual a cero) e introduciendo dicha hipótesis en la ecuación (3.5) queda:

$$E(u_i) = P_i - X_i\beta = 0 \tag{3.6}$$

y operando, se obtiene que la probabilidad es igual a:

$$P_i = X_i\beta \tag{3.7}$$

Comparando (3.4) con (3.7) se deduce:

$$E(Y_i / X_i) = X_i\beta = P_i \tag{3.8}$$

Es decir, la esperanza condicionada del modelo (3.2) se puede interpretar en términos de probabilidad condicional de Y_i. Dado que la probabilidad debe estar acotada entre cero y la unidad, el valor de $E(Y_i / X_i)$ debe cumplir:

$$0 \leqslant E(Y_i / X_i) \leqslant 1$$

La interpretación del ajuste del modelo en términos probabilísticos tendría el significado siguiente: a los valores próximos a cero del regresando se les asignaría una probabilidad baja de poseer ordenador (una probabilidad elevada de no poseer ordenador), mientras que a valores próximos uno se les asignaría una probabilidad elevada de poseer ordenador (una probabilidad baja de no poseer ordenador). En todo caso, no tiene sentido una probabilidad superior a la unidad o bien una probabilidad negativa.

Por su lado, como el modelo estimado de regresión es: $\hat{Y}_i = X_i\hat{\beta}$ y teniendo en cuenta la relación (3.7), comprobamos que el modelo estimado se puede considerar como la estimación de la probabilidad ya que $\hat{Y}_i = X_i\hat{\beta} = \hat{P}_i$. Este resultado conduce a una interpretación interesante, ya que $\hat{Y}_i$ se puede considerar como la estimación de la probabilidad de que $Y_i = 1$.

Así pues, si se analiza el modelo (3.1) desde el punto de vista estadístico se tiene que la esperanza condicionada de Y_i respecto a X_i (el valor de Y_i para un valor determinado de X_i), que se expresa como $E(Y_i / X_i)$, se puede interpretar como la probabilidad condicionada de que suceda el «hecho» (por ejemplo, que la familia posea ordenador personal) cuando se verifican las condiciones o características determinadas. Es decir, que los valores de las variables X_i sean mayores que un determinado valor (dado un nivel de ingresos familiares para un determinado individuo) Prob($Y_i = 1 / X_i$).

3.2.2. Limitaciones del Modelo Lineal cuando se estima por MCO

Coeficiente de determinación

Un problema asociado a la estimación del Modelo Lineal de Probabilidad es que el coeficiente de determinación, R^2 está subestimado (es más pequeño de lo que realmente debe ser). Efectivamente, dado que la suma de los cuadrados de los residuos Σe_i^2 es más grande de lo habitual afecta a la obtención del coeficiente de determinación:

$$R^2 = 1 - \frac{\sum e_i^2}{\sum (Y_i - \bar{Y})^2}$$

No normalidad de las perturbaciones

Al analizar la perturbación aleatoria se comprueba, a través de la ecuación (3.2), que los valores que puede tomar la perturbación aleatoria, u_i, para los distintos valores de Y_i son los siguientes:

Para $Y_i = 1$ el valor de u_i es: $u_i = 1 - X_i\beta$
Para $Y_i = 0$ el valor de u_i es: $u_i = -X_i\beta$

Bajo estas características de la perturbación aleatoria no se puede asegurar que ésta se distribuya según una normal, ya que ésta es una distribución binaria o dicotómica. El incumplimiento de la hipótesis de normalidad no invalida la aplicación de la estimación puntual mediante el método de los MCO (la hipótesis de normalidad no es necesaria para la aplicación del método de los MCO) ya que los estimadores siguen siendo ELIO (lineales, insesgados y óptimos) bajo el supuesto de que se sigan cumpliendo todas las demás hipótesis (hecho que comprobaremos que no ocurre en este tipo de modelos). No obstante, la no normalidad de la perturbación aleatoria provoca que no se puedan utilizar los estadísticos habituales para efectuar contrastes de hipótesis tales como la *t*-Student, la *F*-Snedecor, etc., puesto que dichos contrastes se basan en el supuesto de normalidad de la perturbación aleatoria.

Estimaciones (predicciones) no acotadas

El modelo lineal de probabilidad propuesto en (3.2) se ha interpretado en términos de probabilidad condicionada (valor que está acotado entre cero y la unidad), pero la estimación del Modelo Lineal de Probabilidad a través de MCO no garantiza que los valores estimados de Y_i, es decir $\hat{Y}_i$, estén comprendidos entre cero y uno, lo cual es una contradicción entre el concepto teórico de probabilidad y su estimación.

Heteroscedasticidad

Incluso en el caso de que se continúen cumpliendo las hipótesis $E(u_i) = 0$ y $E(u_i u_{i+s}) = 0$ para $s \neq 0$ (la correlación entre individuos distintos es nula), no es asumible que la perturbación aleatoria sea homoscedástica. A tal fin, se calcula la varianza de u_i, a través de su definición:

$$\text{var}(u_i) = E((u_i) - E(u_i))^2 = E(u_i)^2 =$$

$$= (\text{valor } u_i / Y_i = 1)^2 (\text{Prob}(u_i / Y_i = 1)) +$$

$$+ (\text{valor } u_i / Y_i = 0)^2 (\text{Prob}(u_i / Y_i = 0)) =$$

$$= (1 - X_i\beta)^2 P_i + (-X_i\beta)^2 (1 - P_i) = (1 - P_i)^2 P_i + (P_i)^2 (1 - P_i) =$$

$$= (1 - P_i)P_i((1 - P_i) + P_i) = (1 - P_i)P_i \tag{3.9}$$

Dado que la varianza de u_i es una función de las probabilidades P_i, y que éstas son función de cada una de las observaciones de las variables explicativas X_i (diferentes para cada individuo), se puede concluir que la variable aleatoria u_i es heteroscedástica. Así pues, si se estima el modelo mediante el método de los MCO, los estimadores de los coeficientes de regresión no serán eficientes (no tienen varianza mínima).

Varianzas

La varianza de la perturbación u_i se puede estimar, teniendo en cuenta (3.9) y (3.7), a través de la expresión $(1 - \hat{Y}_i)\hat{Y}_i$. Ahora bien, esta estimación en algunos casos puede ser errónea, ya que cuando $\hat{Y}_i$ es mayor que la unidad o cuando $\hat{Y}_i$ es menor que cero la varianza será negativa, resultado que es absurdo desde el punto de vista estadístico.

3.2.3. Interpretación de los coeficientes

Los valores estimados de los coeficientes de regresión de los Modelos Lineales de Probabilidad (MLP) miden el efecto, en términos de probabilidad de elección de una alternativa, de un cambio unitario en cada una de las variables explicativas. Así, si, por ejemplo, se incrementa en una unidad la variable X_{2i}, este aumento provocará una variación igual a β_2 en la probabilidad P_i.

Ejercicio 3.1. Modelo Lineal de Probabilidad (MLP). Estimación por MCO

En un estudio del mercado de ordenadores personales se ha estimado un modelo mediante MCO con la siguiente especificación:

$$Y_i = \beta_1 + \beta_2 X_{2i} + u_i$$

donde:

Y_i: es una variable que toma el valor uno si la familia posee ordenador personal y el valor cero si no posee ordenador personal.

X_{2i}: es una variable que mide el ingreso familiar en millones de u.m. anuales.

Se ha obtenido la siguiente estimación

$$\hat{Y}_i = -0{,}895 + 0{,}505 X_{2i}$$
$$\underset{(-3{,}472)}{} \quad \underset{(3{,}624)}{}$$

$$R^2 = 0{,}769$$

La interpretación de este tipo de modelos es la siguiente: el término independiente ($-0{,}895$) da la probabilidad de que una familia con ingreso igual a cero tenga ordenador personal. Dado que este valor es negativo y, como es bien sabido, la probabilidad no puede ser negativa, se considera que este valor es cero. Generalmente se puede interpretar un valor negativo como una probabilidad casi nula de poseer un ordenador cuando los ingresos familiares son bajos. El valor del coeficiente de regresión o pendiente, $0{,}505$, indica que para un cambio unitario en el ingreso medio de un millón de u. m. anuales la probabilidad media de poseer ordenador aumenta en $0{,}505$.

Además, dado un nivel de ingreso familiar se puede estimar la probabilidad de poseer ordenador, es decir, un valor concreto de la variable $\hat{Y}_i$. Así, para una familia cuyos ingresos son de dos millones de u.m. anuales la probabilidad estimada de poseer ordenador es:

$$\hat{Y}_i = -0,895 + 0,505 \ \ X_{2i} =$$
$$= -0,895 + 0,505 \ \ 2,00 = 0,115$$

Esto es, que la probabilidad de que una familia con ingresos iguales a dos millones de u. m. posea ordenador es aproximadamente igual al 11%. La característica más sorprendente de estos resultados es que a valores bajos de ingresos les corresponde una probabilidad negativa, mientras que a los valores elevados de ingresos les corresponden valores mayores que uno. Este hecho implica que la hipótesis de que el valor $E(Y_i / X_i)$ sea positivo y menor que la unidad no se cumple necesariamente ya que sus estimadores $\hat{Y}_i$ pueden tomar valores negativos, o bien valores superiores a la unidad. Ésta es una de las razones por las cuales el MLP no es un modelo adecuado cuando la variable dependiente es dicotómica.

Además, en el caso de que todas las estimaciones de la variable Y fuesen positivas e inferiores a la unidad, el modelo estimado presentaría heteroscedasticidad. Como consecuencia de ello no se podría confiar en la varianza estimada del modelo ni en las desviaciones típicas de los coeficientes de regresión.

Ejercicio 3.2. Modelo Lineal de Probabilidad: independencia de la probabilidad respecto a las condiciones iniciales

En el modelo estimado:

$$\hat{Y}_i = 0,02 + 0,15 X_{2i}$$
$$\underset{(2,472)}{} \quad \underset{(3,27)}{}$$

donde:

Y_i: es una variable que toma el valor uno si el individuo posee coche propio y cero en caso contrario.

X_{2i}: es una variable que mide los ingresos del individuo en millones de u.m.

El coeficiente estimado, cuyo valor es 0,15, mide la probabilidad de poseer coche propio ante la variación unitaria de los ingresos en un millón de u.m. El incremento en la probabilidad de tener coche propio de un individuo que, inicialmente, tiene una renta de un millón de u.m. y pasa a tener dos millones es el mismo que el incremento en la probabilidad de tener coche propio de un individuo que, con unos ingresos iniciales de cien millones de u.m., pasa a tener ciento un millones. Es decir, la variación de la probabilidad de tener coche propio es la misma, independientemente del nivel inicial de renta del individuo. Sin embargo, en la realidad este supuesto de linealidad no es cierto. En términos del modelo, un aumento unitario de los ingresos no provocará el mismo aumento de la probabilidad de tener coche propio en el caso de que el individuo tenga un nivel bajo de ingresos, comparado con el caso de que el individuo tenga un nivel alto de ingresos.

3.3. MODELO LINEAL DE PROBABILIDAD PONDERADO O MLP ESTIMADO MEDIANTE MÍNIMOS CUADRADOS GENERALIZADOS: SUS LIMITACIONES

En el apartado anterior se han expuesto los problemas que lleva asociada la estimación por MCO del Modelo Lineal de Probabilidad. Ante estos problemas es necesario buscar una alternativa a la estimación del modelo. Dado que uno de los problemas más importantes que presenta el proceso de la estimación por MCO es la presencia de un problema de heteroscedasticidad, se plantea en este apartado una solución posible para estimar estos modelos dicotómicos desde la óptica de la linealidad. Para ello se utiliza la estimación por Mínimos Cuadrados Generalizados (MCG) del Modelo Lineal de Probabilidad. A este tipo de modelos se les denomina MLP ponderados.

Los pasos a realizar son los siguientes:

— Se estima el modelo (3.2) mediante el método de los MCO sin tener en cuenta el problema de la heteroscedasticidad, obteniendo el valor estimado $\hat{Y}_i$ que se puede considerar como la estimación de la esperanza condicional (véase ecuación 3.3), o bien de la probabilidad condicional (véase ecuación 3.4).

— Las estimaciones $\hat{Y}_i$ se utilizan para estimar la varianza de la perturbación aleatoria, $\hat{w}_i$, a través de la ecuación (3.9), y se obtiene la siguiente estimación de la varianza:

$$\hat{w}_i = \hat{Y}_i(1 - \hat{Y}_i)$$

— Si los valores estimados de $\hat{Y}_i$ son mayores que la unidad se deben sustituir por la unidad. En este caso el valor resultante de $\hat{w}_i$ será cero. Este hecho provocaría serios problemas al utilizar la variable $\hat{w}_i$ como ponderador (se tendría que dividir un número por cero). Es por ello por lo que, en definitiva, se opta entre las dos opciones alternativas siguientes:

    a) Se eliminan estas observaciones, con lo que se pierde información (se reduce el tamaño de la muestra), por lo que los estimadores que se obtienen ya no son robustos.

b)   Se sustituyen los valores mayores o iguales a la unidad por 0,999.

— Si los valores estimados de $\hat{Y}_i$ son negativos (menores que cero) se deben sustituir por cero. En este caso el valor resultante de $\hat{w}_i$ también será cero. Esto provocaría serios problemas al utilizar la variable $\hat{w}_i$ como ponderador (se tendría que dividir un número por cero). Es por ello por lo que, en definitiva, se opta entre las dos alternativas siguientes:

a)   Se eliminan estas observaciones, con lo que se pierde información (se reduce el tamaño de la muestra), por lo que los estimadores que se obtienen ya no son robustos.

b)   Se sustituyen los valores menores o iguales a cero por 0,001.

— Se pondera el modelo (3.2) dividiendo ambos miembros de la ecuación por la desviación típica estimada, $\sqrt{\hat{w}_i} = \sqrt{\hat{P}(1 - \hat{P}_i)}$, con el fin de transformar el modelo en homoscedástico, esto es:

$$\frac{Y_i}{\sqrt{\hat{w}_i}} = \beta_1 \frac{1}{\sqrt{\hat{w}_i}} + \beta_2 \frac{X_{2i}}{\sqrt{\hat{w}_i}} + \ldots + \beta_k \frac{X_{ki}}{\sqrt{\hat{w}_i}} + u_i \frac{1}{\sqrt{\hat{w}_i}} \qquad (3.10)$$

La estimación del modelo transformado, (3.10), mediante el método MCO es equivalente a aplicar MCG en el modelo (3.2) y en ambos casos se obtienen estimaciones eficientes de los coeficientes de regresión.

Los *problemas asociados a la estimación del MLP mediante MCG* son análogos a los que presenta la estimación del modelo por MCO ya que:

— Aunque se puede demostrar que las estimaciones llevadas a cabo mediante MCG son eficientes, en la práctica no se garantiza que los resultados obtenidos para las estimaciones de la variable $\hat{Y}_i$, que son estimaciones de la probabilidad P_i, no puedan ser negativos o bien mayores que uno. Es decir, que las estimaciones de la variable $\hat{Y}_i$, o predicciones de P_i, pueden tomar valores fuera del intervalo (0,1).

— Dado que se omiten aquellas observaciones que no resultan coherentes con una interpretación probabilística, los estimadores obtenidos por MCG no son robustos.

— El coeficiente de determinación continúa siendo excesivamente bajo (subestimación del coeficiente de determinación).

— Debido a la pérdida del término independiente en el modelo (véase ecuación 3.10), ya que se han ponderado todas las variables de la ecuación por $\sqrt{\hat{w}_i}$, la suma de todas las probabilidades no será necesariamente igual a la unidad.

— La omisión del término independiente (véase ecuación 3.10) puede provocar que la suma de los residuos sea distinta de cero. Este error de especificación del modelo puede tener consecuencias sobre el coeficiente de determinación (puede ser negativo), la función de verosimilitud estimada a partir de los residuos (la suma de los residuos no es necesariamente igual a cero) y los estadísticos que se obtienen a partir de ella.

— La no normalidad de las perturbaciones aleatorias se sigue manteniendo a pesar de la transformación realizada. Por tanto, los tests de significación tradicionales quedan invalidados (los tests paramétricos: *t*-Student, *F* de Snedecor, etc.). No obstante, el tamaño de la muestra tiene un papel importante en estos modelos ya que si ésta es suficientemente grande, los contrastes sí que sirven de forma asintótica.

Todos estos problemas nos llevan a la búsqueda de modelos y métodos de estimación alternativos (generalmente no lineales) que solucionen los efectos producidos por los estimadores anteriormente expuestos.

Ejercicio 3.3. Modelo Lineal de Probabilidad estimado por MCG o MLP ponderado

La empresa Moody's clasifica la deuda (bonos) de las distintas entidades en diversas categorías, entre otras, bonos de alta calidad Aa y bonos de calidad media Baa. Una consultora, a partir de la información histórica, ha establecido el siguiente Modelo Lineal de Probabilidad (MLP) para efectuar predicciones sobre la calificación de los bonos de las entidades o corporaciones:

$$Y_i = \beta_1 + \beta_2 X_{2i} + \beta_3 X_{3i} + \beta_4 X_{4i} + \beta_5 X_{5i} + u_i$$

donde:

Y_i: es el regresando que toma el valor uno cuando el bono está calificado como Aa y el valor cero cuando el bono de la entidad está calificado como Baa.
X_{2i}: es la rotación de activos (ventas/activos totales).
X_{3i}: es la tasa de beneficios (beneficios repartidos/ventas).
X_{4i}: es la tasa de capitalización de la deuda (deuda de largo plazo/activos totales).
X_{5i}: es la volatilidad de la tasa de beneficio (desviación típica de la tasa de beneficio).

Los signos esperados a priori de los coeficientes son: positivos para β_2 y β_3, mientras que los coeficientes β_4 y β_5 se espera que sean negativos.

Con el fin de corregir el problema de la heteroscedasticidad se han aplicado Mínimos Cuadrados Generalizados (MCG). Dado que algunas probabilidades estimadas (valores estimados del regresando, $\hat{Y}_i$) fueron negativas y otras mayores que la unidad se sustituyeron sus valores por 0,01 y 0,99 respectivamente[3]. Los resultados obtenidos son los siguientes:

$$\frac{\hat{Y}_i}{\sqrt{\hat{w}_i}} = 0,493 \frac{1}{\sqrt{\hat{w}_i}} + 0,023 \frac{X_{2i}}{\sqrt{\hat{w}_i}} + 0,048 \frac{X_{3i}}{\sqrt{\hat{w}_i}} - 0,187 \frac{X_{4i}}{\sqrt{\hat{w}_i}} + 0,012 \frac{X_{5i}}{\sqrt{\hat{w}_i}}$$

o bien operando:

$$\hat{Y}_i = 0,493 + 0,023 X_{2i} + 0,048 X_{3i} - 0,187 X_{4i} + 0,012 X_{5i}$$
$$\quad (2,345) \quad (3,258) \quad (4,456) \quad (-2,675) \quad (0,567)$$

$$R^2 = 0,669$$

Se puede comprobar que todos los coeficientes presentan los signos esperados excepto el coeficiente que afecta a la variable X_{5i}. En este caso se puede verificar que la variable no es significativa estadísticamente para una probabilidad del 95%. Una de las posibles causas radica en que esta variable se haya construido de forma inadecuada, por ejemplo, sin tener en cuenta el signo de la desviación.

Un valor concreto estimado de la variable, $\hat{Y}_i$, mide la probabilidad de que la deuda de la empresa sea clasificada del tipo *Aa*. Así, para una empresa que reúne las siguientes características: $X_{2i} = 3,5$; $X_{3i} = 0,10$; $X_{4i} = 0,7$ y $X_{5i} = 10$ la probabilidad de que su deuda sea clasificada del tipo *Aa* es igual a 0,5674.

La interpretación de los coeficientes de regresión es clara. Por ejemplo, el valor del coeficiente 0,023 asociado a la variable X_{2i} indica que, manteniendo el resto de las condiciones iguales, un incremento unitario en la rotación de activos, en la variable X_{2i}, provocará un incremento de la probabilidad igual a 0,023 en término medio para que el bono obtenga la calificación Aa.

3.4. PRÁCTICA. EL MODELO LINEAL DE PROBABILIDAD (MLP)

Se dispone de información referente a 1.000 hogares en lo que concierne a sus ingresos anuales (variable RENTA), a la situación laboral del sustentador principal de la familia (variable PARADO, que toma el valor 1 cuando el individuo está desempleado y 0 en caso contrario) y sobre el régimen de propiedad de la vivienda familiar (variable VIVPROP, que toma el valor 1 si la familia es propietaria de la vivienda en la que habita y 0 en otro caso). Se pretende estimar la probabilidad de que las familias reciban un préstamo bancario en función de las variables anteriormente

---

[3] Otra forma de abordar este problema es la de eliminar aquellas observaciones cuyas probabilidades estimadas (valores del regresando $\hat{Y}_i$) sean negativas o bien mayores que la unidad. En este caso los estimadores que se obtienen ya no son robustos (no se utiliza toda la información disponible).

descritas. PRESTAM es la variable dicotómica que toma el valor uno si se concede el préstamo a la familia y cero en caso contrario.

Se pide:

1. Estimar la probabilidad de que las familias reciban un préstamo bancario mediante un Modelo Lineal de Probabilidad (sin ponderar).
2. Obtener la variable endógena estimada: Prob $(Y_i = 1)$.
3. Obtener el diagrama entre la variable endógena estimada y la variable RENTA.
4. Analizar los principales problemas econométricos asociados a este tipo de modelos. Contrastar la presencia de heteroscedasticidad y normalidad de las perturbaciones.
5. Calcular la desviación típica estimada de las perturbaciones aleatorias.
6. Estimar la probabilidad de que las familias reciban un préstamo bancario mediante un Modelo Lineal de Probabilidad ponderado.
7. Obtener la variable endógena estimada: Prob $(Y_i = 1)$, mediante el MLP ponderado.
8. Obtener el diagrama entre la variable endógena estimada y la variable RENTA.
9. Contrastar la presencia de heteroscedasticidad y normalidad de las perturbaciones.
10. Obtener las predicciones correctas que proporciona el modelo homoscedástico.
11. Contrastar la significatividad de las variables explicativas y analizar la bondad de ajuste del modelo homoscedástico.

Solución

1. Estimar la probabilidad de que las familias reciban un préstamo bancario mediante un Modelo Lineal de Probabilidad (sin ponderar).

La especificación econométrica del modelo a estimar es:

$$PRESTAM_i = \beta_0 + \beta_1 \, RENTA_i + \beta_2 \, PARADO_i + \beta_3 \, VIVPROP_i + u_i$$

Y su estimación se obtiene mediante la orden del programa *Eviews*:

LS PRESTAM C RENTA PARADO VIVPROP

a través de la cual se obtienen los resultados que aparecen en la figura 3.5.

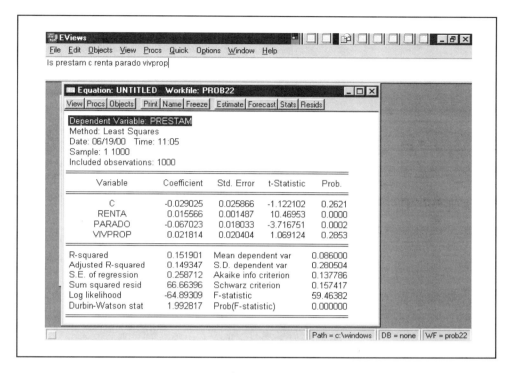

Figura 3.5.

2. Obtener la variable endógena estimada Prob ($Y_i = 1$).

Las estimaciones de la variable endógena se pueden obtener a través de las órdenes:

FORECAST PRESTAMF

O bien

GENR PRESTAMF = C(1)+C(2)*RENTA+C(3)*PARADO+C(4)*VIVPROP

es decir,

GENR PRESTAMF = –0,029+0,016*RENTA–0,067*PARADO+0,022*VIVPROP

3. Obtener el diagrama entre la variable endógena estimada y la variable RENTA.

El diagrama entre la variable endógena estimada PRESTAMF y la variable explicativa RENTA se obtiene mediante la orden:

SCAT RENTA PRESTAMF

cuyo resultado se refleja en la figura 3.6.

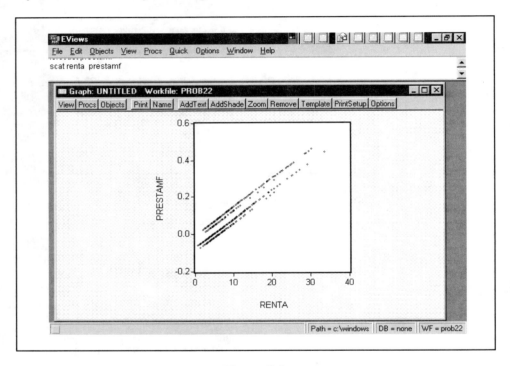

Figura 3.6.

Comentario: Se puede observar a través de la figura que el modelo estimado no cumple la hipótesis básica sobre la probabilidad, es decir, que los valores de la misma estén acotados entre cero y la unidad. En efecto, si se interpreta la estimación de la variable dependiente como una medida de la probabilidad de conceder un préstamo (eje de ordenadas) dado el nivel de ingresos de la familia (eje de abscisas), se pueden observar valores negativos cuando los niveles de renta son muy pequeños, y mayores que la unidad si los valores de la renta fuesen muy elevados. Así, estos resultados no acotados entre 0 y 1 son a todas luces incorrectos desde el punto de vista del significado de la estimación.

4. Analizar los principales problemas econométricos asociados a este tipo de modelos. Contrastar la presencia de heteroscedasticidad y normalidad de las perturbaciones.

Los principales problemas que se pueden encontrar ante este tipo de especificación econométrica son dos: la heteroscedasticidad y no normalidad de las perturbaciones aleatorias del modelo. La heteroscedasticidad se genera dado que la varianza de las perturbaciones depende del individuo que se está analizando:

$$w_i = P_i(1 - P_i)$$

La existencia de heteroscedasticidad se puede contrastar mediante el Test de White. La orden del programa *Eviews* es:

WHITE

el resultado de la cual aparece en la figura 3.7.

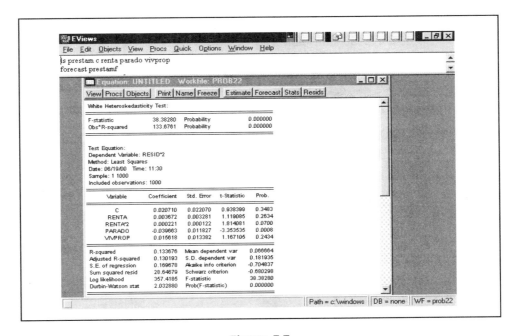

Figura 3.7.

Comentario: En el test de White, bajo la hipótesis nula de homoscedasticidad, el estadístico: (número de observaciones) $* R^2$, se distribuye según una χ^2_α con $k - 1$ grados de libertad, y siendo k el número de regresores (incluida la constante) en la estimación del modelo auxiliar realizada para obtener el coeficiente R^2.

Así, se tiene que:

$$(\text{número de observaciones})\ R^2 = 1.000 * 0,134 = 133,68$$

y el valor crítico correspondiente para $\alpha = 0,05$ y 4 grados de libertad es $= 9,49$.

Dado que la desigualdad $\text{Prob}(\text{White} < \chi^2_\alpha) = 1 - \alpha$ no se cumple ya que:

$$\text{Prob}(133,68 \nless 9,49) = 0,95$$

se rechaza la hipótesis nula de homoscedasticidad y, por tanto, se acepta que las pertubaciones son heteroscedásticas.

El contraste de la normalidad de las perturbaciones se puede realizar mediante el el test de Bera-Jarque sobre los residuos del modelo estimado. La aplicación de este contraste requiere abrir el menú *Quick* del programa. La secuencia de opciones es: QUICK/SERIES ESTATISTICS/HISTOGRAM AND STATISTICS, o bien teclear directamente la orden: HIST. A continuación aparece una ventana donde se debe escribir el nombre de la serie a analizar. En este caso, la serie es RESID, ya que se pretende contrastar la normalidad de las perturbaciones del modelo a través de los residuos de su estimación. Los resultados obtenidos son los mostrados en la figura 3.8.

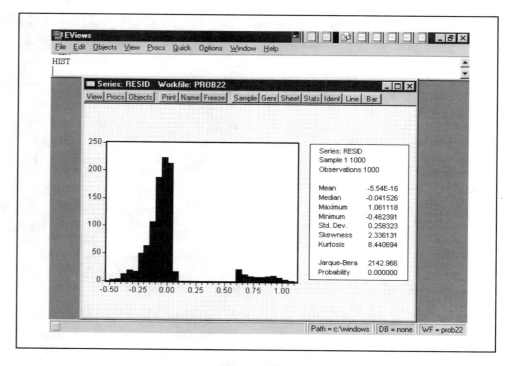

Figura 3.8.

A través del histograma y de los valores de los estadísticos proporcionados, se llega a la conclusión de que los residuos del modelo estimado no se distribuyen normal. En efecto, el estadístico de Bera-Jarque se distribuye según una χ^2 con dos grados de libertad y se define como:

$$BJ = (\text{núm. de obs.})\left(\frac{asimetría^2}{6} + \frac{(curtosis - 3)^2}{24}\right) =$$

$$= (\text{núm. de obs})\left(\frac{Skewness^2}{6} + \frac{(Kurtosis - 3)^2}{24}\right)$$

que en este caso es:

$$BJ = 1.000\left(\frac{2,336^2}{6} + \frac{(8,44 - 3)^2}{24}\right) = 2.142,97$$

Así pues, dado un nivel de significación $\alpha = 0,05$, es decir, con un intervalo de confianza del $(1 - \alpha)$, se acepta la hipótesis nula (los residuos se distribuyen según una normal) si se cumple la desigualdad probabilística siguiente:

$$\text{Prob}(BJ < \chi^2_\alpha) = 1 - \alpha$$

En nuestro caso, para un nivel de significación $\alpha = 0,05$, y dos grados de libertad, se tiene:

$$\text{Prob}(2.142,97 \nless 5,99) = 0,95$$

Dado que no se cumple la desigualdad probabilística se rechaza la hipótesis nula, lo cual indicaría que los residuos del modelo estimado no se distribuyen según una normal.

5. Calcular la desviación típica estimada de las perturbaciones aleatorias.

La estimación de la varianza de las perturbaciones (véase ecuación 3.9) se obtiene mediante la expresión:

$$\hat{w}_i = \hat{Y}_i(1 - \hat{Y}_i)$$

Un paso previo a la obtención de la varianza, o de la desviación típica, será seleccionar aquellos valores de la variable dependiente estimada que pueden interpretarse en términos de probabilidad, es decir, aquellos valores de PRESTAMF acotados entre cero y uno. Para ello se utiliza la siguiente orden:

GENR PRESTAMFA = (LOG(0<PRESTAMF)AND(PRESTAMF<1))
+1*PRESTAMF

La desviación típica será la raíz cuadrada de la expresión anterior, que mediante el programa *Eviews* se calcula según la orden:

$$\text{GENR RW} = (\text{PRESTAMFA}*(1-\text{PRESTAMFA}))^{0.5}$$

y se obtiene un valor distinto para cada individuo puesto que las perturbaciones aleatorias son heteroscedásticas.

6. Estimar la probabilidad de que las familias reciban un préstamo bancario mediante un Modelo Lineal de Probabilidad ponderado

La presencia de heteroscedasticidad en las perturbaciones causa problemas de no eficiencia de los estimadores. Para solucionar este problema se estima el modelo ponderado:

$$\frac{Y_i}{\sqrt{\hat{W}_i}} = \frac{\beta_0}{\sqrt{\hat{W}_i}} + \beta_1 \frac{X_{1i}}{\sqrt{\hat{W}_i}} + \beta_2 \frac{X_{2i}}{\sqrt{\hat{W}_i}} + \beta_3 \frac{X_{3i}}{\sqrt{\hat{W}_i}} + \frac{u_i}{\sqrt{\hat{W}_i}}$$

o bien,

$$\frac{PRESTAM_i}{R\hat{W}_i} = \beta_0 \frac{1}{RW_i} + \beta_1 \frac{RENTA_i}{RW_i} + \beta_2 \frac{PARADO_i}{RW_i} + \beta_3 \frac{VIVPROP_i}{RW_i} + \frac{u_i}{RW_i}$$

y la orden del programa *Eviews* que realiza esta estimación:

LS (PRESTAM/RW) (1/RW) (RENTA/RW) (PARADO/RW) (VIVPROP/RW)

que da como resultado la estimación presentada en la figura 3.9.

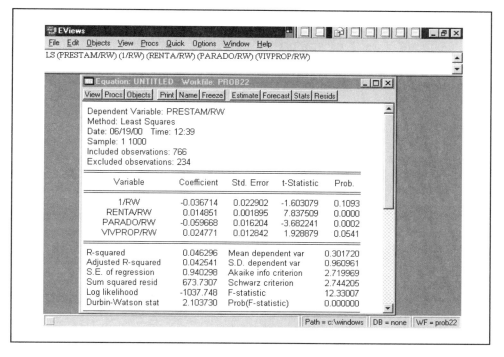

Figura 3.9.

Comentario: Se puede observar que se han perdido 234 observaciones correspondientes a aquellos individuos cuyas estimaciones de la variable dependiente no pertenecen al intervalo [0,1]. En este caso, los estimadores ya no serán robustos al omitir información muestral.

7. Obtener la variable endógena estimada: Prob ($Y_i = 1$), mediante el MLP ponderado.

Las nuevas estimaciones de la variable endógena se pueden obtener a través de las siguientes órdenes:

FORECAST PRESTAMFP

o bien

GENR PRESTAMFP = C(1)+C(2)*RENTA+C(3)*PARADO+C(4)*VIVPROP

es decir,

GENR PRESTAMFP = -0.037+0.015*RENTA-0.060*PARADO+0.025*VIVPROP

8. Obtener el diagrama entre la variable endógena estimada y la variable RENTA.

El diagrama entre la variable endógena estimada PRESTAMFP y la variable explicativa RENTA se obtiene mediante la orden:

SCAT RENTA PRESTAMFP

cuyos resultados aparecen en la figura 3.10.

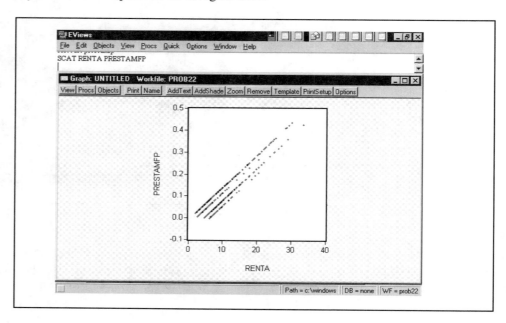

Figura 3.10.

Comentario: De nuevo se puede observar a través del gráfico que el modelo estimado no cumple la hipótesis básica sobre la probabilidad, es decir, que los valores de la misma estén acotados entre cero y la unidad. Así, estos resultados no acotados entre 0 y 1 son incorrectos desde el punto de vista del significado de la estimación.

9. Contrastar la presencia de heteroscedasticidad y normalidad de las perturbaciones.

La existencia de heteroscedasticidad se puede contrastar mediante el test de White. La orden del programa *Eviews* es:

WHITE

y sus resultados se muestran en la figura 3.11.

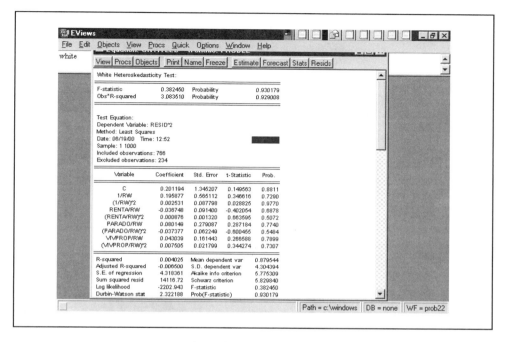

Figura 3.11.

Comentario: En el test de White, bajo la hipótesis nula de homoscedasticidad, el estadístico: (número de observaciones) $* R^2$ se distribuye según una χ^2_α con $k-1$ grados de libertad, siendo k el número de regresores (incluido el término independiente o la constante) en la estimación auxiliar realizada para obtener el coeficiente R^2.
Así, se tiene que:

$$\text{(número de observaciones) } R^2 = 766 * 0,004 = 3,0835$$

y el valor crítico correspondiente será $\chi^2_{0,05} = 15,51$.
Dado que la desigualdad Prob(White $< \chi^2_\alpha$) $= 1 - \alpha$ sí se cumple ya que:

$$\text{Prob } (3,0835 < 15,51) = 0,95$$

se acepta la hipótesis nula de homoscedasticidad.

El contraste de la normalidad de las perturbaciones se puede realizar mediante el test de Bera-Jarque sobre los residuos del modelo estimado. La aplicación de este contraste requiere abrir el menú *Quick* del programa. La secuencia de opciones es: QUICK/SERIES ESTATISTICS/HISTOGRAM AND STATISTICS, o bien teclear directamente la orden: HIST. A continuación aparece una ventana donde se debe escribir el nombre de la serie a analizar. En este caso, la serie es RESID, ya que se pretende contrastar la normalidad de las perturbaciones del modelo a través de los residuos de su estimación. Los resultados obtenidos son los que aparecen en la figura 3.12.

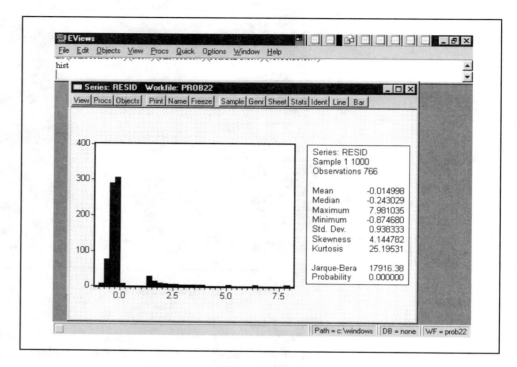

Figura 3.12.

A través del histograma y de los valores de los estadísticos proporcionados, se llega a la conclusión de que los residuos del modelo estimado no se distribuyen normal. En efecto, el estadístico de Bera-Jarque se distribuye según una χ^2 con dos grados de libertad y se define como:

$$BJ = (\text{núm. de obs.})\left(\frac{asimetría^2}{6} + \frac{(curtosis - 3)^2}{24}\right) =$$

$$= (\text{núm. de obs.})\left(\frac{Skewness^2}{6} + \frac{(kurtosis - 3)^2}{24}\right)$$

que en este caso es:

$$BJ = 766\left(\frac{4,14^2}{6} + \frac{(25,19 - 3)^2}{24}\right) = 17.916,38$$

Así pues, dado un nivel de significación $\alpha = 0,05$, es decir, con un intervalo de confianza de $(1 - \alpha)$, se acepta la hipótesis nula (los residuos se distribuyen según una normal) si se cumple la desigualdad probabilística siguiente:

$$\text{Prob}(BJ < \chi_\alpha^2) = 1 - \alpha$$

En nuestro caso, para un nivel de significación $\alpha = 0,05$, y dos grados de libertad, se tiene:

$$\text{Prob}(17.916,38 \nless 5,99) = 0,95$$

Dado que no se cumple la desigualdad probabilística se rechaza la hipótesis nula, lo cual indicaría que los residuos del modelo estimado no se distribuyen según una normal.

10. Obtener las predicciones correctas que proporciona el modelo homoscedástico.

Un paso previo a la obtención de las predicciones correctas consiste en eliminar aquellos valores de la variable dependiente estimada que no son correctos desde el punto de vista de su interpretación, como probabilidad estimada de recibir un préstamo. Es decir, se seleccionan aquellos valores que están dentro del intervalo [0,1] mediante la orden:

GENR PRESTAMFPA = (LOG(0<PRESTAMFP)AND(PRESTAMFP<1))
+1*PRESTAMFP

La selección de las predicciones correctas que proporcionan las estimaciones obtenidas a través del Modelo Lineal de Probabilidad Ponderado (cuyas perturbaciones son homoscedásticas), que se denotan como PREDCOMLP, se puede realizar de la siguiente forma:

— A los valores de la estimación de la variable endógena superiores a 0,5 se les asigna un valor de predicción 1, es decir,

Si $PRESTAMFPA_i > 0,5$, entonces Predicción: $\hat{Y}_i = 1$.

Si el valor de la predicción coincide con el valor real de la variable dependiente: $\hat{Y}_i = Y_i$, se dice que la predicción es correcta, con lo que PREDCOMLP$_i = 1$.

— A los valores de estimación de la variable endógena inferiores a 0,5 se les asigna un valor de predicción 0, es decir,

Si $PRESTAMFPA_i < 0,5$, entonces Predicción: $\hat{Y}_i = 0$.

Si el valor de la predicción coincide con el valor real de la variable dependiente: $\hat{Y}_i = Y_i$, se dice que la predicción es correcta, con lo que PRED-COMLP$_i$ = 1.

En el caso de que $\hat{Y}_i \neq Y_i$, PREDCOMLP$_i$ = 0, ya que la predicción será errónea. La obtención de los valores de predicción correctos y erróneos, es decir, la obtención de los valores de la serie PREDCOMLP, se efectúa a través de la orden:

GENR PREDCOMLP = ((PRESTAMFPA<0,5)*(1- PRESTAM))
+((PRESTAMFPA>0,5)*PRESTAM)

Y el total de predicciones correctas es:

=@SUM(PREDCOMLP)

cuyo resultado es 678.

La visualización de las variables PRESTAM, PRESTAMF, PRESTAMFA, PRESTAMFP, PRESTAMFPA y PREDCOMLP, correspondientes al valor real de la variable dependiente y a las estimaciones de la probabilidad de que $Y_i = 1$, tanto en el Modelo Lineal de Probabilidad como en el Modelo Lineal de Probabilidad ponderado, se realiza mediante la orden:

SHOW PRESTAM PRESTAMF PRESTAMFA PRESTAMFP PRESTAMFPA PREDCOMLP

Los resultados se presentan en la tabla 3.1 para los 20 primeros individuos.

TABLA 3.1

obs.	PRESTAM	PRESTAMF	PRESTAMFA	PRESTAMFP	PRESTAMFPA	PREDCOMLP
1	0,000000	0,100869	0,100869	0,091175	0,091175	1,000000
2	0,000000	0,271243	0,271243	0,253728	0,253728	1,000000
3	0,000000	−0,056515	NA	NA	NA	NA
4	0,000000	0,029934	0,029934	0,023816	0,023816	1,000000
5	0,000000	−0,010159	NA	NA	NA	NA
6	0,000000	0,031377	0,031377	0,029151	0,029151	1,000000
7	0,000000	0,039059	0,039059	0,036481	0,036481	1,000000
8	0,000000	−0,031442	NA	NA	NA	NA
9	0,000000	0,025902	0,025902	0,023928	0,023928	1,000000
10	0,000000	0,055875	0,055875	0,052525	0,052525	1,000000
11	0,000000	0,015626	0,015626	0,010165	0,010165	1,000000
12	0,000000	0,034259	0,034259	0,031901	0,031901	1,000000
13	0,000000	0,037440	0,037440	0,034936	0,034936	1,000000
14	0,000000	0,063978	0,063978	0,060255	0,060255	1,000000
15	0,000000	0,208497	0,208497	0,193863	0,193863	1,000000
16	0,000000	−0,018152	NA	NA	NA	NA
17	0,000000	0,079299	0,079299	0,070595	0,070595	1,000000
18	0,000000	−0,004013	NA	NA	NA	NA
19	0,000000	0,023609	0,023609	0,021739	0,021739	1,000000
20	0,000000	0,018623	0,018623	0,016983	0,016983	1,000000

11. Contrastar la significatividad de las variables explicativas y analizar la bondad de ajuste del modelo homoscedástico.

El modelo homoscedástico es el Modelo Lineal de Probabilidad Ponderado, tal y como se ha obtenido al realizar el test de White. Así, el contraste de la significatividad de las variables explicativas y la bondad de ajuste se van a realizar a partir de los resultados de la estimación que se muestra en la figura 3.9.

El contraste de la hipótesis nula H_0: $\beta_0 = 0$, se puede efectuar mediante la siguiente desigualdad probabilística:

$$\text{Prob}\left(-t_{\alpha/2} < \frac{\hat{\beta}_0 - 0}{\sigma_{\hat{\beta}_0}} < t_{\alpha/2}\right) = 1 - \alpha$$

donde el estadístico $\dfrac{\hat{\beta}_0 - 0}{\sigma_{\hat{\beta}_0}}$ se distribuye según una $t_{\alpha/2}$ con $N - k$ grados de libertad de tal forma que, sustituyendo los resultados de la estimación y el valor crítico correspondiente a una distribución *t-Student* con 762 grados de libertad se obtiene que:

$$\text{Prob}\left(-1,96 < \frac{-0,0367}{0,0229} < 1,96\right) = 0,95$$

y operando

$$\text{Prob}(-1,96 < -1,6031 < 1,96) = 0,95$$

Dado que se acepta la desigualdad probabilística, se concluye aceptando la hipótesis nula con una probabilidad del 95%, es decir, que la variable explicativa $(1/RW_i)$ no explica de forma significativa el regresando.

De forma análoga se puede proceder para los coeficientes β_1, β_2 y β_3. Para el primero de ellos, la hipótesis nula a contrastar será: H_0: $\beta_1 = 0$, y sustituyendo el valor correspondiente en la figura 3.9:

$$\text{Prob}\left(-1,96 < \frac{0,0149}{0,0019} \not< 1,96\right) = 0,95$$

Dado que no se cumple la desigualdad, cabe concluir que se rechaza la hipótesis nula, de forma que la variable $(RENTA/RW)_i$ explica el regresando.

Para el coeficiente β_2, la hipótesis nula a contrastar será: H_0: $\beta_2 = 0$, y sustituyendo el valor correspondiente en la figura 3.9:

$$\text{Prob}\left(-1,96 \not< \frac{-0,0597}{0,0162} < 1,96\right) = 0,95$$

Dado que no se cumple la desigualdad, cabe concluir que se rechaza la hipótesis nula, de forma que la variable (PARADO/RW)$_i$ explica el regresando.

Para el coeficiente β_3, la hipótesis nula a contrastar será: H_0: $\beta_3 = 0$, y sustituyendo el valor correspondiente en la figura 3.9:

$$\text{Prob}\left(-1,96 < \frac{0,0248}{0,0128} < 1,96\right) = 0,95$$

Dado que se cumple la desigualdad, cabe concluir que se acepta la hipótesis nula, de forma que la variable (VIVPROP/RW)$_i$ no explica el regresando.

Como las pruebas tradicionales de bondad de ajuste, tales como el R^2, no son válidas en los modelos en los que la variable dependiente toma valores 0 o 1, se va a utilizar como medida alternativa para medir la bondad del ajuste del modelo el coeficiente Pseudo R^2 de predicción. Dicho coeficiente se define a partir de las proporciones de predicción correctas, entendidas como el porcentaje de predicciones correctas que proporciona la estimación sobre el total de individuos.

La selección de predicciones correctas y su cómputo se ha realizado en el apartado 10, mediante la suma de la variable PREDCOMLP, que daba un total de 678 predicciones correctas.

Así, se tiene que:

$$\text{Pseudo } R^2 \text{de predicción} = \frac{Predicciones \quad correctas}{Frecuencia \quad total} = \frac{678}{766} = 0,885$$

A modo de resumen de las conclusiones extraídas de esta práctica, cabe destacar que las estimaciones obtenidas a través del modelo lineal de probabilidad, cuando la variable dependiente toma valores 0 o 1, no son adecuadas porque no cumplen las hipótesis básicas, puesto que:

— La especificación del modelo es inadecuada, dado que se trata de un modelo no lineal que se ha estimado como si fuera lineal (las estimaciones de la variable dependiente no están acotadas entre 0 y 1, hecho que plantea una inadecuación desde el punto de vista de la interpretación de estas estimaciones en términos de probabilidad).

— Las perturbaciones del modelo no son normales ni homoscedásticas. Este último problema se puede corregir mediante la ponderación del modelo. No obstante, esta especificación ponderada sigue presentando no normalidad en las perturbaciones. Además, presenta una especificación inadecuada puesto que carece de término independiente.

— Dado que se eliminan las observaciones que implican resultados absurdos desde el punto de vista de la interpretación de las estimaciones en términos de probabilidad, los estimadores obtenidos en el modelo ponderado no son robustos.

Problemas propuestos

PROBLEMA 3.1

Un banco ha establecido como criterio para conceder préstamos a sus clientes la probabilidad de devolución y para lo cual ha especificado un modelo lineal de regresión (no ponderado) entre las variables Y_i y X_i.

Donde:

— La variable Y_i toma el valor uno ($Y_i = 1$) para el caso de la devolución del préstamo y el valor cero ($Y_i = 0$) para el caso *no*-devolución del préstamo.
— La variable X_i son los ingresos familiares medidos en miles de u. m. mensuales.

Obteniendo los siguientes resultados:

$$\hat{Y}_i = -0,2589 + 0,0055 \ X_i$$
$$\underset{(0,1755)}{} \quad \underset{(0,0011)}{}$$

Se pide:

1. Calcular las probabilidades de devolución del préstamo:

   a) Para una familia que ingrese 500.000 u.m./mes.
   b) Para una familia que ingrese 100.000 u.m./mes.
   c) Para una familia que ingrese 150.000 u.m./mes.
   d) Para una familia que ingrese 200.000 u.m./mes.

2. Calcular, en términos probabilísticos, los efectos de devolución del préstamo para los siguientes casos:

   a) Una familia que ingresando 50.000 u.m./mes pase a ganar 100.000 u.m./mes.

    b)   Una familia que ingresando 100.000 u.m./mes pase a ganar 150.000 u.m./mes.

    c)   Una familia que ingresando 150.000 u.m./mes pase a ganar 200.000 u.m./mes.

3.   Debido a una política restrictiva del banco, se considera que tan sólo se van a otorgar préstamos a aquellas familias que tengan una probabilidad de devolución superior al 80%. ¿Cuánto debería ganar una familia para que se le otorgue el préstamo?

4.   ¿Qué opinión le merece el criterio adoptado por el banco para conceder los prestamos a sus clientes?

PROBLEMA 3.2

Una entidad financiera ha establecido como criterio para caracterizar a sus empresas clientes el hecho de que cumplan los plazos de devolución de los préstamos. A tal fin se genera una variable que toma el valor uno si la empresa cumple los compromisos contraídos y el valor cero si incumple algún compromiso (retraso o impago de los plazos), estimando el siguiente modelo lineal de probabilidad:

$$\hat{Y}_i = \underset{(2,42)}{0,521} + \underset{(3,24)}{0,05}\ X_{2i} + \underset{(2,87)}{0,65}\ X_{3i} - \underset{(-2,98)}{0,39}\ X_{4i}$$

$$R^2 = 0,69$$

donde:

X_{2i}: es la rotación de activos (ventas / activos totales).
X_{3i}: es la tasa de beneficios (beneficios repartidos/ ventas).
X_{4i}: es la tasa de endeudamiento (deuda de largo plazo / activos totales).

Se pide:

1.   Interprete los valores estimados de los coeficientes de regresión y del coeficiente de determinación R^2.

2.   Comentar los resultados obtenidos para una empresa con los siguientes valores:

$$X_{2i} = 12,5 \qquad X_{3i} = 0,27 \qquad y \qquad X_{4i} = 0,4$$

¿Qué interpretación tiene dicho valor numérico?

3.   ¿Qué comentarios le merecen los resultados obtenidos en este modelo? ¿Considera adecuado el método utilizado en su estimación?

PROBLEMA 3.3

La cuantificación de la relación entre la situación de encontrarse en paro (valor uno) frente a no estar en paro (valor cero) y el nivel de instrucción en una muestra de tamaño cien se efectúa a través del siguiente Modelo Lineal de Probabilidad estimado:

$$\frac{\hat{Y}_i}{\sqrt{\hat{w}_i}} = \underset{(0,047)}{0,916} \frac{1}{\sqrt{\hat{w}_i}} - \underset{(0,007)}{0,116} \frac{X_i}{\sqrt{\hat{w}_i}}$$

$$R^2 = 0,65 \quad \overline{R}^2 = 0,65 \quad \Sigma e_i = 1,11$$

$$\text{AIC-Akaike} = 2.743 \qquad \text{Schwarz} = 2.795$$

donde:

Y_i: es la variable que toma el valor uno si el individuo está en paro y cero si trabaja.

X_i: es el nivel de instrucción del individuo; se han considerado un total de diez niveles.

$\hat{w}_i$: es la varianza estimada de la perturbación en el modelo lineal:

$$Y_i = \beta_1 + \beta_2 X_i + u_i$$

Se pide:

1. Comentar la bondad de este tipo de modelos. Calcular si es posible la significabilidad del modelo.
2. ¿Considera que en la especificación del modelo se ha cometido algún tipo de error? Razonar la respuesta.
3. Determinar la probabilidad de estar en paro para un individuo que tenga un nivel de instrucción igual a 2 y comentar el resultado.
4. Calcular la probabilidad de estar en paro para un individuo que tenga un nivel de instrucción igual a 8 y comentar el resultado.

   ¿Qué nivel de instrucción mínimo ha de tener un individuo para que su probabilidad de estar en paro sea inferior a 0,6?

Modelos Logit, Probit y Valor Extremo (I)

4.1. INTRODUCCIÓN

Los modelos dicotómicos modelizan los problemas asociados a la toma de decisiones cuando los agentes económicos se enfrentan a un proceso de elección binaria. El criterio de selección entre opciones depende de la probabilidad asociada a cada una de las alternativas posibles que puede tener un individuo.

El Modelo Lineal de Probabilidad (MLP) no es capaz de dar una respuesta adecuada a los problemas que presentan los procesos de decisión dicotómica. Por esta razón este tema se dedica a un planteamiento no lineal de los modelos de elección dicotómica que, sin duda, solucionan algunos de los problemas asociados al MLP.

El proceso de elección de un individuo, en un modelo dicotómico, depende de que la utilidad que obtiene el individuo en una opción supere la utilidad que le proporciona la opción complementaria. Es decir, el individuo opta por la alternativa uno ($Y_i = 1$) frente a la alternativa cero ($Y_i = 0$), si la utilidad[1] que le proporciona esta opción, U_{i1}, supera la de la opción cero, U_{i0}.

Ahora bien, esta utilidad depende de los valores que toman las características del agente económico y de la opción a elegir, que serán las variables del problema, representadas mediante la combinación lineal $X_i\beta = Z_i$.

Desde el punto de vista formal, se tiene:

$$\text{Prob}(Y_i = 1) = \text{Prob}(U_{i1} > U_{i0}) = F(X_i\beta) = F(Z_i)$$

Dependiendo de la función de distribución que se asocia al proceso de decisión, $F(Z_i)$, el modelo especificado es diferente. De acuerdo con este criterio, los modelos escogidos, dentro de un posible conjunto de ellos, han sido los siguientes:

---

[1] Un enfoque alternativo para analizar el problema de la elección de un agente es el enfoque de la variable latente, ver Apéndice.

— Modelo Logit[2]: la ecuación que se le ha asociado es la función de distribución logística. Desde el punto de vista operativo, la ventaja de este modelo frente al resto es su sencillez (véase figura 4.1).

$$\text{Prob}(Y_i = 1) = \Lambda(X_i\beta) = \Lambda(Z_i) = \frac{e^{Z_i}}{1 + e^{Z_i}}$$

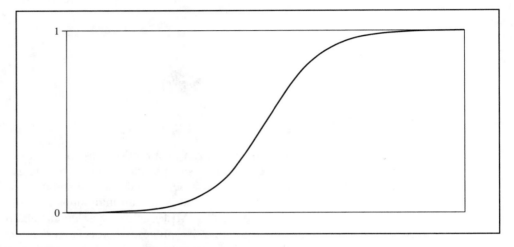

Figura 4.1. Función logística.

— Modelo Probit[3]: donde la ecuación especificada es la función de distribución normal (véase figura 4.2).

$$\text{Prob}(Y_i = 1) = \Phi(X_i\beta) = \Phi(Z_i) = \int_{-\infty}^{Z_i} \phi(s)ds$$

— Modelo Valor Extremo Tipo I: en el que la función de distribución utilizada es la de Gompit (véase figura 4.3).

$$\text{Prob}(Y_i = 1) = \Omega(X_i\beta) = \Omega(Z_i) = e^{-e^{-Z_i}}$$

---

[2] Este término se debe a Berkson, que lo especificó en 1944 y que es una abreviatura de «logistic probability unit».

[3] Este término se debe a Bliss y es una abreviación de «probability unit».

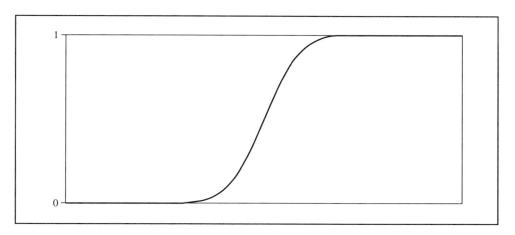

Figura 4.2. Función de distribución de la normal.

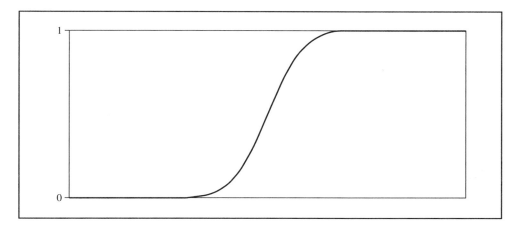

Figura 4.3. Función Valor Extremo o función de Gompit.

Las razones que justifican la elección de estos modelos son las siguientes:

1. Son aplicaciones monótonas de la recta lineal $(-\infty, +\infty)$ en el intervalo $[0,1]$.
2. Son funciones continuas que toman valores comprendidos entre 0 y 1.
3. Tiende a 0 cuando Z_i tiende a menos infinito.
4. Tiende a 1 cuando Z_i tiende a más infinito.
5. Incrementa monótonamente respecto a Z_i.
6. El punto de inflexión depende de la función utilizada.

La elección de uno u otro modelo es arbitraria y su diferencia es, fundamentalmente, operativa. En la práctica, se recomienda estimar los tres modelos y elegir aquel que presente mejores resultados.

La función de densidad logística es más apuntada que la de la normal y las funciones de distribución entre ambas se diferencian exclusivamente en sus extremos y en la rapidez con que las curvas se aproximan a 0 o 1 (véase figura 4.4). Así, la logística es más achatada que la normal, ya que esta última alcanza más rápidamente los valores cero y uno. Para valores intermedios de $X_i\beta$ las dos distribuciones tienden a dar estimaciones idénticas.

La característica esencial de la función de densidad Valor Extremo es que es una función no simétrica. Su función de distribución alcanza el valor uno más rápidamente que la logística y la normal.

Cuando se producen más diferencias a la hora de estimar los tres modelos es cuando el número de ceros y unos es distinto, es decir, cuando el número de observaciones en las colas es diferente.

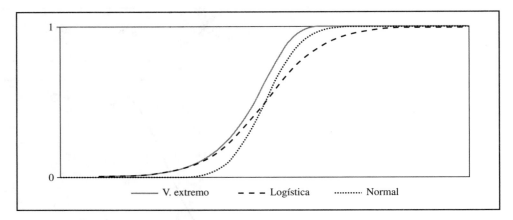

Figura 4.4. Comparación de las distintas funciones.

4.2. MODELO LOGIT

4.2.1. Especificación

El modelo Logit relaciona la variable Y_i con las variables X_{2i}, ..., X_{ki} a través de la siguiente ecuación:

$$Y_i = \frac{1}{1 + e^{-(\beta_1 + \beta_2 X_{2i} + ... + \beta_K X_{Ki})}} + u_i \qquad (4.1)$$

o bien de forma compacta:

$$Y_i = \frac{1}{1 + e^{-X_i\beta}} + u_i = \frac{e^{X_i\beta}}{1 + e^{X_i\beta}} + u_i \qquad (4.1)$$

de forma funcional, el modelo se puede escribir como:

$$Y_i = \Lambda(X_i\beta) + u_i \tag{4.2}$$

donde:

- Λ hace referencia a la función de distribución logística.
- u_i es una variable aleatoria que se distribuye normal $N(0, \sigma^2)$.
- Las variables o características X_i son fijas en el muestreo.
- La variable dependiente Y_i puede tomar los valores cero o la unidad.

La interpretación del modelo Logit se puede efectuar a partir del siguiente hecho: conocidos (dados) los valores de las características X_i, se les asigna una probabilidad, por ejemplo P_i, de que la variable Y_i valga la unidad. Así se tiene:

$$\text{Prob}(Y_i = 1/X_i) = P_i$$

Desde el punto de vista intuitivo, a través de la figura 4.5 se ha representado el modelo Logit considerando tan sólo la variable o característica X_i.

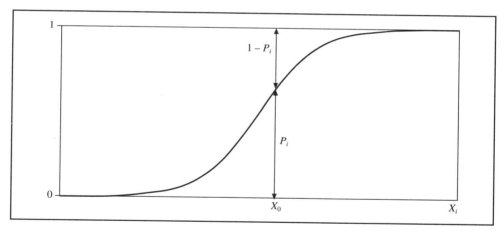

Figura 4.5. Modelo Logit.

Para los mismos valores de las variables X_i que en el caso anterior, la probabilidad de que la variable Y_i valga cero es $(1 - P_i)$ puesto que la suma de ambas probabilidades debe ser igual a la unidad (véase figura 4.5). En este caso se tiene:

$$\text{Prob}(Y_i = 0/X_i) = (1 - P_i)$$

Conectando esta interpretación con la utilidad que reporta al agente económico escoger la opción 1, se tiene que la forma de cuantificar dicha utilidad se efectúa a través de la asignación de probabilidades. Así, a la utilidad de elegir la opción 1 se le asigna la probabilidad P_i, mientras que a la utilidad de elegir la opción 0, no elegir la opción 1, le corresponde la probabilidad $(1 - P_i)$.

¿Cómo se puede estimar la probabilidad P_i?, o bien, ¿cómo se puede cuantificar la utilidad de elegir la opción 1?

Alternativa 1

Si se calcula la esperanza de Y_i en términos probabilísticos se obtiene:

$$E(Y_i / X_i) = (\text{valor de } Y_i = 0)\,(\text{Prob}(Y_i = 0)) +$$
$$+ (\text{valor de } Y_i = 1)\,(\text{Prob}(Y_i = 1)) = 0\,(1 - P_i) + 1P_i = P_i \qquad (4.3)$$

Además, el valor esperado de la variable Y_i, condicionado a un valor concreto de las variables X_i, se puede deducir a partir del modelo (4.2), y se obtiene la siguiente relación:

$$E(Y_i / X_i) = E(\Lambda(X_i\beta) + u_i) = \Lambda(X_i\beta) + E(u_i) = \Lambda(X_i\beta) \qquad (4.4)$$

Igualando (4.3) con (4.4) se obtiene:

$$P_i = \Lambda(X_i\beta)$$

Es decir, que un valor concreto del regresando mide la probabilidad de que se elija la opción 1. En otras palabras, para unos valores concretos de los regresores, la probabilidad $\text{Prob}(Y_i = 1) = P_i$ se puede estimar a través del valor asignado mediante el modelo Logit especificado.

Alternativa 2

Un enfoque alternativo para estimar un valor concreto de la probabilidad, $\text{Prob}(Y_i = 1)$ se puede obtener a partir del modelo (4.2), analizando la variable aleatoria. En efecto, se puede caracterizar la variable aleatoria u_i a través de la ecuación:

$$u_i = Y_i - \Lambda(X_i\beta)$$

y para valores concretos de Y_i se tiene:

Valor de Y_i	Prob(Y_i)	Valor de (u_i / Y_i)	Prob(u_i)
1	P_i	$1 - \Lambda(X_i\beta)$	P_i
0	$1 - P_i$	$-\Lambda(X_i\beta)$	$1 - P_i$

En este caso el valor de la esperanza de u_i es:

$$E(u_i) = (\text{valor de } (u_i \, / \, Y_i = 1))(\text{Prob}(u_i)) + (\text{valor de } (u_i \, / \, Y_i = 0))(\text{Prob}(u_i)) =$$

$$= (1 - \Lambda(X_i\beta))P_i + (-\Lambda(X_i\beta))(1 - P_i = P_i - \Lambda(X_i\beta)$$

Además, dado que $E(u_i) = 0$ (es la hipótesis que se efectúa al exigir que la esperanza sea igual a cero) e introduciendo dicha hipótesis en la ecuación anterior queda:

$$E(u_i) = P_i - \Lambda(X_i\beta) = 0$$

Operando, se obtiene que la probabilidad es igual a:

$$P_i = \Lambda(X_i\beta)$$

A través de ambas alternativas se ha llegado a la misma conclusión: que el valor esperado del regresando, conocidos o dados los valores de los regresores, mide la probabilidad de elegir la opción 1.

$$E(Y_i \, / \, X_i) = \Lambda(X_i\beta) = P_i$$

Además, en términos probabilísticos se tiene que el valor esperado de elegir la opción 1 se cuantifica a través de la probabilidad:

$$\text{Prob}(Y_i = 1 \, / \, X_i) = \Lambda(X_i\beta) = \frac{1}{1 + e^{-X_i\beta}} = \frac{e^{X_i\beta}}{1 + e^{X_i\beta}} = P_i \qquad (4.5)$$

Mientras que el valor esperado de elegir la opción 0 se cuantifica a través de la unidad menos la probabilidad de elegir la opción 1, es decir,

$$\text{Prob}(Y_i = 0 \, / \, X_i) = 1 - \Lambda(X_i\beta) = 1 - \frac{1}{1 + e^{-X_i\beta}} = \frac{1}{1 + e^{X_i\beta}} = 1 - P_i \qquad (4.6)$$

4.2.2. Interpretación del Modelo Logit

Una cuestión importante a tener en cuenta en este tipo de modelos es la interpretación de los distintos elementos del modelo estimado, pues no siempre significan lo mismo que los obtenidos en un modelo de regresión lineal.

Interpretación de la variable endógena

El modelo estimado proporciona la cuantificación de la probabilidad de elegir la opción o alternativa uno, cuya expresión es:

$$\hat{Y}_i = \hat{P}_i = \Lambda(X_i\hat{\beta})$$

Interpretación de los parámetros

La interpretación de los parámetros se puede efectuar a través de las derivadas parciales para los distintos modelos estudiados:

— Recordemos que la derivada parcial del modelo lineal de probabilidad, es decir, el modelo $Y_i = \beta_1 + \beta_2 X_{2i} + \ldots + \beta_k X_{ki} + u_i$ (3.2), respecto a la variable X_{ki}, si esta variable es derivable, es igual a:

$$\frac{\partial F(X_i\beta)}{\partial X_{ki}} = \frac{\partial(\beta_1 + \beta_2 X_{2i} + \ldots + \beta_k X_{ki} + \ldots + \beta_k X_{ki} + u_i)}{\partial X_{ki}} = f(X_i\beta) = \beta_k \quad (4.7)$$

La expresión (4.7) indica que la variación unitaria en la variable X_{ki} provoca una variación de β_k en el modelo, en términos de probabilidad. Es decir, existe una relación lineal entre los regresores y el comportamiento del regresando.

En el caso de que la variable o característica X_{ki} sea dicotómica (no continua), entonces el análisis del efecto de una variación de la variable X_{ki} sobre el regresando se calcula a través de la diferencia entre los valores proporcionados por: $E(Y_i/X_{ki} = 1)$ y $E(Y_i/X_{ki} = 0)$.

— La derivada parcial del modelo Logit (véanse ecuaciones 4.1 y 4.2), respecto a la variable X_{ki}, si es derivable, es igual a:

$$\frac{\partial\Lambda(X_i\beta)}{\partial X_{ki}} = \frac{\partial\left(\dfrac{e^{X_i\beta}}{1+e^{X_i\beta}}\right)}{\partial X_{ki}} = \frac{e^{X_i\beta}(1+e^{X_i\beta})\beta_k - e^{X_i\beta}e^{X_i\beta}\beta_k}{(1+e^{X_i\beta})^2} =$$

$$= \frac{e^{X_i\beta}}{(1+e^{X_i\beta})^2}\beta_k = \lambda(X_i\beta)\beta_k$$

donde $\lambda(X_i\beta)$ es la función de densidad de la logística.

Teniendo en cuenta (4.5) y (4.6) se deduce:

$$\frac{\partial\Lambda(X_i\beta)}{\partial X_{ki}} = P_i(1-P_i)\beta_k \tag{4.8}$$

La ecuación (4.8) muestra que la variación de la probabilidad de la variable debida a un incremento de la variable X_{ki}, bajo la hipótesis de que los valores del resto de las variables se mantienen constantes, depende de los valores que tome la función derivada en el punto *i-ésimo*, o bien, del producto de la función de densidad por el valor de β_k.

Desde el punto de vista intuitivo se puede analizar la importancia o peso de un regresor de un modelo Logit a la hora de determinar las variaciones (cambios) de probabilidad de la variable Y_i a través de la figura 4.6. En efecto, mediante el diagrama que determina los valores de la variable X_{ki} y los valores de la expresión $P_i(1 - P_i)$, medidos a través de la ecuación (4.8) bajo el supuesto de que $\beta_k = 1$, se puede observar, a través del perfil de la curva que se presenta en la figura 4.6, que dicha curva corresponde a una función de densidad cuyo valor máximo es 0,25 cuando P_i toma el valor 0,5. (Con el fin de simplificar la exposición, en la figura se representa un modelo con una sola característica: X_i.)

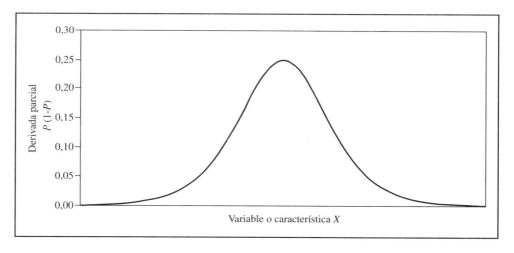

Figura 4.6. Modelo Logit: Variación en la probabilidad para distintos niveles de la variable X.

Además, en algunos casos, y con el fin de dar una interpretación al valor de los coeficientes, se acostumbra a obtener la razón entre las derivadas parciales del modelo respecto a dos variables diferentes, por ejemplo X_{ki} y X_{k+1i}, obteniendo en este caso la siguiente proporción:

$$\frac{\dfrac{\partial \Lambda(X_i\beta)}{\partial X_{ki}}}{\dfrac{\partial \Lambda(X_i\beta)}{\partial X_{k+1i}}} = \frac{\dfrac{e^{X_i\beta}}{(1+e^{X_i\beta})^2}}{\dfrac{e^{X_i\beta}}{(1+e^{X_i\beta})^2}}\frac{\beta_k}{\beta_{k+1}} \quad \frac{\beta_k}{\beta_{k+1}} \tag{4.9}$$

A partir de la ecuación (4.9) se puede afirmar que el cociente entre los coeficientes mide la importancia relativa de un cambio en los regresores X_{ki} y X_{k+1i} sobre el cambio de probabilidad relativa del regresando.

En el caso de que la variable o característica X_{ki} sea dicotómica, el análisis del efecto de una variación de la variable X_{ki} sobre el regresando se calcula a través de la diferencia entre los valores proporcionados por: $E(Y_i / X_{ki} = 1)$ y $E(Y_i / X_{ki} = 0)$.

En general, los coeficientes estimados de los modelos Logit no cuantifican directamente el incremento en la probabilidad dado el aumento unitario en la correspondiente variable independiente. La magnitud de la variación en la probabilidad depende del nivel original de ésta y, por tanto, de los valores iniciales de todos y cada uno de los regresores y de sus coeficientes. Por tanto, mientras el signo de los coeficientes sí indica perfectamente la dirección del cambio, la magnitud de la variación depende del valor concreto que tome la función de densidad, lo cual depende de la pendiente de dicha función en el punto X_i (X_i es el vector $[1X_{2i} \ldots X_{ki}]$). Naturalmente, cuanto más elevada sea dicha pendiente mayor será el impacto del cambio en el valor de una variable explicativa sobre la variación (cambio) de la probabilidad.

Interpretación del Modelo Logit: el ratio «Odds» o riesgo[4]

La interpretación del modelo Logit, $Y_i = \Lambda(X_i \beta) + u_i = \Lambda(Z_i) + u_i$, se puede efectuar calculando la función inversa del modelo, esto es: $\Lambda^{-1}(Z_i)$. Se parte del modelo Logit general:

$$Y_i = \frac{1}{1 + e^{-Z_i}} + u_i$$

en el que, con el fin de simplificar el desarrollo, no se va a tener en cuenta el término de perturbación. Así, despejando Z_i en la ecuación anterior se deduce que:

$$Z_i = \ln \frac{Y_i}{1 - Y_i}$$

o bien sustituyendo Y_i por la probabilidad asignada, P_i, se tiene:

$$Z_i = \ln \frac{P_i}{1 - P_i}$$

---

[4] El término «Odds» hace referencia al cociente entre una probabilidad y su complementaria.

En Microeconometría, en general, el cociente entre la utilidad de que se elija una opción frente al resto de las alternativas, n opciones, se mide a través de la probabilidad asignada a este caso o individuo frente a la utilidad de la opción de referencia y se le denomina *odds*. En general, la ratio *odds* se emplea para comparar la utilidad de la situación de un individuo frente a la utilidad de referencia. En el caso particular del modelo dicotómico, la ratio *odds* para un individuo se define como el cociente entre la probabilidad de que suceda un hecho, o de que se elija la opción 1, frente a la probabilidad de que no suceda el hecho o de que se elija la opción 0. Además, para el caso del ajuste mediante una función logística, la expresión que permite linealizar el modelo, es decir, en este caso el logaritmo del *odds*, $\ln \dfrac{P_i}{1 - P_i}$, se denomina Logit, de ahí el nombre de este tipo de modelos.

Resumiendo, el modelo Logit original se puede expresar como:

$$Y_i = \frac{1}{1 + e^{-Z_i}} + u_i = \frac{1}{1 + e^{-(\beta_1 + \beta_2 X_{2i} + \ldots + \beta_k X_{ki})}} + u_i$$

o bien, cuando se asigne la probabilidad de que el valor de la variable Y_i tome el valor uno, se establece la siguiente expresión:

$$P_i = \frac{1}{1 + e^{-(\beta_1 + \beta_2 X_{2i} + \ldots + \beta_k X_{ki})}}$$

El paso intermedio para linealizar el modelo se obtiene a través del *odds,* que en nuestro caso es:

$$\frac{P_i}{1 - P_i} = e^{(\beta_1 + \beta_2 X_{2i} + \ldots + \beta_k X_{ki})} \tag{4.10}$$

o bien, tomando logaritmos neperianos del *odds* se linealiza la ecuación del modelo obteniendo la expresión:

$$\ln \frac{P_i}{1 - P_i} = \beta_1 + \beta_2 X_{2i} + \ldots + \beta_k X_{ki}$$

La representación gráfica de las distintas transformaciones del regresando del modelo antes detallado se puede visualizar a través de la figura 4.7.

El *odds* se utiliza para comparar situaciones distintas, o bien para interpretar el modelo. La interpretación se simplifica sensiblemente si se calcula el cociente entre los *odds* de situaciones distintas. En efecto, el cociente entre *odds* se emplea para comparar utilidades de distintas situaciones, o bien para interpretar el modelo. Así,

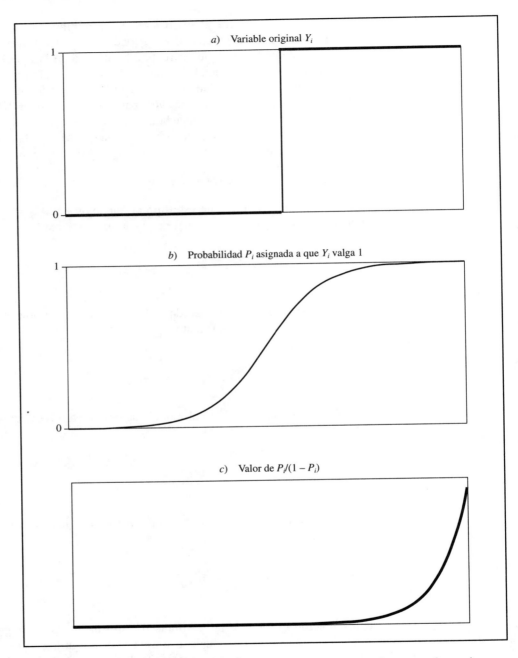

Figura 4.7. Representación gráfica del regresando y de sus distintas transformaciones.

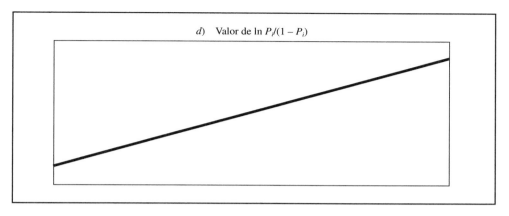

Figura 4.7 *(continuación)*

en el caso de que comparemos la situación del individuo *i* con la del individuo *j* (situación de referencia) se tiene:

$$Cociente\ entre\ Odds\ (ratio\ Odds) = \frac{\dfrac{P_i}{1 - P_i}}{\dfrac{P_j}{1 - P_j}} = \frac{e^{(\beta_1 + \beta_2 X_{2i} + \ldots + \beta_k X_{ki})}}{e^{(\beta_1 + \beta_2 X_{2j} + \ldots + \beta_k X_{kj})}} =$$

$$= e^{\beta_2 (X_{2i} - X_{2j}) + \ldots + \beta_k (X_{ki} - X_{kj})}$$

$$(4.11)$$

En caso de que el valor de la ratio *Odds* sea:

— Mayor que uno: la utilidad del individuo *i* es más elevada que la del individuo *j*.
— Menor que uno: la utilidad del individuo *j* es más elevada que la del individuo *i*.
— La unidad: las utilidades de los individuos *i* y *j* son iguales o indiferentes.

A modo de ejemplo, en el modelo Logit podríamos comparar las utilidades de los siguientes casos:

— La utilidad de la situación de un individuo cuando incrementa una unidad todas las características o regresores frente a la utilidad de este mismo individuo cuando está situado en la posición de referencia:

$$\frac{\dfrac{P_i}{1 - P_i}\Big|_{(X_{2i} + 1)\ldots(X_{ki} + 1)}}{\dfrac{P_i}{1 - P_i}\Big|_{X_{2i}\ldots X_{ki}}} = e^{\beta_2 + \ldots + \beta_k}$$

— La utilidad de la situación de un individuo cuando incrementa una unidad la característica o variable frente a la utilidad de este mismo individuo cuando está situado en la posición de referencia:

$$\frac{\dfrac{P_i}{1-P_i}\Big|(X_{2i}+1)}{\dfrac{P_i}{1-P_i}\Big|X_{2i}} = e^{\beta_2}$$

— La comparación de las utilidades de un mismo individuo que vienen determinadas por un regresor o característica cualitativa (sólo puede tomar el valor uno o bien cero). En este caso, la comparación de las utilidades se calcula equiparando el *odds* cuando el valor de la variable toma el valor uno, con la utilidad del individuo cuando el valor de la variable toma el valor cero, que proporciona el siguiente resultado:

$$\frac{\dfrac{P_i}{1-P_i}\Big|X_{2i}=1}{\dfrac{P_i}{1-P_i}\Big|X_{2i}=0} = e^{\beta_2}$$

Ejercicio 4.1. Modelo Logit

En un estudio sobre el sector turístico de la economía española, se ha especificado un modelo Logit para caracterizar los hábitos de las familias españolas de los municipios de más de 100.000 habitantes. En dicho modelo el regresando toma el valor cero si la familia no va de vacaciones y el valor uno si la familia en cuestión va de vacaciones.

El modelo.especificado es el siguiente:

$$Y_i = \Lambda(X_i\beta) + u_i = \Lambda(\beta_1 + \beta_2 X_{2i} + \beta_3 X_{3i} + \beta_4 X_{4i} + \beta_5 X_{5i}) + u_i =$$

$$= \frac{1}{1 + e^{-(\beta_1 + \beta_2 X_{2i} + \beta_3 X_{3i} + \beta_4 X_{4i} + \beta_5 X_{5i})}} + u_i$$

Los resultados de la estimación han sido:

$$\hat{Y}_i = \Lambda(-0{,}375 + 0{,}0545\ X_{2i} + 0{,}0063\ X_{3i} - 0{,}032\ X_{4i} - 0{,}257\ X_{5i})$$
$$\quad\ \ (-1{,}935)\qquad (2{,}278)\qquad\quad (3{,}056)\qquad\quad (-2{,}835)\qquad\ (-2{,}673)$$

Log de la función de verosimilitud = $-3{,}475$

donde:

Y_i: es el regresando que toma el valor uno cuando la familia va de vacaciones y el valor cero cuando la familia no va de vacaciones.

X_{2i}: es la renta familiar en millones de u. m. anuales.

X_{3i}: es el tamaño del municipio de residencia en miles de habitantes.

X_{4i}: es el número de hijos.

X_{5i}: es la edad más uno del hijo menor que vive con la familia; en el caso de que no viva ningún hijo con la familia, la variable toma el valor cero.

El número de observaciones de la encuesta es 540.

Las características medias de las familias encuestadas han sido:

$\overline{X}_2 = 3,5$ millones de u. m./año $\overline{X}_3 = 276,8$ miles de habitantes

$\overline{X}_4 = 1,4$ hijos por familia $\overline{X}_5 = 9,5$ (edad media del hijo menor 8,5 años)

Recordemos que un valor concreto de $\hat{Y}_i$ mide la probabilidad de que la familia en cuestión vaya de vacaciones. Así, para el valor medio de las familias encuestadas, la probabilidad de ir de vacaciones es:

$$\hat{Y}_i = \Lambda(-0,375 + 0,0545 * 3,5 + 0,0063 * 276,8 - 0,032 * 1,4 - 0,257 * 9,5) = 0,284$$

Mientras que la probabilidad, para una familia que resida en Valencia (700 mil habitantes), con las características medias de: ingresos, número de hijos y edad del hijo menor, es:

$$\hat{Y}_i = \Lambda(-0,375 + 0,0545 * 3,5 + 0,0063 * 700,0 - 0,032 * 1,4 - 0,257 * 9,5) = 0,851$$

Si se quiere analizar el efecto marginal de la variable $\overline{X}_2$ (una variación de un millón de u. m. anuales) en el punto medio de la variable ingresos familiares, se debe calcular el valor de la derivada parcial en dicho punto:

$$\frac{\partial \Lambda(X_i \beta)}{\partial X_{2i}} = \lambda(X_i \beta)\beta_2 = \lambda(\beta_1 + \beta_2 X_{2i} + \beta_3 X_{3i} + \beta_4 X_{4i} + \beta_5 X_{5i})\beta_2 =$$

$$= P_i(1 - P_i)\beta_2 =$$

Sustituyendo P_i por su estimación $\hat{Y}_i$ se obtiene:

$$= \hat{Y}_i(1 - \hat{Y}_i)\beta_2$$

Para el punto medio, el efecto marginal es:

$$\frac{\partial \Lambda(X_i \beta)}{\partial X_{2i}} = \hat{Y}_i(1 - \hat{Y}_i)\beta_2 = 0,284(1 - 0,284) \cdot \beta_2$$

Sustituyendo β_2 por su estimación se obtiene:

$$\frac{\partial \Lambda(X_i \beta)}{\partial X_{2i}} = 0,203 * 0,0545 = 0,011$$

Ejercicio 4.2

En un estudio efectuado por una agencia de viajes sobre el comportamiento de los posibles clientes ante las próximas vacaciones, se ha efectuado una encuesta y se les ha preguntado si piensan ir de viaje (se cuantifica a través de la variable VIAJE = 1 si piensa ir de viaje y VIAJE = 0 si no piensa ir de viaje), los ingresos familiares anuales en millones de u. m. (RENTA) y si tienen hijos (HIJOS = 1 si tienen hijos y HIJOS = 0 si no tienen hijos). Se ha estimado un modelo Logit cuyos resultados se detallan a continuación:

Dependent Variable: **VIAJE**
Method: ML - Binary Logit
Sample: 1 32
Included observations: 32

Variable	Coefficient	Std. Error	z-Statistic	Prob.
C	−9.263789	3.869453	−2.394082	0.0167
RENTA	1.225347	0.489148	2.505064	0.0122
HIJOS	−2.337776	1.040799	−2.246135	0.0247

Mean dependent var	0.343750	S.D. dependent var		0.482559
S.E. of regression	0.384210	Akaike info criterion		1.007911
Sum squared resid	4.280911	Schwarz criterion		1.145324
Log likelihood	−13.12657	Hannan–Quinn criter.		1.053459
Restr. log likelihood	−20.59173	Avg. log likelihood		−0.410205
LR statistic (2 df)	14.93031	McFadden R-squared		0.362532
Probability(LR stat)	0.000573			

Obs with Dep = 1	21	Total obs		32
Obs with Dep = 0	11			

A partir del modelo estimado se puede calcular la probabilidad de ir de viaje (VIAJE = 1) de un potencial cliente medio, cuyas características son: RENTA = 7,80 e HIJOS = 0,56.

$$\text{Prob}(\text{VIAJE} = 1) = \Lambda(X_i\hat{\beta}) = \frac{1}{1 + e^{-(\hat{\beta}_1 + \hat{\beta}_2 RENTA + \hat{\beta}_3 HIJOS)}}$$

Sustituyendo los coeficientes por sus estimaciones y las variables por sus valores, se tiene:

$$\text{Prob}(\text{VIAJE} = 1) = \frac{1}{1 + e^{-(-9,263789 + 1,225347*7,8 - 2,337776*0,56)}} = 0,26595$$

El cálculo del efecto marginal de viajar para un potencial cliente sin hijos, frente a un cliente con hijos, se debe obtener como diferencia entre las probabilidades de clientes que para un mismo nivel de renta uno tenga hijos y el otro no tenga (recordemos que la variable HIJOS es discreta). Así, para un cliente cuyo nivel de renta (RENTA= 7,80) y sin hijos (HIJOS = 0) la probabilidad de ir de viaje es:

$$\text{Prob(VIAJE} = 1 / \text{HIJOS} = 0) = \frac{1}{1 + e^{-(-9,263789 + 1,225347 * 7,8 - 2,337776 * 0)}} = 0,57295$$

Análogamente se podría ir calculando, para diferentes niveles de renta, las distintas probabilidades de un potencial cliente sin hijos, cuyos resultados se pueden analizar a través de la figura 4.8.a.

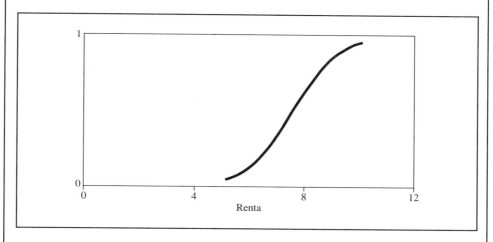

Figura 4.8.a. Probabilidad de ir de viaje de los clientes sin hijos.

La probabilidad de ir de viaje para un cliente cuyo nivel de renta (RENTA = 7,80) y con hijos (HIJOS = 1) es:

$$\text{Prob(VIAJE} = 1 / \text{HIJOS} = 1) = \frac{1}{1 + e^{-(-9,263789 + 1,225347 * 7,8 - 2,337776 * 1)}} = 0,11467$$

Análogamente se podrían ir calculando, para diferentes niveles de renta, las distintas probabilidades de un potencial cliente con hijos, cuyos resultados se pueden analizar a través de la figura 4.8.b.

Así pues, el efecto marginal de un potencial cliente que no tenga hijos frente a otro con hijos para un nivel de renta (RENTA = 7,80) se obtiene como diferencia entre probabilidades, es decir:

Efecto marginal de un cliente sin hijos/ con hijos = Prob(VIAJE =1 / HIJOS= 0) –

– Prob(VIAJE =1 / HIJOS= 1) = 0,57295 – 0,11467 = 0,45828

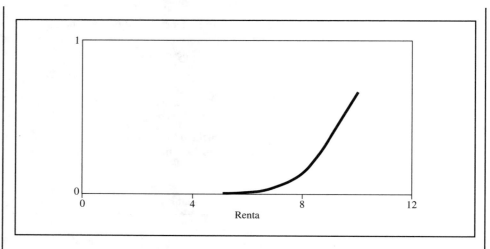

Figura 4.8.b.   Probabilidad de ir de viaje de los clientes con hijos.

En la figura 4.8.c. se han representado las probabilidades de ir de viaje para distintos niveles de renta de un potencial cliente sin hijos y de otro con hijos. La diferencia entre ambas situaciones mide el efecto marginal de tener hijos frente a no tener hijos, que se cuantifica a través del área rayada de la figura 4.8.c.

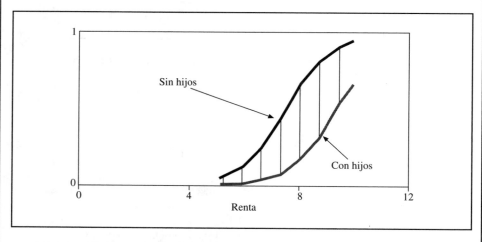

Figura 4.8.c.   Probabilidad de ir de viaje de los clientes con hijos y sin hijos.

4.3. MODELO PROBIT

4.3.1. Especificación

El modelo Probit relaciona, a través de una función no lineal, la variable Y_i con un conjunto de variables: $X_{2i}, \ldots, X_{ki}$, que definen la combinación lineal siguiente:

$$[1X_{2i} \ldots X_{ki}] \, [\beta_1\beta_2 \ldots \beta_k]' = X_i\,\beta = Z_i$$

Así pues, la especificación del modelo Probit se efectúa a través de la ecuación de distribución de la normal:

$$Y_i = \int_{-\infty}^{Z_i} \frac{1}{(2\pi)^{1/2}} e^{-\frac{s^2}{2}} ds + u_i \tag{4.12}$$

donde la variable $Z_i = X_i\,\beta$ es el índice que define el modelo Probit y s es una variable «muda» de integración con media cero y varianza uno.

De forma compacta, el modelo se puede escribir:

$$Y_i = \Phi(X_i\beta) + u_i = \Phi(Z_i) + u_i \tag{4.13}$$

Si conocidos (dados) los valores de las características X_i se asigna una probabilidad, por ejemplo P_i, para que la variable Y_i valga la unidad, se tiene:

$$\text{Prob}(Y_i = 1 / X_i) = P_i$$

Para los mismos valores de las variables X_i, la probabilidad de que la variable Y_i valga cero es $(1 - P_i)$, puesto que la suma de ambas probabilidades debe ser igual a la unidad. En este caso se tiene:

$$\text{Prob}(Y_i = 0 / X_i) = (1 - P_i)$$

¿Cómo se puede estimar el valor de P_i?, o ¿cómo se puede cuantificar la utilidad de elegir la opción uno?

Alternativa 1

Si se calcula la esperanza de Y_i en términos probabilísticos se obtiene:

$$E(Y_i / X_i) = (\text{valor de } Y_i = 0) \, (\text{Prob}(Y_i = 0)) +$$
$$+ (\text{valor de } Y_i = 1)(\text{Prob}(Y_i = 1)) = 0(1 - P_i) + 1P_i = P_i \tag{4.14}$$

Además, el valor esperado de la variable Y_i condicionado a un valor concreto de las variables X_i se puede obtener a partir del modelo (4.13), a través de la siguiente relación:

$$E(Y_i \,/\, X_i) = E((\Phi(X_i\beta) + u_i) = \Phi(X_i\beta) + E(u_i) = \Phi(X_i\beta) \qquad (4.15)$$

Igualando (4.14) con (4.15) se tiene:

$$P_i = \Phi(X_i\beta)$$

Es decir, que la probabilidad de que ocurra el «hecho», para unos valores concretos de las variables explicativas, $\text{Prob}(Y_i = 1) = P_i$, se puede medir a través del valor asignado mediante el modelo Probit especificado.

Alternativa 2

Otro planteamiento para estimar un valor concreto del regresando del modelo (4.13) se obtiene a partir de la ecuación:

$$u_i = Y_i - \Phi(X_i\beta)$$

y que, para valores concretos de Y_i, son:

Valor de Y_i	Prob(Y_i)	Valor de (u_i / Y_i)	Prob(u_i)
1	P_i	$1 - \Phi(X_i\beta)$	P_i
0	$1 - P_i$	$-\Phi(X_i\beta)$	$1 - P_i$

En este caso el valor de la esperanza de u_i es:

$$E(u_i) = (\text{valor de } (u_i / Y_i = 1)) \, (\text{Prob}(u_i)) + (\text{valor de } (u_i / Y_i = 0)) \, (\text{Prob}(u_i)) =$$

$$= (1 - \Phi(X_i\beta))P_i + (-\Phi(X_i\beta))(1 - P_i) = P_i - \Phi(X_i\beta)$$

Además, si se supone que $E(u_i) = 0$ (es la hipótesis que se efectúa al exigir que la esperanza es igual a cero) e introduciendo dicha hipótesis en la ecuación anterior:

$$E(u_i) = P_i - \Phi \,(X_i\beta) = 0$$

operando se deduce que la probabilidad es igual a:

$$P_i = \Phi(X_i\,\beta)$$

Así pues, a través de ambas alternativas, se obtiene que el modelo estimado cuantifica la probabilidad de elegir la opción 1.

$$E(Y_i \,/\, X_i) = \Phi(X_i\beta) = P_i \qquad (4.16)$$

4.3.2. Interpretación del Modelo Probit

Una cuestión importante a tener en cuenta en los modelos Probit es la interpretación de los distintos elementos que intervienen en su especificación.

Interpretación del regresando

Una vez estimado el modelo, un valor concreto del regresando cuantifica, a través de la probabilidad, la utilidad de elegir la opción 1, cuya expresión es,

$$\hat{Y}_i = \hat{P}_i = \Phi(X_i\hat{\beta})$$

Interpretación de los parámetros

La interpretación de los parámetros del modelo Probit se puede efectuar a través de las derivadas parciales. La derivada parcial del modelo Probit, ver ecuaciones (4.12) y (4.13), respecto a la variable X_{ki}, si es derivable, es igual a:

$$\frac{\partial \Phi(X_i\beta)}{\partial X_{ki}} = \phi(X_i\beta)\beta_k \qquad (4.17)$$

donde $\phi(X_i\beta)$ es la función de densidad de la normal (derivada de la función de distribución).

La ecuación (4.17) muestra que el cambio de probabilidad ante variaciones de X_{ki} depende de los valores que tome la función de densidad en el punto *i-ésimo*, y del estimador del parámetro β_k.

Desde el punto de vista intuitivo, se puede analizar la importancia o peso de un regresor de un modelo Probit, a la hora de determinar las variaciones (cambios) de probabilidad de la variable Y_i, a través de la figura 4.9. En efecto, mediante el diagrama que determina los valores de la variable X_{ki} y los valores de la función de densidad, medido a través de la ecuación (4.17) bajo el supuesto de que $\beta_k = 1$, se puede observar, a través del perfil del dibujo, que la importancia con que una variación del regresor afecta al regresando depende del punto de referencia en que se considere dicha variación, ya que se trata de una función no lineal y, por tanto, los valores de la función de densidad no son uniformes.

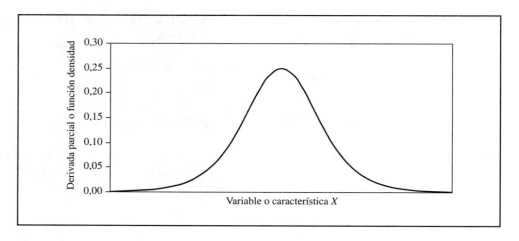

Figura 4.9. Modelo Probit: Cambio en la probabilidad para distintos niveles de la variable X.

Al igual que en el caso del modelo Logit, también se acostumbra a obtener la razón entre las derivadas parciales del modelo respecto a dos variables diferentes, por ejemplo X_{ki} y X_{k+1i}, obteniendo en este caso la siguiente proporción:

$$\frac{\dfrac{\partial \Phi(X_i\beta)}{\partial X_{ki}}}{\dfrac{\partial \Phi(X_i\beta)}{\partial X_{k+1i}}} = \frac{\phi(X_i\beta)}{\phi(X_i\beta)}\frac{\beta_k}{\beta_{k+1}} = \frac{\beta_k}{\beta_{k+1}} \tag{4.18}$$

En el caso de que la variable o característica X_{ki} no sea continua, por ejemplo, tome los valores cero o uno, entonces el análisis del efecto de una variación de la variable X_{ki} sobre el regresando se calcula a través de la diferencia entre los valores proporcionados por $E(Y_i / X_{ki} = 1)$ y $E(Y_i / X_{ki} = 0)$.

En los modelos Probit, el signo de los coeficientes indica la dirección del cambio. La magnitud de la variación depende, además, del valor concreto que tome la función de densidad, lo cual depende de la pendiente de dicha función en el punto X_i (X_i es igual al vector $[1X_{2i} \dots X_{ki}]$). Naturalmente, cuanto más elevada sea dicha pendiente mayor será el impacto del cambio en el valor de una variable explicativa sobre la variación (cambio) de la probabilidad.

Así pues, los coeficientes estimados en el Modelo Logit o Probit no indican el cambio en probabilidad de que un suceso ocurra debido a un incremento unitario en el correspondiente regresor (como ocurría en el caso del Modelo Lineal de Probabilidad). En realidad, sólo representan el sentido de la relación entre la variable dependiente y las variables X_i (pero en términos ordinales y no cardinales).

Interpretación del Modelo Probit: el «Odds» o riesgo

El modelo Probit, $Y_i = \Phi(X_i\beta) + u_i = \Phi(Z_i) + u_i$, se puede interpretar comparando las probabilidades asociadas a cada una de las dos alternativas mediante el cociente *odds*.

$$Odds = \frac{P_i}{1 - P_i} \tag{4.19}$$

Este estadístico mide el cociente de probabilidades de elegir una opción frente a la selección de la alternativa complementaria.

En el caso de que comparemos la utilidad del individuo i respecto a la del individuo j (situación de referencia), el planteamiento de los *odds* sería:

$$\text{Cociente entre Odds (ratio Odds)} = \frac{\dfrac{P_i}{1 - P_i}}{\dfrac{P_j}{1 - P_j}} \tag{4.20}$$

En caso de que el valor de la ratio *Odds* sea*:*

— Mayor que uno: la utilidad del individuo i es más elevada que la del individuo j.
— Menor que uno: la utilidad del individuo j es más elevada que la del individuo i.
— La unidad: las utilidades de los individuos i y j son iguales.

Ejercicio 4.3. Modelo Probit

Con la misma información de la que se dispone en el ejercicio 4.1 se ha especificado el Modelo Probit siguiente:

$$Y_i = \int_{-\infty}^{Z_i} \frac{1}{2\pi^{1/2}} e^{-\frac{s^2}{2}} ds + u_i = \Phi(Z_i) + u_i =$$

$$= \Phi(\beta_1 + \beta_2 X_{2i} + \beta_3 X_{3i} + \beta_4 X_{4i} + \beta_5 X_{5i}) + u_i$$

y su estimación es:

$$\hat{Y}_i = \Phi(\underset{(-1,897)}{-0{,}578} + \underset{(2,327)}{0{,}0537}\ X_{2i} + \underset{(2,866)}{0{,}0077}\ X_{3i} - \underset{(-2,677)}{0{,}039}\ X_{4i} - \underset{(-2,455)}{0{,}301}\ X_{5i})$$

Log de la función de verosimilitud $= -3{,}662$

Un valor concreto de $\hat{Y}_i$ mide la probabilidad de que la familia en cuestión vaya de vacaciones. Así, para el valor medio de las familias encuestadas, el cálculo de la probabilidad de ir de vacaciones se obtiene de la siguiente forma:

1. Se calcula el valor de Z_i para el valor medio:

$$Z_i = -0{,}578 + 0{,}0537 * 3{,}5 + 0{,}0077 * 276{,}8 - 0{,}039 * 1{,}4 - 0{,}301 * 9{,}5 = -1{,}17279$$

2. Se busca en la tabla de la normal la probabilidad acumulada para el valor de

$Z_i = -1{,}17279$ obteniendo el valor de la probabilidad acumulada de 0,121.

Es decir, que para una familia española de características medias, la probabilidad de ir de vacaciones es del 0,121.

La probabilidad de ir de vacaciones de una familia que resida en Valencia (700.000 habitantes), con las características medias de: ingresos, número de hijos y edad del hijo menor, es:

1. Se calcula el valor de Z_i para el valor medio:

$$Z_i = -0{,}578 + 0{,}0537 * 3{,}5 + 0{,}0077 * 700{,}0 - 0{,}039 * 1{,}4 - 0{,}301 * 9{,}5 = 2{,}0858$$

2. Se busca en la tabla de la normal la probabilidad acumulada para el valor de

$Z_i = 2{,}0858$ obteniendo el valor de la probabilidad acumulada de 0,981.

Es decir, que para una familia que resida en Valencia de características medias la probabilidad de ir de vacaciones es del 0,981.

Si se quiere analizar el efecto marginal de la variable $\overline{X}_2$ (una variación de un millón de u. m. anuales) en el punto medio de las características familiares, se debe calcular el valor de la derivada parcial en dicho punto:

$$\frac{\partial \Phi(X_i \beta)}{\partial X_{2i}} = \phi(X_i \beta)\beta_2 = \phi(\beta_1 + \beta_2 X_{2i} + \beta_3 X_{3i} + \beta_4 X_{4i} + \beta_5 X_{5i})\beta_2$$

La función de densidad estimada para el punto medio es:

$$\phi(\overline{X}_i \hat{\beta}) = \phi(\hat{\beta}_1 + \hat{\beta}_2 \overline{X}_2 + \hat{\beta}_3 \overline{X}_3 + \hat{\beta}_4 \overline{X}_4 + \hat{\beta}_5 \overline{X}_5) =$$

$$= \phi(0{,}578 + 0{,}0537 * 3{,}5 + 0{,}0077 * 276{,}8 - 0{,}039 * 1{,}4 - 0{,}301 * 9{,}5) =$$

$$= \frac{1}{(2\pi)^{1/2}} e^{-\frac{(-0{,}578 + 0{,}0537 * 3{,}5 + 0{,}0077 * 276{,}8 - 0{,}039 * 1{,}4 - 0{,}301 * 9{,}5)^2}{2}} = 0{,}2006$$

El efecto marginal de la variable X_{2i} para el punto medio es:

$$\frac{\partial \Phi(X_i \beta)}{\partial X_{2i}} = \phi(\overline{X}_i \hat{\beta})\hat{\beta}_2 = 0{,}2006 * 0{,}0537 = 0{,}010772$$

4.4. MODELO VALOR EXTREMO

4.4.1. Especificación

El Modelo Valor Extremo Tipo I (Gompit) relaciona la variable Y_i con las variables X_{2i}, ..., X_{ki} a través de la siguiente ecuación:

$$Y_i = e^{-e^{-(\beta_1 + \beta_2 X_{2i} + ... + \beta_k X_{ki})}} + u_i \tag{4.21}$$

o bien de forma compacta:

$$Y_i = e^{-e^{-X_i \beta}} + u_i \tag{4.22}$$

La forma funcional del modelo se puede escribir como:

$$Y_i = \Omega(X_i \beta) + u_i = \Omega(Z_i) + u_i \tag{4.23}$$

donde:

Ω: hace referencia a la función de distribución de Gompit.
u_i: es una variable aleatoria que se distribuye normal $N(0,\sigma^2)$.
Las variables o características X_i son fijas en el muestreo.
La variable Y_i puede tomar los valores cero o la unidad.

La interpretación del Modelo Valor Extremo se puede efectuar a partir del siguiente hecho: conocidos (dados) los valores de las características X_{ki} se asigna una probabilidad, por ejemplo P_i, para que la variable Y_i valga la unidad. Así se tiene:

$$\text{Prob}(Y_i = 1 / X_i) = P_i$$

Para los mismos valores de las variables X_{ki} la probabilidad de que la variable Y_i valga cero es $(1 - P_i)$, puesto que la suma de ambas probabilidades debe ser igual a la unidad. En este caso se tiene:

$$\text{Prob}(Y_i = 0 / X_i) = (1 - P_i)$$

Desde el punto de vista intuitivo, a través de la figura 4.10, se ha representado el Modelo Valor Extremo considerando tan sólo la variable o característica X_i.

Al igual que el Modelo Logit y el Probit, la interpretación del Modelo Valor Extremo se puede efectuar en términos de utilidades, es decir, se elegirá la opción uno si su utilidad o bien su probabilidad asociada es mayor que la utilidad de elegir la opción cero.

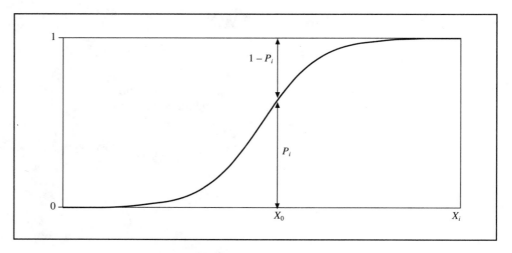

Figura 4.10. Modelo Valor Extremo.

La cuantificación de la utilidad a través de la estimación de la probabilidad P_i se puede efectuar a través de los siguientes procedimientos:

Alternativa 1

Si se calcula la esperanza de Y_i en términos probabilísticos se obtiene:

$$E(Y_i / X_i) = \text{(valor de } Y_i = 0) \ (\text{Prob}(Y_i = 0)) +$$

$$+ \text{(valor de } Y_i = 1)(\text{Prob}(Y_i = 1)) = 0(1 - P_i) + 1P_i = P_i \quad (4.24)$$

Además, el valor esperado de la variable Y_i condicionado a un valor concreto de las variables X_i se puede obtener a partir del modelo (4.23), y se llega a la siguiente relación:

$$E(Y_i / X_i) = E(\Omega \ (X_i\beta) + u_i) = \Omega(X_i\beta) + E(u_i) = \Omega(X_i\beta) \quad (4.25)$$

Igualando (4.24) con (4.25) se obtiene:

$$P_i = \Omega(X_i\beta)$$

es decir, que la probabilidad de que ocurra el «hecho», para unos valores concretos de las variables explicativas, $\text{Prob}(Y_i = 1 / X_i) = P_i$, se puede medir a través del valor asignado mediante el Modelo Valor Extremo especificado.

Alternativa 2

Además, a partir del modelo (4.23) se puede caracterizar la variable aleatoria u_i ya que:

$$u_i = Y_i - \Omega(X_i\beta)$$

y que para valores concretos de Y_i se tiene:

Valor de Y_i	Prob(Y_i)	Valor de (u_i / Y_i)	Prob(u_i)
1	P_i	$1 - \Omega(X_i\beta)$	P_i
0	$1 - P_i$	$-\Omega(X_i\beta)$	$1 - P_i$

En este caso el valor de la esperanza de u_i es:

$$E(u_i) = (\text{valor de } (u_i / Y_i = 1))\,(\text{Prob}(u_i)) + (\text{valor de } (u_i / Y_i = 0))\,(\text{Prob}(u_i))$$

$$= (1 - \Omega(X_i\beta))P_i + (-\Omega(X_i\beta))(1 - P_i) = P_i - \Omega(X_i\beta)$$

Si se supone que $E(u_i) = 0$ (es la hipótesis que se efectúa al exigir que la esperanza es igual a cero), e introduciendo dicha hipótesis en la ecuación anterior se tiene:

$$E(u_i) = P_i - \Omega\ (X_i\beta) = 0$$

y operando, se deduce que la probabilidad es igual a:

$$P_i = \Omega\ (X_i\beta)$$

A través de ambos procedimientos se ha llegado a la misma conclusión: que el valor esperado del regresando, conocidos o dados los valores de los regresores, mide la probabilidad de elegir la opción uno.

$$E(Y_i\ /\ X_i) = \Omega(X_i\beta) = P_i$$

Así pues, en términos probabilísticos, se tiene que el valor esperado de elegir la opción uno se cuantifica a través de la probabilidad:

$$\text{Prob}(Y_i = 1\ /\ X_i) = \Omega(X_i\beta) = P_i \tag{4.26}$$

mientras que el valor esperado de elegir la opción cero se cuantifica a través de la unidad menos la probabilidad de elegir la opción uno

$$\text{Prob}(Y_i = 0 \,/\, X_i) = 1 - \Omega(X_i\beta) = 1 - P_i \tag{4.27}$$

4.4.2. Interpretación del Modelo Valor Extremo

Una cuestión importante a tener en cuenta en el Modelo Valor Extremo es la interpretación de los distintos elementos en su especificación.

Interpretación de la variable endógena

En el modelo estimado, un valor concreto del regresando mide la utilidad de elegir la opción uno. La cuantificación de la utilidad se realiza mediante la probabilidad. Es decir:

$$\hat{Y}_i = \hat{P}_i = \Omega(X_i\hat{\beta})$$

Interpretación de los parámetros

La interpretación de los parámetros se puede efectuar a través de las derivadas parciales para los distintos modelos estudiados:

— La derivada parcial del Modelo Valor Extremo, ver ecuaciones (4.21) y (4.23), respecto a la variable X_{ki}, si es continua y derivable, es igual a:

$$\frac{\partial \Omega(X_i\beta)}{\partial X_{ki}} = \frac{\partial(e^{-e^{-(\beta_1 + \beta_2 X_{2i} + \ldots + \beta_k X_{ki})}})}{\partial X_{ki}} = \omega(X_i\beta)\beta_k \tag{4.28}$$

donde $\omega(X_i\beta)$ es la función de densidad de la función Valor Extremo (derivada de la función de distribución).
— La ecuación (4.28) muestra que la variación de la probabilidad de la variable Y_i debida a un incremento de la variable X_{ki}, bajo la hipótesis de que los valores del resto de las variables se mantienen constantes, depende de los valores que tome la función derivada para el punto *i-ésimo*, o bien, del producto de probabilidades y del valor de β_k.
— Desde el punto de vista intuitivo se puede analizar la importancia o peso de

124

un regresor de un Modelo Valor Extremo a la hora de determinar las variaciones (cambios) de probabilidad de la variable Y_i a través de la figura 4.11, mediante el diagrama que determina los valores de la variable X_{ki} y los valores de la función de densidad medidos a través de la ecuación (4.28), bajo el supuesto de que $\beta_k = 1$ (con el fin de simplificar la exposición en la figura, se representa un modelo con una sola característica o regresor X_i).

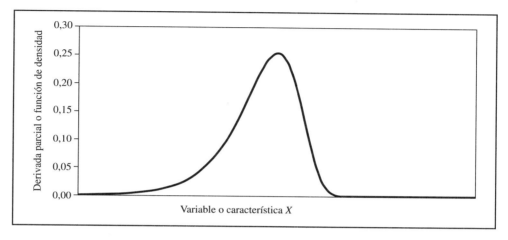

Figura 4.11. Modelo Valor Extremo: variación en la probabilidad para distintos niveles de la variable X_i.

— Además, en algunos casos, y con el fin de dar una interpretación a los coeficientes, se acostumbra a obtener la razón entre las derivadas parciales del modelo respecto a dos variables diferentes, por ejemplo, X_{ki} y X_{k+1i}, obteniendo en este caso la siguiente proporción:

$$\frac{\dfrac{\partial \Omega(X_i\beta)}{\partial X_{ki}}}{\dfrac{\partial \Omega(X_i\beta)}{\partial X_{k+1i}}} = \frac{\omega(X_i\beta)}{\omega(X_i\beta)}\frac{\beta_k}{\beta_{k+1}} = \frac{\beta_k}{\beta_{k+1}} \tag{4.29}$$

A partir de la ecuación (4.29) se puede afirmar que el cociente entre los coeficientes mide la importancia relativa de los regresores X_{ki} y X_{k+1i} sobre el cambio de probabilidad relativo del regresando.

— En el caso de que la variable o característica X_{ki} no sea continua, por ejemplo, tome tan sólo los valores cero o uno, entonces el análisis del efecto de una variación de la variable X_{ki} sobre el regresando se calcula a través de la diferencia entre los valores proporcionados por $E(Y_i/X_{ki} = 1)$ y $E(Y_i/X_{ki} = 0)$.

En el Modelo Valor Extremo, al igual que en los modelos Logit y Probit, el signo de los coeficientes indica la dirección del cambio. La magnitud de la variación depende del valor concreto que tome la función de densidad, lo cual depende de la pendiente de dicha función en el punto X_i (X_i es igual al vector $[1X_{2i} \ldots X_{ki}]$). Naturalmente, cuanto más elevada sea dicha pendiente, mayor será el impacto del cambio en el valor de una variable explicativa sobre la variación (cambio) de la probabilidad.

Así pues, los coeficientes estimados en el Modelo Valor Extremo no indican el efecto en probabilidad de que un suceso ocurra debido a un incremento unitario en el correspondiente regresor (como ocurría en el caso de probabilidad lineal). En realidad, sólo representan el sentido de la relación entre la variable latente y las variables (pero en términos ordinales y no cardinales).

Interpretación del Modelo Valor Extremo: el «Odds» o riesgo

La interpretación del Modelo Valor Extremo $Y_i = \Omega(X_i\beta) + u_i = \Omega(Z_i) + u_i$ se puede efectuar a través del *odds*. Además este estadístico también se utiliza para comparar utilidades de situaciones distintas. En este caso, el *odds* se define como un cociente entre la probabilidad de elegir la opción uno frente a su complementaria. En el caso de la interpretación del modelo, ésta se simplifica sensiblemente si se calcula el cociente entre los *odds* de situaciones distintas. Así, en el caso de que comparemos la situación del individuo i con la del individuo j (situación de referencia) se tiene:

$$Ratio\ Odds = \frac{\dfrac{P_i}{1-P_i}}{\dfrac{P_j}{1-P_j}}$$

En caso de que el valor del estadístico sea:

— Mayor que uno: la utilidad del individuo i es más elevada que la del individuo j.
— Menor que uno: la utilidad del individuo j es más elevada que la del individuo i.
— La unidad: las utilidades de los individuos i y j son iguales o indiferentes.

Ejercicio 4.4. Modelo Valor Extremo

Con la misma información de la que se dispone en el ejercicio 4.1 se ha especificado el modelo Gompit siguiente:

$$Y_i = \Omega(X_i\beta) + u_i = \Omega(\beta_1 + \beta_2 X_{2i} + \beta_3 X_{3i} + \beta_4 X_{4i} + \beta_5 X_{5i}) + u_i =$$

$$= e^{-e^{-(\beta_1 + \beta_2 X_{2i} + \beta_3 X_{3i} + \beta_4 X_{4i} + \beta_5 X_{5i})}} + u_i$$

Los resultados de la estimación han sido:

$$\hat{Y}_i = \Omega(\underset{(-1,812)}{-0,393} + \underset{(2,172)}{0,0531}\ X_{2i} + \underset{(2,967)}{0,0079}\ X_{3i} - \underset{(-2,398)}{0,035}\ X_{4i} - \underset{(-2,212)}{0,289}\ X_{5i})$$

Log de la función de verosimilitud $= -3,259$

Recordemos que un valor concreto de $\hat{Y}_i$ mide la probabilidad de que la familia en cuestión vaya de vacaciones. Así, para el valor medio de las familias encuestadas, la probabilidad de ir de vacaciones es:

$$\hat{Y}_i = \Omega(-0,393 + 0,0531 * 3,5 + 0,0079 * 276,8 - 0,035 * 1,4 - 0,289 * 9,5) = 0,105$$

Mientras que la probabilidad para una familia que resida en Valencia (700.000 habitantes) con las características medias de: ingresos, número de hijos y edad del hijo menor es:

$$\hat{Y}_i = \Omega(-0,393 + 0,0531 * 3,5 + 0,0079 * 700 - 0,035 * 1,4 - 0,289 * 9,5) = 0,923$$

Si se quiere analizar el efecto marginal de la variable X_2 (una variación de un millón de u. m. anuales) en el punto medio de la variable ingresos familiares, se debe calcular el valor de la derivada parcial en dicho punto:

$$\frac{\partial \Omega(X_i\beta)}{\partial X_{2i}} = \frac{\partial(e^{-e^{-(\beta_1 + \beta_2 X_{2i} + \beta_3 X_{3i} + \beta_4 X_{4i} + \beta_5 X_{5i})}})}{\partial X_{2i}} = \omega(X_i\beta)\beta_2 =$$

$$= e^{-(e^{-(\beta_1 + \beta_2 X_{2i} + \beta_3 X_{3i} + \beta_4 X_{4i} + \beta_5 X_{5i})})}[-e^{-(\beta_1 + \beta_2 X_{2i} + \beta_3 X_{3i} + \beta_4 X_{4i} + \beta_5 X_{5i})}](-\beta_2) =$$

$$= P_i(\ln P_i)(-\beta_2)$$

Sustituyendo P_i y β_2 por sus estimaciones $\hat{Y}_i$ y $\hat{\beta}_2$ en el punto medio, se obtiene el efecto marginal para la variable X_{2i}:

$$\frac{\partial \Omega(X_i\beta)}{\partial X_{2i}} = (\hat{Y}_i)(\ln \hat{Y}_i)(-\hat{\beta}_2) = 0,105\,(\ln(0,105))(-\hat{\beta}_2) =$$

$$= 0,105(-2,2537)(-0,0531) = 0,0125$$

4.5. APÉNDICE. ENFOQUE DE LA VARIABLE LATENTE

Una alternativa teórica que se ha presentado en la literatura para la justificación de los modelos de elección discreta es mediante la existencia de una variable inobservable o latente no limitada en su rango de variación, Y_i^*, que depende de un conjunto de variables explicativas que se denotan por X_{ki}. Sobre la variable latente se aplica una regla de observabilidad que genera las alternativas que se dan en la realidad. Desde este punto de vista, el caso del modelo dicotómico se expresaría según la ecuación:

$$Y_i = \begin{cases} 1 & \text{si } Y_i^* > 0 \\ 0 & \text{si } Y_i^* \leq 0 \end{cases}$$

La variable Y_i^* es una variable latente con media $X_i\beta$ y varianza σ^2, y la relación establecida entre la probabilidad de que el suceso ocurra y el valor de la variable latente es monótona creciente. Así, el valor de Y^* es mayor cuanto más elevada es la probabilidad de elegir la opción 1. Cada individuo realiza la elección comparando su valor $X_i\beta$ con el valor crítico Y_i^* que refleja sus preferencias.

Suponiendo que Y_i^* es una variable aleatoria, un individuo elegiría la opción 1 si $X_i\beta \geq Y_i^*$ y 0 en caso contrario. En este caso la probabilidad de elegir la opción 1 viene dada por:

$$\text{Prob}[Y_i = 1/X_i, \beta, \sigma, c] =$$

$$= \text{Prob}[Y_i^* \geq 0] = \text{Prob}\left[\frac{Y_i^* - X_i\beta}{\sigma} \geq \frac{-X_i\beta}{\sigma}\right] = F\left[\frac{(X_i\beta - c)'}{\sigma}\right]$$

este planteamiento resulta equivalente a asumir que únicamente podemos observar el signo y no el valor concreto que toma la variable latente.

En el caso de que se utilice como función de distribución la normal tipificada[5], la probabilidad de elegir la opción uno es:

$$\text{Prob}[Y_i = 1/X_i, \beta, \sigma] = \Phi(X_i\beta^*)$$

donde β^* es $\dfrac{\beta}{\sigma}$.

---

[5] Lo que supone que la función $F(.)$ es $\Phi(.)$ y que $c = 0$.

Problemas propuestos

PROBLEMA 4.1

Un banco ha establecido como criterio para conceder préstamos a sus clientes la probabilidad de devolución, y para lo cual ha especificado un modelo Logit entre las variables Y_i y X_i.
Donde:

La variable Y_i toma el valor ($Y_i = 1$) para el caso de la devolución del préstamo y el valor ($Y_i = 0$) para el caso de *no*-devolución del préstamo.
La variable X_i son los ingresos familiares medidos en miles de u.m. mensuales.

Obteniendo los siguientes resultados:

	Estimador	**Desviación típica**
Constante	−4,255	1.350
Coeficiente de X_i	0,0315	0,0096

Se pide:

1. Escribir el modelo estimado.
2. Calcular las probabilidades de devolución del préstamo:

   a) Para una familia que ingrese 50.000 u.m./mes.
   b) Para una familia que ingrese 100.000 u.m./mes.
   c) Para una familia que ingrese 150.000 u.m./mes.
   d) Para una familia que ingrese 200.000 u.m./mes.
   e) Para una familia que ingrese 250.000 u.m./mes.

3. Calcular los siguientes efectos de devolución del préstamo:

   a) Calcular el efecto de la devolución del préstamo en una familia que ingresando 50.000 u.m./mes pase a ganar 100.000 u.m./mes.

   b) Calcular el efecto de la devolución del préstamo en una familia que ingresando 100.000 u.m./mes vea aumentar sus ingresos mensuales a 150.000 u.m./mes.

   c) Calcular el efecto de la devolución del préstamo en una familia que ingresando 150.000 u.m./mes pase a ganar 200.000 u.m./mes.

   d) Calcular el efecto de la devolución del préstamo en una familia que ingresando 200.000 u.m./mes aumente sus ingresos mensuales a 250.000 u.m./mes.

4. Debido a una política restrictiva del banco se considera que tan sólo se van a otorgar préstamos a aquellas familias que tengan una probabilidad de devolución superior al 80%. ¿Cuánto debería ganar una familia para que se le otorgue el préstamo?

PROBLEMA 4.2

Dado el Modelo Logit cuyos resultados de la estimación se recogen en la tabla adjunta:

Variable	Estimador
Constante	−13,021
Coeficiente de X_{2i}	2,826
Coeficiente de X_{3i}	0,095
Coeficiente de X_{4i}	2,379

donde además, se conocen los valores de la media de las variables:

$$\overline{X}_2 = 3,117 \qquad \overline{X}_3 = 21,937 \qquad \overline{X}_4 = 0,43$$

Se pide:

Calcular el efecto marginal para cada una de las variables en el punto medio.

PROBLEMA 4.3

Una entidad financiera ha establecido como criterio para conceder préstamos a sus clientes la probabilidad de devolución, para lo cual ha especificado un Modelo Logit entre el regresando Y_i y los regresores X_i y Z_i.

Donde:

La variable Y_i toma el valor ($Y_i = 1$) para el caso de la devolución del préstamo y el valor ($Y_i = 0$) para el caso *no*-devolución del préstamo.

La variable X_i son los ingresos del cliente en millones de u.m. al año.

La variable Z_i es una variable que toma el valor 1 si el cliente es funcionario y 0 en el caso contrario.

Obteniendo los siguientes resultados:

	Estimador	Desviación típica
Constante	−11,4672	4,2379
Coeficiente de X_i	3,02871	1,2277
Coeficiente de Z_i	2,3113	1,0436
Logaritmo de la función de verosimilitud	−13,0947	

Además, se sabe que: $\overline{X}_i = 3,1319$ y $\overline{Z}_i = 0,4516$.

Se pide:

1. Calcular las probabilidades de devolución del préstamo:

   a) Para un cliente, no funcionario, que gane 2,0 millones de u.m. al año.
   b) Para un cliente, funcionario, que gane 2,0 millones de u.m. al año.
   c) Para un cliente, no funcionario, que gane 3,0 millones de u.m. al año.
   d) Para un cliente, funcionario, que gane 3,0 millones de u.m. al año.
   e) Para un cliente, no funcionario, que gane 4,0 millones de u.m. al año.
   f) Para un cliente, funcionario, que gane 4,0 millones de u.m. al año.
   g) Para un cliente, no funcionario, que gane 5,0 millones de u.m. al año.
   h) Para un cliente, funcionario, que gane 5,0 millones de u.m. al año.

2. Calcular el efecto de devolución del préstamo para un cliente que, ganando 4,0 millones de u.m. al año siendo no funcionario, pase a ser funcionario.

3. Debido a una política restrictiva del banco se considera que tan sólo se van a otorgar préstamos a aquellos clientes que tengan una probabilidad de devolución superior al 70%.

    a) ¿Cuánto debería ganar un cliente no funcionario para que se le otorgue el préstamo?

    b) ¿Cuánto debería ganar un cliente funcionario para que se le otorgue el préstamo?

4. Un cliente tipo (se refiere a aquel cliente que posee las siguientes características medias $\bar{X} = 3,1319$ y $\bar{Z} = 0,4516$) se plantea que le conviene más, para conseguir un préstamo, una variación en los ingresos de un millón de u.m. o bien ser funcionario.

PROBLEMA 4.4

Dado el Modelo Probit estimado cuyos resultados se recogen en la tabla adjunta:

Variable	Estimador
Constante	−7,452
Coeficiente de X_{2i}	1,626
Coeficiente de X_{3i}	0,052
Coeficiente de X_{4i}	1,426

Además, se conocen los valores de la media de las variables:

$$\bar{X}_2 = 3,117 \qquad \bar{X}_3 = 21,937 \qquad \bar{X}_4 = 0,43$$

Se pide:

1. Calcular la probabilidad de no elegir la opción uno en el punto medio.
2. Calcular el efecto marginal para cada una de las variables en el punto medio.

PROBLEMA 4.5

Un estudio sobre el mercado de trabajo ha establecido como criterio para que un individuo esté pluriempleado la probabilidad de tener un segundo trabajo, para lo cual ha especificado un modelo Gompit entre el regresando Y_i y los regresores GASTO$_i$ y SEXO$_i$.

Donde:

La variable Y_i toma el valor ($Y_i = 1$) para el caso de que el individuo tenga un segundo trabajo y el valor ($Y_i = 0$) para el caso de no tenerlo.

La variable GASTO$_i$ son los gastos del individuo en millones de u.m.

La variable SEXO$_i$ es una variable que toma el valor 1 si el individuo es mujer y 0 si es hombre.

Obteniendo los siguientes resultados:

	Estimador	Desviación típica
Constante	−7,845	2,672
GASTO$_i$	3,022	1,435
SEXO$_i$	4,185	7,670
Logaritmo de la función de verosimilitud	−12,644	

Además, se sabe que la media de las variables es: GASTO = 3,117 y SEXO = = 0,67.

Se pide:

1. Calcular las probabilidades de tener un segundo empleo para:

   a) Una mujer con un nivel de gasto de 2,0 millones de u.m. al año.
   b) Un hombre con un nivel de gasto de 2,0 millones de u.m. al año.
   c) Una mujer con un nivel de gasto de 5,0 millones de u.m. al año.
   d) Un hombre con un nivel de gasto de 5,0 millones de u.m. al año.

   Comente los resultados combinando las cuatro situaciones planteadas.

2. Cuantificar el incremento en probabilidad de tener un segundo trabajo ante un aumento del gasto de un millón de u.m. para un hombre y para una mujer.

3. ¿Qué nivel de gasto debe tener un individuo para que su probabilidad de tener un segundo empleo sea del 90%? Comente los resultados para el caso de hombres y mujeres.

PROBLEMA 4.6

Dado el Modelo Logit estimado:

$$\ln \frac{P_i}{1 - P_i} = -4,255 + 1,350 X_i$$

donde:

P_i: mide la probabilidad de tener vehículo propio.
X_i: son los ingresos mensuales en miles de u.m.

Se pide:

1. Calcular la probabilidad de tener vehículo propio para un individuo que ingrese 200.000 u.m. al mes.
2. Calcular el efecto sobre la probabilidad de un incremento de los ingresos de 100.000 a 150.000 u.m. al mes.

Modelos Logit, Probit y Valor Extremo (II)

5.1. ESTIMACIÓN MÁXIMO-VEROSÍMIL

La función de probabilidad conjunta de un modelo de elección discreta parte del supuesto de que se dispone de una muestra de tamaño $I(i = 1, 2, ..., I)$ y de que, bajo la hipótesis de independencia entre los distintos individuos, y se puede expresar a través de la siguiente relación:

$$\text{Prob}(u_1 u_2 \ldots u_i \ldots u_I) = \text{Prob}(u_1)\text{Prob}(u_2) \ldots \text{Prob}(u_i) \ldots \text{Prob}(u_I) = \prod_{i=1}^{I} \text{Prob}(u_i)$$

De forma alternativa, utilizando la función de probabilidad en términos de la variable Y_i se tiene:

$$\text{Prob}(Y_1 Y_2 \ldots Y_i \ldots Y_I) = \text{Prob}(Y_1)\text{Prob}(Y_2) \ldots \text{Prob}(Y_i) \ldots \text{Prob}(Y_I) = \prod_{i=1}^{I} \text{Prob}(Y_i) =$$

Teniendo en cuenta que Y_i puede tomar el valor cero o bien la unidad, y suponiendo que en primer lugar están los valores uno y detrás los cero, se obtiene:

$$\prod_{i=1}^{J} \text{Prob}(Y_i) = \text{Prob}(Y_1 = 1) \ldots \text{Prob}(Y_i = 1)\text{Prob}(Y_{i+1} = 0) \ldots \text{Prob}(Y_I = $$

Dado que el número de veces que se repite $\text{Prob}(Y_i = 1)$ es $\sum_{i=1}^{i} Y_i$, mientras que el número de veces que se repite $\text{Prob}(Y_i = 0)$ es $\sum_{i=i+1}^{I} (1 - Y_i)$, y que $\text{Prob}(Y_i = 1) = P_i$

siendo $\text{Prob}(Y_i = 0) = 1 - P_i$, en este caso la función de la probabilidad conjunta se puede escribir como:

$$\text{Prob}(Y_1 Y_2 \dots Y_i \dots Y_I) = \prod_{i=1}^{I} P_i^{Y_i}(1 - P_i)^{1 - Y_i} \tag{5.1}$$

A partir de la función de la probabilidad conjunta (5.1) se puede obtener la función de verosimilitud que se define como:

$$L = \prod_{i=1}^{I} P_i^{Y_i}(1 - P_i)^{1 - Y_i} = P_i^{\sum_{1}^{i} Y_i}(1 - P_i)^{\sum_{i+1}^{I}(1 - Y_i)} \tag{5.2}$$

Mientras que el logaritmo de la función de verosimilitud[1] es:

$$\pounds = \ln L = \sum_{i=1}^{i} Y_i \ \ln P_i + \sum_{i=i+1}^{I} (1 - Y_i)\ln(1 - P_i) =$$

$$= \sum Y_i \ \ln P_i + \sum(1 - Y_i)\ln(1 - P_i) \tag{5.3}$$

Si se sustituye en (5.3) P_i por su valor se obtiene el logaritmo de la función de verosimilitud. Ahora bien, el valor de P_i depende de la especificación del modelo:

— En el caso del modelo lineal de probabilidad (*MLP*), $Y_i = F(X_i\beta) + u_i$, se convierte en $Y_i = X_i\beta + u_i$, mientras que el logaritmo de la función de verosimilitud (5.3) se transforma en:

$$\pounds = \ln L = \sum Y_i \ \ln(X_i\beta) + \sum(1 - Y_i)\ln[1 - (X_i\beta)] \tag{5.4}$$

— En el caso del modelo Logit, teniendo en cuenta la ecuación (4.5) y (4.6), el logaritmo de la función de verosimilitud (5.3) se convierte en:

$$\pounds = \ln L = \sum Y_i \ \ln \Lambda(X_i\beta) + \sum(1 - Y_i)\ln[1 - \Lambda(X_i\beta)] \tag{5.5}$$

— En el caso del modelo Probit, teniendo en cuenta las ecuaciones (4.13) y (4.16), el logaritmo de la función de verosimilitud (5.3) se convierte en:

$$\pounds = \ln L = \sum Y_i \ \ln \Phi(X_i\beta) + \sum(1 - Y_i)\ln[1 - \Phi(X_i\beta)] \tag{5.6}$$

---

[1] El número de veces que se repite la opción uno es i, que se puede expresar como $\sum_{i=1}^{i} Y_i = \sum_{i=1}^{I} Y_i = \sum Y_i$; análogamente, el número de veces que se repite la opción cero es $I - i$, que se puede expresar como $\sum(1 - Y_i)$.

— En el caso del modelo Valor Extremo, teniendo en cuenta las ecuaciones (4.26) y (4.27), el logaritmo de la función de verosimilitud (5.3) se convierte en:

$$\pounds = \ln L = \sum Y_i \ \ln \Omega(X_i\beta) + \sum (1 - Y_i) \ln[1 - \Omega(X_i\beta)] \tag{5.7}$$

En general, el logaritmo de la función de verosimilitud y, en particular, las ecuaciones (5.5), (5.6) y (5.7) no son ecuaciones lineales, con lo cual para obtener los estimadores máximo-verosímiles de los parámetros se deben aplicar métodos de estimación no lineales a través de algún algoritmo de optimización.

Propiedades de los estimadores

Los estimadores obtenidos por el proceso de máxima-verosimilitud son consistentes y asintóticamente eficientes. Igualmente son asintóticamente normales, con lo que los contrastes de hipótesis son asintóticos. Así, cuando el tamaño de la muestra (I) tiende a infinito, el contraste de significatividad individual de los parámetros se puede realizar a través de una distribución normal.

5.2. VALIDACIÓN Y CONTRASTES DE HIPÓTESIS

En el campo de los modelos de elección discreta, se pueden construir los contrastes habituales, sobre un coeficiente o un conjunto de coeficientes, a partir de estimaciones consistentes y asintóticamente eficientes de la matriz de varianzas-covarianzas del modelo.

Podemos diferenciar dos situaciones distintas: el contraste de una hipótesis sobre un parámetro individual y la significatividad estadística del modelo en su conjunto, a través de los tests fundamentados en la función de verosimilitud y en la bondad del ajuste.

Contraste individual de un coeficiente

Dadas las propiedades estadísticas de los estimadores máximo-verosímiles y su distribución asintótica según una normal, se puede plantear el siguiente contraste de hipótesis sobre un coeficiente de regresión aislado.

En efecto, dado un grado de significación de α se acepta la hipótesis nula sobre β_k con una probabilidad de $(1 - \alpha)$ si se cumple la desigualdad probabilística siguiente:

$$\text{Prob}\left(-N_{\alpha/2} < \frac{\hat{\beta}_k - \beta_k}{S_{\hat{\beta}_k}} < N_{\alpha/2}\right) = 1 - \alpha \tag{5.8}$$

Pruebas estadísticas basadas en la función de verosimilitud y en el logaritmo de la función de verosimilitud (Log likelihood)

A partir de la función de verosimilitud estimada de los residuos o bien de su logaritmo[2]:

$$\text{£}(\beta, \sigma^2) = \ln[L(\beta, \sigma^2)] = \frac{-I}{2}\ln 2\pi - \frac{I}{2}\ln\sigma^2 - \frac{1}{2\sigma^2}\sum(y_i - F(\beta x_i))^2$$

se pueden construir distintos contrastes de hipótesis. El criterio general para la elección entre distintos modelos es el siguiente: se prefiere aquel modelo que presente un valor de la función de verosimilitud mayor.

Además, a partir de la función de verosimilitud se pueden construir distintos contrastes de hipótesis. Entre otros, cabe destacar el de la Razón de Verosimilitud, que sirve para docimar hipótesis entre dos modelos que presentan la misma variable endógena. El primer modelo se estima bajo la hipótesis nula (modelo con restricciones), cuya función de verosimilitud se denota por L_{CR}; mientras que el segundo modelo se estima bajo la hipótesis alternativa (modelo sin restricciones), cuya función de verosimilitud se denota por L_{SR}. A partir de estas dos funciones de verosimilitud (L_{CR} y L_{SR}) se construye la Razón de Verosimilitud entre ambas funciones, que se define como:

$$LR = -2\ln(\lambda) = -2\ln\left(\frac{L_{CR}}{L_{SR}}\right) = -2(\ln L_{CR} - \ln L_{SR}) \tag{5.9}$$

El estadístico $-2\ln(\lambda)$ se distribuye según una χ^2 con un número de grados de libertad igual al número de restricciones.

Akaike (1973) propone una corrección a los estadísticos anteriores por el número de parámetros del modelo (coeficientes de regresión). La expresión del estadístico de Akaike (AIC) es:

$$AIC = \frac{2K}{I} - \frac{2\text{£}}{I} \tag{5.10}$$

y sirve para comparar la bondad del ajuste entre dos modelos. Según este criterio es preferible aquel modelo que presente un valor del *AIC* menor.

---

[2] La expresión de función de verosimilitud que se expone a continuación tan sólo se cumple cuando el tamaño de la muestra tiende a infinito (suficientemente grande). En este tipo de modelos la función de verosimilitud no se puede simplificar ya que el estimador de la varianza del modelo y los estimadores de los coeficientes de regresión no son independientes. En el caso de datos atemporales (*cross section*) se acostumbra a denominar al tamaño de la muestra I en vez de T que se reserva para el caso de las series temporales.

Una alternativa al criterio propuesto por Akaike es el propuesto por Schwarz (1978) que se define como:

$$SC = \text{Schwarz} = \frac{K * \ln I}{I} - \frac{2\pounds}{I} \tag{5.11}$$

Dicho estadístico, al igual que el *AIC* de Akaike, sirve para comparar la bondad del ajuste entre dos modelos (no es necesario que presenten la misma variable endógena). En este caso se tiene en cuenta explícitamente el tamaño de la muestra. Según este criterio es preferible aquel modelo que presente un valor del estadístico de Schwarz menor.

Otra alternativa al criterio propuesto por Akaike es el propuesto por Hannan-Quinn (1979) que se define como:

$$\text{H-Q} = \text{Hannan-Quinn} = \frac{2 * K * \ln(\ln I)}{I} - \frac{2\pounds}{I} \tag{5.12}$$

Dicho estadístico, al igual que el *AIC* de Akaike, sirve para comparar la bondad del ajuste entre dos modelos. En este caso se tiene en cuenta explícitamente el tamaño de la muestra. Según este criterio es preferible aquel modelo que presente un valor del estadístico de Hannan-Quinn menor.

Medidas de bondad del ajuste

Dado que las pruebas tradicionales de bondad del ajuste, tales como el R^2, no son válidas en los modelos en los que la variable endógena toma exclusivamente los valores uno o cero, se van a proponer unas medidas alternativas que midan la bondad del ajuste del modelo a los datos.

1. R^2 propuesto por McFadden (1974) *(McFadden R-squared)* y que se define como:

$$R^2 \text{ McFadden} = 1 - \frac{\ln L_{SR}}{\ln L_{CR}} \tag{5.13}$$

donde, $\ln L_{CR}$ es el logaritmo de la función de verosimilitud del modelo restringido (con restricciones) que se obtiene bajo la hipótesis nula:

$$H_0: \beta_2 = \beta_3 = \ldots = \beta_k = \ldots = \beta_K = 0$$

El estadístico propuesto no tiene una interpretación tan directa como el R^2 en el modelo de regresión lineal. En concreto, toma el valor uno cuando la predicción es perfecta, es decir, la probabilidad estimada de que se produzca el evento es uno cuando éste efectivamente se produzca y cero cuando no se produzca el evento. Por su parte, el estadístico tomará el valor cero cuando ambas funciones de verosimilitud sean iguales. El problema es que, fuera de estos dos valores extremos, el estadístico no tiene un significado tan intuitivo como el coeficiente de determinación. Algunos autores han señalado que, en realidad, lo que este estadístico mide es el porcentaje de «incertidumbre» en los datos explicada por el modelo.

2. El estadístico *LR* (LR-statistic)[3].

Si denotamos con L_{SR} el valor de la función de verosimilitud respecto a todos los parámetros y L_{CR} es la función de verosimilitud que se obtiene bajo la hipótesis nula (o modelo con restricciones):

$$H_0: \beta_2 = \ldots = \beta_k = \ldots = \beta_K = 0$$

se puede definir el estadístico:

$$LR = -2\frac{\ln L_{CR}}{\ln L_{SR}} = -2[\ln L_{CR} - \ln L_{SR}] = -2[\pounds_{CR} - \pounds_{SR}] \qquad (5.14)$$

que se distribuye como una χ^2 (ji-cuadrado) con $(K-1)$ grados de libertad.

3. Proporción de predicciones correctas (expectation-prediction).

Se puede representar, también, una medida de la bondad del ajuste al considerar el porcentaje de predicciones correctas que proporciona la estimación. Para ello, consideramos un valor verdadero de Y_i y el obtenido a partir de la estimación o predicción $\hat{Y}_i$, de forma que:

TABLA 5.1

Clasificación de las predicciones

		Valor real del regresando Y_i	
		$Y_i = 0$ Frecuencia $= I_{\cdot 1}$	$Y_i = 0$ Frecuencia $= I_{\cdot 2}$
Predicción de $\hat{Y}_i$	$\hat{Y}_i < c$ Frecuencia $= I_{1\cdot}$	Frecuencia de aciertos $= I_{11}$ (predicción correcta)	Frecuencia de errores $= I_{12}$ (predicción errónea)
	$\hat{Y}_i > c$ Frecuencia $< I_{2\cdot}$	Frecuencia de errores $= I_{12}$ (predicción errónea)	Frecuencia de aciertos $= I_{22}$ (predicción correcta)

---

[3] Este test se concibe como un caso particular de la Razón de Verosimilitud.

Analizando la tabla 5.1 se comprueba que las frecuencias dispuestas en la diagonal principal corresponden a las predicciones correctas, mientras que las frecuencias de la diagonal secundaria son las que no se adecuan al modelo.

Se define el estadístico pseudocoeficiente de determinación de la predicción, Pseudo R^2 de predicción, como:

$$\text{Pseudo } R^2 \text{ de predicción} = \frac{Predicciones\ correctas}{Frecuencia\ total} =$$

$$= \frac{I_{11} + I_{22}}{I_{11} + I_{22} + I_{12} + I_{21}} = \frac{I_{11} + I_{22}}{I} \qquad (5.15)$$

En el caso de los modelos MLP, Logit, Probit y Valor Extremo se asigna generalmente el valor de predicción igual a uno cuando $\hat{Y}_i > 0,5$ e igual a cero cuando $\hat{Y}_i < 0,5$.

Ejercicio 5.1

En un estudio de mercado, cuya finalidad es la de analizar la relación entre las características socioeconómicas de las familias y el hecho de poseer ordenador personal, se ha recogido la información sobre la renta familiar y la edad del cabeza de familia. El número de familias encuestadas es de cuarenta[4]. La ecuación elegida para la especificación del comportamiento de las familias es el modelo Logit siguiente:

$$Y_i = \frac{1}{1 + e^{-(\beta_1 + \beta_2 X_i + \beta_3 Z_i)}} + u_i$$

donde:

Y_i toma el valor uno si la familia posee ordenador y cero si no dispone.
X_i mide la renta familiar.
Z_i mide la edad del cabeza de familia.

La estimación del modelo se presenta en el cuadro 5.1.
La significabilidad aislada de una característica o variable se puede efectuar a través del contraste de hipótesis del parámetro (coeficiente de regresión) asociado a la variable del modelo. En efecto, bajo las hipótesis básicas del modelo y efectuando el supuesto de que u_i se distribuye normal, es sabido que cada uno de los estimadores de los coeficientes, por ejemplo $\hat{\beta}_2$, se distribuye asintóticamente normal con la esperanza igual a β_2 y

---

[4] A pesar de que el tamaño de la muestra es pequeño, se supone que se cumple la hipótesis de normalidad.

CUADRO 5.1

Dependent Variable: Y
Method: ML - Binary Logit
Sample: 1 40
Included observations: 40

Variable	Coefficient	Std. Error	z-Statistic	Prob.
C	−6.623587	2.126757	−3.114408	0.0018
X	0.060329	0.019615	3.075712	0.0021
Z	−0.006862	0.003025	−2.268214	0.0233

Mean dependent var	0.525000	S.D. dependent var		0.505736
S.E. of regression	0.328220	Akaike info criterion		0.876535
Sum squared resid	3.985959	Schwarz criterion		1.003201
Log likelihood	−14.530707	Hannan-Quinn criter.		0.922334
Restr. log likelihood	−27.675874	Avg. log likelihood		−0.363268
LR statistic (2 df)	26.290323	McFadden R-squared		0.474968
Probability(LR stat)	0.000001			

Obs with Dep = 0	19	Total obs	40
Obs with Dep = 1	21		

varianza igual a var(β_2). A partir de este estadístico se pueden construir contrastes de hipótesis sobre el parámetro β_2 a través de la siguiente desigualdad probabilística:

$$\text{Prob}\left(-N_{\alpha/2} < \frac{\hat{\beta}_2 - \beta_2}{S_{\hat{\beta}_{12}}} < N_{\alpha/2}\right) = 1 - \alpha$$

Así, en el ejemplo propuesto, y a partir de los resultados obtenidos, podemos contrastar si el nivel de renta familiar determina el hecho de que una familia posea ordenador personal. Los valores concretos del estadístico son:

$$\text{Prob}\left(-N_{\alpha/2} < \frac{0,060329 - \beta_2}{0,019615} < N_{\alpha/2}\right) = 1 - \alpha$$

Si ahora se plantea el docimar la hipótesis nula: $\beta_2 = 0$, frente a la hipótesis alternativa: $\beta_2 \neq 0$, la desigualdad anterior se transforma en:

$$\text{Prob}\left(-N_{\alpha/2} < \frac{0,060329}{0,019615} < N_{\alpha/2}\right) = 1 - \alpha$$

Dado un valor del grado de significación α (por ejemplo, $\alpha = 0,05$) se concreta el valor de la Normal tabulada. En el caso de que se cumpla la desigualdad se acepta la hipótesis nula y en el caso contrario se rechaza en beneficio de la hipótesis alternativa. El valor tabulado de la Normal es: $N_{\alpha/2} = N_{0,025} = 1,96$

Sustituyendo el valor en la desigualdad probabilística se obtiene:

$$\text{Prob}(-1,96 < 3,075712 \not< 1,96) = 1 - 0,05 = 0,95$$

Al no cumplirse la desigualdad probabilística se rechaza la hipótesis nula ($\beta_2 = 0$) con una probabilidad del 95%, en beneficio de la hipótesis alternativa. Es decir, que el regresor X_i (el nivel de renta familiar) influye en la explicación del regresando Y_i (poseer ordenador personal).

Las medidas (estadísticos) para analizar la bondad del modelo son la propuesta por McFadden (McFadden R-squared) y el estadístico *LR* (LR-statistic).

El estadístico de McFadden (véase 5.13), para el ejemplo presente, es:

$$R^2 \text{ McFadden} = 1 - \frac{\ln L_{SR}}{\ln L_{CR}} = 1 - \frac{-14,5307}{-27,67587} = 0,4764968$$

donde $\ln L_{SR}$ es el logaritmo de la función de verosimilitud del modelo sin restricciones, mientras que $\ln L_{CR}$ es el logaritmo de la función de verosimilitud del modelo restringido (con restricciones) que se obtiene bajo la hipótesis nula:

$$H_0: \beta_2 = \beta_3 = 0$$

Dado que el valor del R^2 de McFadden es 0,4764968, es indicativo de que el modelo en su conjunto es adecuado.

El estadístico LR (LR-statistic) se fundamenta en la Razón de Verosimilitud (véase 5.14), y se define como:

$$LR = -2 \ln\left(\frac{L_{CR}}{L_{SR}}\right) = -2[\pounds_{CR} - \pounds_{SR}] = -2[(27,67587) - (-14,5307)] = 26,29032$$

donde $\ln L_{SR}$ es el logaritmo de la función de verosimilitud del modelo sin restricciones, mientras que $\ln L_{CR}$ es el logaritmo de la función de verosimilitud del modelo restringido (con restricciones) que se obtiene bajo la hipótesis nula:

$$H_0: \beta_2 = \beta_3 = 0$$

El estadístico *LR* en el presente caso se distribuye como una χ^2 (ji-cuadrado) con $(K - 1) = (3 - 1) = 2$ grados de libertad. A partir de los resultados obtenidos se puede contrastar si el nivel de renta familiar y la edad del cabeza de familia determinan el hecho de que una familia posea ordenador personal a través de la siguiente desigualdad probabilística:

$$\text{Prob}(LR < \chi_2^2) = 1 - \alpha$$

con los valores concretos del estadístico se obtiene:

$$\text{Prob}(26,29032 < \chi_2^2) = 1 - \alpha$$

dado un valor del grado de significación α, por ejemplo $\alpha = 0{,}05$, se concreta el valor de la χ_2^2 tabulada. En el caso de que se cumpla la desigualdad, se acepta la hipótesis nula y en el caso contrario, se rechaza en beneficio de la hipótesis alternativa. El valor tabulado de la χ_2^2 (ji-cuadrado) es: $\chi_2^2 = 5{,}99$.

Sustituyendo el valor en la desigualdad probabilística se obtiene:

$$\text{Prob}(26,29032 \not< 5,99) = 1 - 0,05 = 0,95$$

Al no cumplirse la desigualdad probabilística se rechaza la hipótesis nula ($\beta_2 = \beta_3 = 0$), con una probabilidad del 95%, en beneficio de la hipótesis alternativa. Es decir, que los regresores X_i (el nivel de renta familiar) y Z_i (edad del cabeza de familia) influyen en la explicación del regresando Y_i (poseer ordenador personal).

Ejercicio 5.2

En un estudio cuya finalidad es la de analizar la relación entre los ingresos familiares y el hecho de disponer de vehículo propio, se han especificado para su estimación un modelo Probit y otro Logit. Para su estimación se ha recogido la información de 240 familias. Los resultados de las estimaciones de los modelos se presentan en los cuadros adjuntos.

Dependent Variable: Y
Method: ML - Binary Probit
Sample: 1   240
Included observations: 240

Variable	Coefficient	Std. Error	z-Statistic	Prob.
C	−2.847647	0.315933	−9.013451	0.000001
X	0.021764	0.002301	9.461494	0.000001

Mean dependent var	0.541666	S.D. dependent var		0.499302
S.E. of regression	0.351272	Akaike info criterion		0.839440
Sum squared resid	29.367248	Schwarz criterion		0.868446
Log likelihood	−98.732892	Hannan-Quinn criter.		0.851127
Restr. Log likelihood	−165.521022	Avg. log likelihood		−0.411387
LR statistic (1 df)	133.576260	McFadden R-squared		0.4035024
Probability(LR stat)	0.000001			

Obs with Dep = 0	110	Total obs	240
Obs with Dep = 1	130		

Dependent Variable: Y
Method: ML - Binary Logit
Sample: 1   240
Included observations: 240

Variable	Coefficient	Std. Error	z-Statistic	Prob.
C	−5.167348	0.644361	−8.019328	0.000001
X	0.039432	0.004743	8.312448	0.000001

Mean dependent var	0.541666	S.D. dependent var		0.499302
S.E. of regression	0.347537	Akaike info criterion		0.828059
Sum squared resid	28.746235	Schwarz criterion		0.857065
Log likelihood	−97.367178	Hannan-Quinn criter.		0.839746
Restr. Log likelihood	−165.521022	Avg. log likelihood		−0.405696
LR statistic (1 df)	136.307688	McFadden R-squared		0.411753
Probability(LR stat)	0.000001			

Obs with Dep = 0	110	Total obs	240
Obs with Dep = 1	130		

La elección de la especificación más adecuada de la ecuación entre el modelo Probit y el modelo Logit, dado que el regresando y el número de observaciones son los mismos, se puede efectuar utilizando los criterios que a continuación se detallan:

— *El coeficiente R^2 McFadden:* mediante este criterio se debería elegir el modelo Logit ya que presenta un valor (0,411753) que es más elevado que el valor del R^2 de McFadden del modelo Probit (0,4035024).

— *El logaritmo de la función de verosimilitud* (Log likelihood): en este caso se debería elegir el modelo Logit dado que presenta un valor (−97,367178) que es mayor que el valor de la función de verosimilitud (Log likelihood) del modelo Probit (−98,732892).

— *El criterio AIC de Akaike:* en este caso se debería elegir el modelo Logit dado que presenta el valor (0,828059) que es menor que el valor del estadístico AIC del modelo Probit (0,839440).

— *El criterio de Schwartz:* en este caso se debería elegir el modelo Logit puesto que presenta el valor (0,857065) más pequeño que el valor del estadístico de Schwarz del modelo Probit (0,868446).

— *El criterio de Hannan-Quinn:* en este caso se debería elegir el modelo Logit ya presenta el valor (0,839746) menor que el valor del estadístico de Hannan-Quinn del modelo Probit (0,851127).

5.3. TEST SOBRE LA ESPECIFICACIÓN DE LOS MODELOS DE ELECCIÓN BINARIA

Los principales problemas de especificación a que se ven sometidos los modelos de elección binaria son la omisión de variables significativas y la heteroscedasticidad.

Omisión de variables

La contrastación de la omisión de variables se puede efectuar a través del test de la Razón de Verosimilitud planteado (véase 5.9). Por ejemplo en el caso de un modelo Probit general con K regresores y un modelo con omisión de variables que presenta k regresores, el número de variables omitidas es de $(K - k)$.

La especificación del modelo general (sin omisión de variables) es:

$$Y_i = \Phi(\beta_1 + \beta_2 X_{2i} + \ldots + \beta_k X_{ki} + \ldots + \beta_K X_{Ki}) + u_i$$

mientras que el modelo con omisión de regresores es:

$$Y_i = \Phi(\beta_1 + \beta_2 X_{2i} + \ldots + \beta_k X_{ki}) + u_i$$

Así pues, el contraste de hipótesis en este caso es el siguiente:

$$H_0: \ \beta_{k+1} = \beta_{k+2} = \ldots = \beta_K = 0$$

$$H_A: \ \beta_{k+1} \neq \beta_{k+2} \neq \ldots \neq \beta_K \neq 0$$

Heteroscedasticidad

Una de las principales cuestiones que se plantea a la hora de contrastar la existencia de heteroscedasticidad en un modelo de variable es el tipo de residuos que se utilizan en el contraste.

En general, se pueden distinguir tres tipos de residuos en los modelos de variable dicotómica, que se definen como:

Residuos ordinarios[5]

$$e_{i0} = Y_i - \hat{Y}_i = Y_i - \hat{P}_i$$

---

[5] Se parte del supuesto de que $\hat{Y}_i$ es una estimación de la probabilidad, la cual se define como $\hat{P}_i$.

Residuos estandarizados

$$e_{iS} = \frac{Y_i - \hat{P}_i}{\sqrt{\hat{P}_i(1 - \hat{P}_i)}}$$

Residuos generalizados

$$e_{ig} = \frac{(Y_i - \hat{P}_i)f(X_i\hat{\beta})}{\hat{P}_i(1 - \hat{P}_i)}$$

donde:

$\hat{P}_i$: $F(X_i\hat{\beta})$, siendo F la función de distribución utilizada (uniforme, Logit, Probit o Valor Extremo).

$f(X_i\hat{\beta})$: es la función de densidad utilizada.

El test que se va a utilizar para contrastar la existencia de heteroscedasticidad es el propuesto por Davidson y McKinnon (1993). El test en cuestión plantea la hipótesis nula de homoscedasticidad frente a la heteroscedasticidad a través del siguiente patrón:

$$\text{var}(u_i) = e^{2\gamma S_i} \tag{5.16}$$

donde:

u_i: es la variable aleatoria del modelo especificado.

γ: es un parámetro desconocido.

S_i: es el regresor o combinación lineal de regresores que se sospecha que genera la heteroscedasticidad.

La estimación de la ecuación (5.16) no es trivial. Para solucionar este problema Davidson y Mackinnon (1993) proponen la estimación por mínimos cuadrados ordinarios (MCO) de la ecuación[6] auxiliar siguiente:

$$\frac{Y_i - \hat{P}_i}{\sqrt{\hat{P}_i(1 - \hat{P}_i)}} = \frac{f(X_i\hat{\beta})}{\sqrt{\hat{P}_i(1 - \hat{P}_i)}} X_i\beta^* + \frac{f(X_i\hat{\beta}_i)(X_i\hat{\beta})}{\sqrt{\hat{P}_i(1 - \hat{P}_i)}} S_i\beta^{**} \tag{5.17}$$

y demuestran que la suma de cuadrados explicada de la ecuación (5.17) se distribuye asintóticamente como una χ^2 con un número de grados de libertad igual al número de regresores utilizados en S_i.

---

[6] Se puede comprobar que el primer miembro de la ecuación (5.17) son los residuos estandarizados.

La principal limitación de este test es que no indica la causa que provoca la heteroscedasticidad y que depende del regresor o combinación de regresores elegida. En general, una de las posibles causas de la heteroscedasticidad es el propio error de especificación del modelo.

Ejercicio 5.3

Una vez estimado el modelo Probit

$$\hat{Y}_i = \Phi(-7,452 + 1,626\ X_{2i} + 0,052\ X_{3i} + 1,426\ X_{4i} = \Phi(\hat{Z}_i)) \qquad (5.18)$$
$$\quad\ \ (2,542) \qquad (0,694) \qquad\ (0,084) \qquad\ (0,595)$$

Log likelihood (logaritmo de la función de verosimilitud) = $-12,818$

$$I = 32$$

$\hat{Z}_i$ = índice del modelo estimado = $-7,452 + 1,626\ X_{2i} + 0,052\ X_{3i} + 1,426\ X_{4i}$

se sospecha que el modelo presenta heteroscedasticidad respecto a la variable X_{4i}. Para la aplicación del test de Davidson y Mc Kinnon se estima la ecuación auxiliar (5.17), cuyo resultado es:

$$\hat{e}_{is} = -3,145\ fac_i + 0,822\ fac_i X_{2i} + 0,017\ fac_i X_{3i} +$$
$$\quad\ \ (3,449) \qquad\quad (0,913) \qquad\qquad (0,078)$$

$$+ 0,380\ fac_i X_{4i} - 0,920\ fac_i \hat{Z}_i X_{4i} \qquad (5.19)$$
$$\quad (0,633) \qquad\qquad (0,707)$$

Suma de los cuadrados total de la ecuación auxiliar = 26,2516
Suma de los cuadrados explicada de la ecuación auxiliar = 1,5482
Suma de los cuadrados no explicada de la ecuación auxiliar = 24,7034

donde:

e_{is}: son los residuos estandarizados del modelo estimado (5.18).
fac_i: es la función de densidad del modelo (5.18) dividida por la raíz cuadrada de $\hat{Y}_i(1 - \hat{Y}_i)$, es decir:

$$fac = \frac{f(X_i\hat{\beta})}{\sqrt{\hat{P}_i(1 - \hat{P}_i)}}$$

$\hat{Z}_i$: es el índice del modelo (5.18), $\hat{Z}_i = X_i\hat{\beta}$.

El test de Davidson y Mackinnon (DM) (véase 5.17) afirma que, para el caso en estudio, la suma de cuadrados explicada del modelo auxiliar (5.19) se distribuye según una χ^2

con un grado de libertad, bajo la hipótesis de homoscedasticidad. En el caso en estudio, dado que se cumple la desigualdad probabilística

$$\text{Prob}(DM < \chi_1^2) = 1 - \alpha$$

Ya que

$$\text{Prob}(1,548 < 3,841) = 0,95$$

se acepta la hipótesis nula de homoscedasticidad con una probabilidad del 95%.

5.4. PRÁCTICA. ESTIMACIÓN NO LINEAL DE MODELOS DE ELECCIÓN DISCRETA

Se pretende realizar un estudio sobre el aprovechamiento de un curso intensivo en economía por parte de los alumnos matriculados en dicha licenciatura. Para ello se dispone de información sobre las siguientes variables[7]:

GRADE: Variable dicotómica que toma el valor uno si los alumnos de economía han mejorado la nota después de acudir a un curso intensivo, y cero en caso contrario.
TTUCE: Puntuación de un examen de conocimientos iniciales.
GPA: media de puntuación.
PSI: variable dicotómica que toma el valor uno si el alumno ha acudido al curso especial y cero en otro caso.

Dado que se trata de analizar si los alumnos de economía han mejorado sus calificaciones tras su asistencia al curso intensivo, se ha utilizado para este análisis la siguiente especificación del modelo:

$$Y_i = F(X_i\beta) + u_i$$

Se pide:

1. Estimar el modelo suponiendo que la función de distribución puede ser una normal (0,1), una logística o una función de Gompit.
2. Obtener y visualizar la variable endógena estimada en cada modelo: GRADEFPRO, GRADEFLOG y GRADEFVE.
3. Analizar la bondad del ajuste en los tres modelos y determinar qué especificación es la más adecuada.

_____
[7] Esta información procede de Green (2000), p. 817.

4. Se sospecha que, dadas las características de las variables explicativas, puede haber un problema de heteroscedasticidad en el modelo. Contraste la existencia de dicho problema en el modelo elegido en el apartado anterior.
5. Contrastar la normalidad de las perturbaciones en dicho modelo.
6. Contrastar la significatividad de los coeficientes estimados del modelo.
7. Obtener la proporción de predicciones correctas del Modelo Valor Extremo (Expectation-Prediction).

Solución

1. Estimar el modelo suponiendo que la función de distribución puede ser una normal (0,1), una logística o una función de Gompit.

Las estimaciones del Modelo Probit se basan en la siguiente especificación:

$$Y_i = \int_{-\infty}^{Z_i} \frac{1}{(2\pi)^{1/2}} e^{-\frac{s^2}{2}} ds + u_i = \Phi(\beta_0 + \beta_1 GPA_i + \beta_2 TTUCE_i + \beta_3 PSI_i) + u_i$$

la orden de *Eviews* utilizada para realizar la estimación es:

PROBIT GRADE C GPA TTUCE PSI

y los resultados se muestran en la figura 5.1.

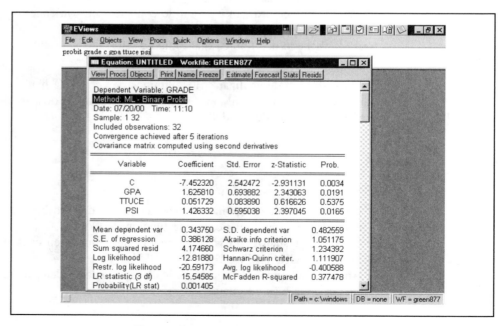

Figura 5.1. Estimación del Modelo Probit.

Las estimaciones del Modelo Logit se basan en la siguiente especificación:

$$Y_i = \frac{1}{1 - e^{-(\beta_0 + \beta_1 GPA_i + \beta_2 TTUCE_i + \beta_3 PSI_i)}} + u_i$$

la orden de *Eviews* utilizada para realizar la estimación es:

LOGIT GRADE C GPA TTUCE PSI

y los resultados se muestran en la figura 5.2.

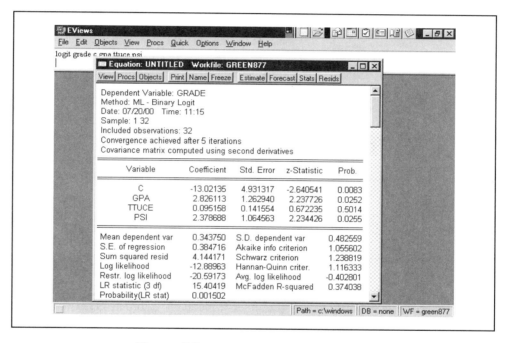

Figura 5.2. Estimación del Modelo Logit.

Las estimaciones del Modelo Valor Extremo se basan en la siguiente especificación:

$$Y_i = e^{-e^{-(\beta_0 + \beta_1 GPA_i + \beta_2 TTUCE_i + \beta_3 PSI_i)}} + u_i$$

la estimación de este modelo en el programa *Eviews* se puede realizar a través de la siguiente instrucción:

EXTREME GRADE C GPA TTUCE PSI

cuyos resultados se presentan en la figura 5.3.

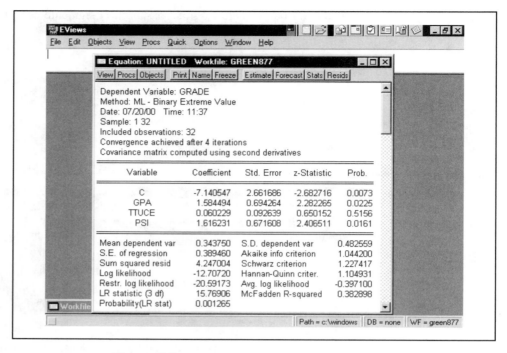

Figura 5.3. Estimación del Modelo Valor Extremo.

2. Obtener y visualizar la variable endógena estimada en cada modelo: GRADEFPRO, GRADEFLOG y GRADEFVE.

La obtención de la variable dependiente estimada se debe realizar a continuación de la estimación de cada modelo mediante la orden FORECAST.

De esta manera, en este punto, se debe volver a realizar cada estimación y a continuación de cada una de ellas se utilizará el comando FORECAST. A modo de ejemplo se va a realizar la obtención de la variable endógena estimada con el Modelo Probit.

Tras la ejecución de la orden:

PROBIT GRADE C GPA TTUCE PSI

cuyos resultados se muestran en la figura 5.1, se ejecuta el comando:

FORECAST GRADEFPRO

que añade una nueva variable a la lista de las que ya están almacenadas en el fichero, como resultado de solucionar el Modelo Probit estimado, sustituyendo el valor de las variables explicativas y de los coeficientes estimados. Cabe señalar que el usuario no observará ningún cambio en la pantalla. Simplemente, con esta orden, ha generado una nueva variable. Otros comandos que posibilitan la generación de la serie GRADEFPRO son:

$$\text{GENR GRADEFPRO=@cnorm}(-7,452320+1,625810*\text{GPA}+$$

$$0,051729*\text{TTUCE}+1,426332*\text{PSI})$$

O bien, dado que tras cada estimación el programa almacena los coeficientes estimados bajo los nombres C(1), C(2), etc.

$$\text{GENR GRADEFPRO=@cnorm}(C(1)+C(2)*\text{GPA}+C(3)*\text{TTUCE}+C(4)*\text{PSI})$$

Que, como se puede ver, calcula el valor de la función de distribución normal (0,1) que corresponde a cada valor de

$$Z_i = C(1)+C(2)*\text{GPA}_i+C(3)*\text{TTUCE}_i+C(4)*\text{PSI}_i$$

De forma análoga, tras la estimación del Modelo Logit, contenida en la figura 5.2, se obtiene la variable dependiente estimada GRADEFLOG de la siguiente forma:

$$\text{FORECAST GRADEFLOG}$$

O bien,

$$\text{GENR GRADEFLOG=@LOGIT}(C(1)+C(2)*\text{GPA}+C(3)*\text{TTUCE}+C(4)*\text{PSI})$$

es decir,

$$\text{GENR GRADEFLOG=@LOGIT}(-13,02135+2,826113*\text{GPA}+$$
$$0,095158*\text{TTUCE}+2,378688*\text{PSI})$$

Por último, la estimación de la variable dependiente correspondiente al Modelo Valor Extremo (véase figura 5.3), se obtendría mediante el comando:

$$\text{FORECAST GRADEFVE}$$

La visualización de las series estimadas se realiza mediante la orden:

$$\text{SHOW GRADEFPRO GRADEFLOG GRADEFVE}$$

cuyos resultados se muestran en la tabla 5.2.

TABLA 5.2

Valores estimados de la variable dependiente

	GRADEFPRO	GRADEFLOG	GRADEFVE
1	0,018171	0,026578	0,003730
2	0,053080	0,059501	0,031971
3	0,189926	0,187260	0,192960
4	0,018571	0,025902	0,002489
5	0,554575	0,569893	0,532661
6	0,027233	0,034858	0,007602
7	0,018503	0,026504	0,003289
8	0,044571	0,051559	0,022951
9	0,108808	0,111127	0,100053
10	0,663121	0,693511	0,642997
11	0,016102	0,024470	0,002841
12	0,193557	0,189997	0,193961
13	0,323328	0,322240	0,331655
14	0,195183	0,193211	0,202102
15	0,356341	0,360990	0,374749
16	0,021965	0,030184	0,005346
17	0,045694	0,053626	0,027667
18	0,030851	0,038588	0,010715
19	0,593402	0,589872	0,639366
20	0,657186	0,660786	0,689239
21	0,061929	0,061376	0,078256
22	0,904539	0,904847	0,860817
23	0,273191	0,241772	0,330451
24	0,847450	0,852091	0,817709
25	0,834195	0,838291	0,805355
26	0,488726	0,481133	0,573180
27	0,642407	0,635421	0,658015
28	0,328673	0,307219	0,423511
29	0,840017	0,841704	0,804237
30	0,952245	0,945340	0,895009
31	0,539959	0,529117	0,594057
32	0,123544	0,111031	0,163745

Comentario: Como se puede observar, las estimaciones de la variable dependiente en los tres modelos cumplen la hipótesis de que todos los valores están acotados entre cero y la unidad y, por tanto, la estimación de la variable endógena se interpreta como una medida de la probabilidad de que los alumnos mejoren sus calificaciones.

3. Analizar la bondad del ajuste en los tres modelos y determinar qué especificación es la más adecuada.

Con el fin de analizar la significatividad conjunta de las variables explicativas en cada uno de los modelos estimados, y dado que se trata de tres modelos de variable cualitativa, se va a utilizar el estadístico Razón de Verosimilitud (véase 5.14).

El estadístico Razón de Verosimilitud se define como:

$$LR = -2\ln(\lambda) = -2(\ln L_{CR} - \ln L_{SR}) = -2(\pounds_{CR} - \pounds_{SR})$$

Dicho estadístico, *LR*, bajo la hipótesis nula de que todos los coeficientes del modelo, excepto el término constante, son nulos (modelo con restricciones), se distribuye según una χ^2 con un número de grados de libertad igual al número de restricciones, en el presente caso, igual al número de regresores. En la tabla 5.3 se ofrecen los resultados de calcular este estadístico para cada una de las estimaciones realizadas:

TABLA 5.3

	Modelo Probit	Modelo Logit	Modelo Valor Extremo
$\pounds_{SR}$ (Log likelihood)	−12,8188	−12,8896	−12,7072
$\pounds_{CR}$ (Restr. log likelihood)	−20,5917	−20,5917	−20,5917
LR statistic	15,5459	15,40	15,7691

En todos los casos el número de restricciones igual al número de regresores, es tres. El valor crítico de χ^2 con $\alpha = 0,05$ y tres grados de libertad es 7,81. Dado que la desigualdad probabilística:

$$\text{Prob}(LR < \chi^2_\alpha) = 1 - \alpha$$

no se cumple en ningún caso, es posible rechazar la hipótesis nula de no significatividad del modelo, es decir, las tres especificaciones son adecuadas.

En cuanto a la bondad de ajuste de la estimación, se puede utilizar el logaritmo de la función de verosimilitud, siendo mejor aquel modelo que presente un valor mayor de este estadístico. No obstante, dado que la función de verosimilitud depende del tamaño de la muestra, y en este caso se dispone de una muestra pequeña, se deben utilizar, preferentemente, los criterios de Schwartz y el de Hannan-Quinn, ver (5.11) y (5.12) respectivamente, ya que tienen en cuenta tanto el tamaño de la muestra como el número de regresores utilizados. La definición de estos estadísticos es la siguiente:

$$\text{Schwarz} = \frac{K * \ln I}{I} - \frac{2\pounds}{I} \qquad \text{Hannan-Quinn} = \frac{2 * K * \ln(\ln I)}{I} - \frac{2\pounds}{I}$$

donde:

£: es el logaritmo de la función de verosimilitud.

K: es el número de regresores.

I: es el tamaño de la muestra.

El criterio de elección en este caso será elegir el modelo que presente un valor más pequeño de estos estadísticos. El resumen de los estadísticos queda recogido en la tabla 5.4:

TABLA 5.4

Medidas de bondad de ajuste

	Modelo Probit	Modelo Logit	Modelo Valor Extremo
£ (Log likelihood)	−12,8188	−12,8896	**−12,7072**
Schwartz	1,234392	1,238819	**1,227417**
Hannan-Quinn	1,111907	1,11633	**1,104931**

De esta forma, dado que el Modelo Valor Extremo presenta un valor mayor de la función de verosimilitud y menores valores de los criterios de Schwartz y Hannan-Quinn, se elegiría éste en detrimento del Probit y el Logit.

4. Se sospecha que, dadas las características de las variables explicativas, puede haber un problema de heteroscedasticidad en el modelo. Contraste la existencia de dicho problema en el modelo elegido en el apartado anterior.

El contraste de la existencia de heteroscedasticidad en el Modelo se realiza mediante el test de Davidson y McKinnon, en el que se contrasta la hipótesis nula de homoscedasticidad frente a la alternativa de heteroscedasticidad (véanse 5.16 y 5.17).

Se considera que la variable que crea el problema de heteroscedasticidad es la variable *GPA*, es decir que $S_i = GPA_i$, por lo que se tendrá un grado de libertad.

En primer lugar se van a obtener las variables que intervienen en la regresión auxiliar del contraste. Por lo que respecta a la variable endógena, es decir, a los residuos estandarizados del modelo Valor Extremo estimado se procede de la siguiente forma. Una vez se ha estimado el modelo, de acuerdo con la figura 5.3, se activan los comandos PROCS/MAKE RESIDUAL SERIES, que dan como resultado la ventana que se muestra en la figura 5.4. A continuación se selecciona la opción STANDARIZED, y se le da nombre a la nueva serie: ESTANDRES (véase figura 5.4). Cabe señalar que con este comando se pueden obtener los residuos ordinarios así como también los residuos generalizados (figura 5.4).

En segundo lugar se obtiene la variable *FAC* es la función de densidad del modelo estimado dividida por la raíz cuadrada de $\hat{Y}_i(1 - \hat{Y}_i)$. Para calcular dicha variable

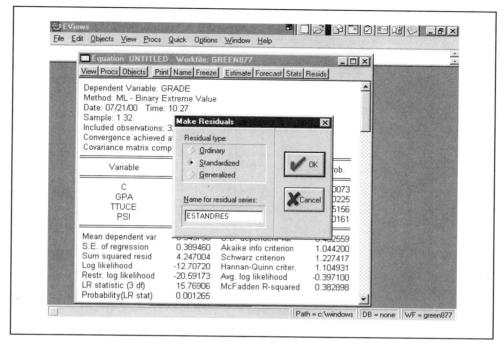

Figura 5.4.

se va a calcular, en primer lugar el índice del modelo: $Z_i = X_i \beta$, al que se denominará INDEXVE. Para ello, se utiliza el comando:

FORECAST

dicho comando abre la ventana de diálogo que aparece en la figura 5.5. En ella, se selecciona la opción INDEX y se le da nombre a la serie calculada: INDEXVE.

En segundo lugar, se calcula la función de densidad del modelo estimado. En este caso, también se utiliza el comando

FORECAST

que abre la ventana de diálogo de la figura 5.5. En ella se selecciona la opción PROBABILITY y se le asigna un nombre a la serie calculada: DENSIDVE.

Por último, se calcula la variable *FAC*:

GENR FAC=INDEXVE/(GRADEFVE*(1-GRADEFVE))^0.5

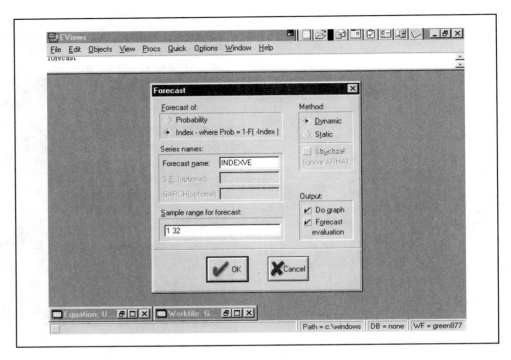

Figura 5.5.

Una vez calculadas las variables de la regresión auxiliar, se procede a estimarla por Mínimos Cuadrados Ordinarios. La ecuación a estimar es:

$$ESTANDRES_i = \beta_0\ FAC_i + \beta_1\ FAC_i * GPA_i + \beta_2\ FAC_i * TTUCE_i + \beta_3\ FAC_i * PSI_i +$$
$$+ \beta_4\ FAC_i * INDEXVE * GPA_i + \xi_i$$

donde ξ_i es la perturbación aleatoria de dicha ecuación, y se supone que la variable que puede generar el problema de heteroscedasticidad es GPA_i, por lo que dicha variable se multiplica por *INDEXVE* y *FAC* en el último término de la ecuación a estimar. Los resultados de la estimación se muestran en la figura 5.6.

Como ya se ha comentado, el contraste de heteroscedasticidad de Davidson y McKinnon se basa en que la suma de cuadrados explicada por la ecuación auxiliar estimada por *MCO* se distribuye según una χ^2 con tantos grados de libertad como el número de variables que hay en S_i. En este caso, dado que en S_i se considera que hay un regresor, GPA_i, la suma de cuadrados explicada por la ecuación auxiliar estimada se distribuye según una χ^2 con un grado de libertad.

La serie explicada por la regresión de la figura 5.6 se calcula a través del comando

FORECAST

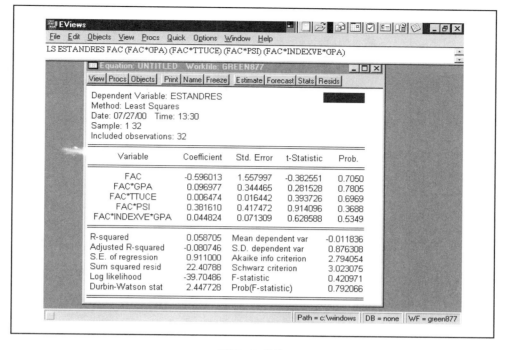

Figura 5.6.

tal y como aparece en la figura 5.7, en la que la serie calculada se denomina ES-TANDRESF.

A continuación se realiza la suma de ESTANDRESF al cuadrado mediante el comando:

$$\text{SCALAR DAVMAC=@SUMSQ(ESTANDRESF)}$$

cuyo valor es 1,402. En este caso, dado que se cumple la desigualdad probabilística:

$$\text{Prob}(DM < \chi_\alpha^2) = 1 - \alpha$$

ya que

$$\text{Prob}(1,402 < 3,84) = 0,95$$

se acepta la hipótesis nula de homoscedasticidad.

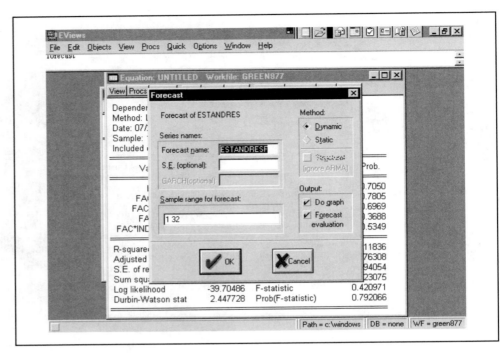

Figura 5.7.

5. Contrastar la normalidad de las perturbaciones en dicho modelo.

Este contraste se puede realizar activando, en la ventana de la ecuación estimada[8], la opción VIEW/RESIDUAL TEST, que nos permite obtener el histograma de los residuos y algunos estadísticos que resumen la información de la serie de residuos (media, mediana, etc.) y los resultados del contraste Jarque-Bera de normalidad.

Los resultados del test de Jarque-Bera (véase figura 5.8) sirven para contrastar la hipótesis de normalidad.

$$JB = \frac{I}{6}(Sk^2 + \frac{1}{4}(ku - 3)^2) = \frac{32}{6}(0,36^2 + \frac{1}{4}(4,02 - 3)^2) = 2,08$$

El estadístico *JB* sigue una distribución χ^2 con 2 grados de libertad bajo la hipótesis nula de que los residuos se distribuyen según una normal.

---

[8] Nótese que en este caso la última ecuación estimada debe ser la del Modelo Valor Extremo.

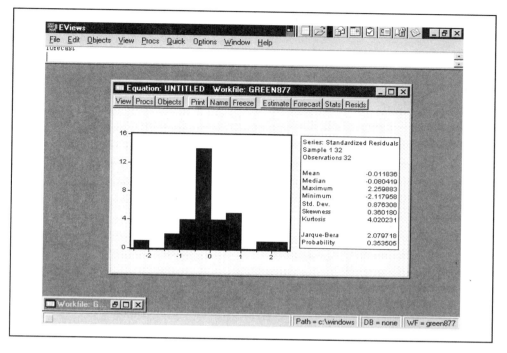

Figura 5.8.

De esta forma, bajo la hipótesis nula de normalidad se debe cumplir la desigualdad probabilística siguiente:

$$\text{Prob}(JB < \chi_\alpha^2) = 1 - \alpha$$

Dado que se cumple dicha desigualdad probabilística:

$$\text{Prob}(2,08 < 5,99) = 0,95$$

se acepta la hipótesis nula de normalidad.

6. Contrastar la significatividad de los coeficientes estimados del modelo

El estudio de la significatividad de las variables por separado se realiza a través del estadístico t de Student, mediante el contraste de la hipótesis H_0: $\beta_i = 0$ frente a la alternativa $\beta_i \neq 0$. Bajo la hipótesis nula, el estadístico t se distribuye como una *t de Student* con $I - k$ grados de libertad. Si se aceptase la H_0 indicaría que la variable analizada es no significativa en el estudio, y en caso contrario indicaría la relevancia de la variable para la determinación del objetivo.

$$\text{Prob}\left(-t_{\alpha/2} < \frac{\hat{\beta}_k - \beta_k}{S_{\beta_k}} < t_{\alpha/2}\right) = 1 - \alpha$$

Estableciendo este contraste para cada uno de los estimadores (véase figura 5.3), se obtienen los resultados siguientes:

Para el caso de la variable GPA:

$$\text{Prob}\left(-2,05 < \frac{1,585 - 0}{0,69} \not< 2,05\right) = \text{Prob}(-2,05 < 2,28 \not< 2,05) = 0,95$$

dado que no se cumple la desigualdad, la variable *GPA* es significativa.

Para el caso de la variable TTUCE:

$$\text{Prob}\left(-2,05 < \frac{0,06 - 0}{0,092} < 2,05\right) = \text{Prob}(-2,05 < 0,65 < 2,05) = 0,95$$

dado que sí se cumple la desigualdad, la variable *TTUCE* no es significativa para explicar la mejora de la nota de los alumnos de Económicas.

Para el caso de la variable PSI:

$$\text{Prob}\left(-2,05 < \frac{1,61 - 0}{0,67} \not< 2,05\right) = \text{Prob}(-2,05 < 2,41 \not< 2,05) = 0,95$$

dado que no se cumple la desigualdad, la variable *PSI* es significativa.

7. Obtener la proporción de predicciones correctas del Modelo Valor Extremo (*Expectation Prediction*).

La selección de las predicciones correctas que proporcionan las estimaciones obtenidas a través del Modelo Valor Extremo, que se recogen en la variable *PRED-COVE*, se pueden obtener a partir del siguiente procedimiento:

Se selecciona en la ventana de la ecuación estimada[9], la opción VIEW/EXPECTATION-PREDICTION TABLE (véase figura 5.9). Por defecto, el valor de la pro-

---

[9] Compruebe que la última ecuación estimada debe ser la del Modelo Valor Extremo.

babilidad estimada que se utiliza para discriminar entre las dos alternativas de predicción, cero y uno, es 0,5, y el resultado se muestra en la figura 5.10.

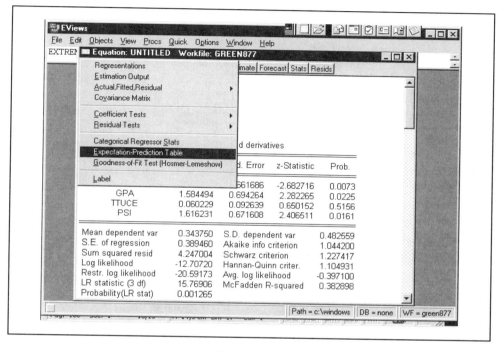

Figura 5.9.

A partir de los resultados de la figura 5.10 se puede calcular el estadístico Pseudo R^2 de predicción (véase 5.15), como:

$$\text{Pseudo } R^2 \text{ de predicción} = \frac{\text{Número de predicciones correctas}}{\text{Frecuencia total}}$$

que en nuestro caso es: Pseudo R^2 de predicción = 84,38.

Procediendo análogamente se obtienen los valores del estadístico Pseudo R^2 de predicción, para los modelos Probit y Logit, de tal forma que se confirma el Modelo Valor Extremo como el más adecuado.

	Modelo Probit	Modelo Logit	Modelo Valor Extremo
Pseudo R^2 de predicción	0,81	0,81	0,84

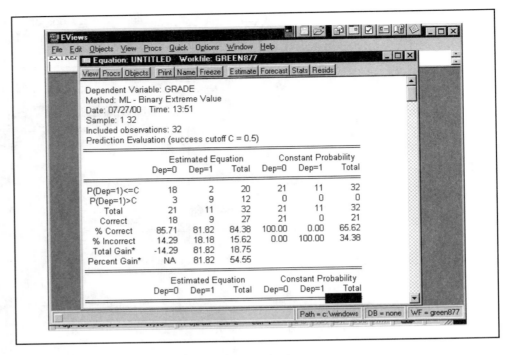

Figura 5.10.

Problemas propuestos

PROBLEMA 5.1

Analice la significatividad conjunta de los regresores (variables) X_{3i} y X_{4i} en el Modelo Probit

$$Y_i = \Phi(X_i\beta) + u_i = \Phi(\beta_1 + \beta_2 X_{2i} + \beta_3 X_{3i} + \beta_4 X_{4i} + \beta_5 X_{5i} + \beta_6 X_{6i}) + u_i$$

Para ello se estiman los modelos:

Modelo I

$$Y_i = \Phi(\beta_1 + \beta_2 X_{2i} + \beta_3 X_{3i} + \beta_4 X_{4i} + \beta_5 X_{5i} + \beta_6 X_{6i}) + u_i$$

Modelo II

$$Y_i = \Phi(\beta_1 + \beta_2 X_{2i} + \beta_5 X_{5i} + \beta_6 X_{6i}) + u_i$$

cuyos resultados se presentan en la tabla adjunta.

Variable	Modelo 1	Modelo 2
	Estimador	**Estimador**
Constante	10,9933	−3,1906
Coeficiente de X_{2i}	0,0194	0,0122
Coeficiente de X_{3i}	10,6101	
Coeficiente de X_{4i}	−0,6676	
Coeficiente de X_{5i}	70,9878	78,4469
Coeficiente de X_{6i}	32,0312	28,6599
Log. likelihood (logaritmo de la función de verosimilitud)	−8,7323	−11,2711

PROBLEMA 5.2

Una entidad financiera ha establecido como criterio para caracterizar a sus empresas clientes el hecho de que cumplan los plazos de devolución de los préstamos. A tal fin se genera una variable Y_i que toma el valor uno si la empresa cumple los compromisos contraídos y el valor cero si incumple algún compromiso (retraso o impago de los plazos), estimando el siguiente Modelo Lineal de Probabilidad:

$$\hat{Y}_i = \underset{(2,42)}{0,521} + \underset{(3,24)}{0,05\ X_{2i}} + \underset{(2,87)}{0,65\ X_{3i}} - \underset{(-2,98)}{0,39\ X_{4i}}$$

$$R^2 = 0,69$$

donde:

X_{2i}: es la rotación de activos (ventas/activos totales).
X_{3i}: es la tasa de beneficios (beneficios repartidos/ventas).
X_{4i}: es la tasa de endeudamiento (deuda de largo plazo/activos totales).

Posteriormente se ha mejorado el criterio de predicción para caracterizar a las empresas especificándolo a través de un Modelo Logit obteniendo la siguiente estimación:

$$\hat{Y}_i = \frac{1}{1 + e^{-(1,65 + 0,18 X_{2i} + 1,12 X_{3i} - 1,78 X_{4i})}}$$

Se pide:

1. ¿A qué se puede deber que los valores de los coeficientes estimados cambien tanto?
2. Comentar los resultados obtenidos del regresando para una empresa con los siguientes valores: $X_{2i} = 12,5$; $X_{3i} = 0,27$, y $X_{4i} = 0,4$. ¿Qué interpretación tiene dicho valor numérico?
3. ¿Considera adecuados los modelos utilizados en la estimación del criterio? ¿Qué comentarios le merecen los resultados obtenidos en estos modelos?

PROBLEMA 5.3

Se está interesado en evaluar la probabilidad de compra de una segunda vivienda por parte de los hogares españoles. Se ha estimado un modelo Logit en el que la variable dependiente: SEGUNDA, que toma el valor uno si la familia es propietaria de una segunda vivienda y cero en caso contrario, se ha regresado en función de la RENTA de la familia, de la variable PARADO, que toma el valor uno si el cabeza de familia está parado y cero en caso contrario, y de la variable CAMPO, que toma el valor uno si la familia vive en un ámbito rural y cero en caso contrario.

Los resultados de la estimación han sido:

LOGIT// Dependent variable SEGUNDA Sample 1 1000 Included observations 1000 Convergence Achieved after 6 iterations		
Variable	Estimación (I)	Estimación (II)
C	−4,389 (0,275)	−4,215 (0,516)
RENTA	0,172 (0,017)	0,143 (0,018)
PARADO	— —	−0,969 (0,270)
CAMPO	—	0,720 (0,489)
Log likelihood	−238,35	−230,05

Se pide:

1. Contraste la significatividad de que el cabeza de familia esté en paro para explicar la probabilidad de que esa familia posea una segunda vivienda.
2. ¿Qué estimación elegiría, la Estimación (I) o la Estimación (II)?
3. A partir de la estimación elegida en el apartado anterior, calcule la probabilidad de que una familia, con unos ingresos de 3 millones anuales, cuyo sustentador principal está en paro y viviendo en el campo, posea una segunda vivienda. Comente los resultados.

PROBLEMA 5.4

Se han medido las siguientes variables para 100 individuos que buscaban empleo el año pasado:

EMPLE: variable que toma el valor 1 si el individuo encontró empleo y 0 en caso contrario.

ESTUD: nivel de estudios del individuo que toma los valores 1, 2, 3 y 4 para los estudios primarios, secundarios, diplomatura y licenciatura respectivamente.

BUSCA: número de horas que dedica a buscar empleo.

CASADO: variable que toma el valor 1 si el individuo está casado y 0 en caso contrario.

Se ha estimado el modelo GOMPIT para explicar la probabilidad de encontrar empleo del individuo. Los resultados se muestran en la tabla siguiente.

EXTREM VALUE// Dependent variable EMPLE Sample 1 100 Included observations 100 Convergence Achieved after 4 iterations		
Variable	Estimación (I)	Estimación (II)
C	−6,034 (2,121)	−7,452 (2,542)
ESTUD	1,410 (0,635)	1,626 (0,694)
BUSCA	— —	0,052 (0,617)
CASADO	— —	1,426 (2,397)
Log likelihood	−16,152	−12,819

Se pide:

1. ¿Cómo cambiaría la probabilidad de encontrar empleo si un individuo casado, con educación secundaria, y que busca empleo durante 10 horas y estudia hasta diplomarse en empresariales?
2. ¿Cuál es el efecto de estar casado sobre la probabilidad de encontrar empleo?
3. Formule y realice un contraste estadístico que determine si la probabilidad de encontrar empleo depende de forma conjunta del estado civil y del número de horas que el individuo dedica a buscarlo.

PROBLEMA 5.5

En un estudio de mercado sobre ordenadores se ha entrevistado a cien familias. En el análisis de los resultados se ha utilizado un modelo binario; para estudiar la relación entre el hecho de poseer ordenador y el nivel de renta anual, medida en millones de u.m., se ha especificado un Modelo Probit. Los resultados de la estimación se presentan en el cuadro siguiente.

Dependent Variable: Y
Method: ML - Binary Probit
Sample: 1 100
Included observations: 100

Variable	Coefficient	Std. Error	z-Statistic	Prob.
C	–3,354692	0,658516	–5,094319	0,0000
X	2,045514	0,468002	4,370741	0,0000

Mean dependent var	0,590000	S.D. dependent var	0,494311
S.E. of regression	0,245921	Akaike info criterion	0,444627
Sum squared resid	5,926740	Schwarz criterion	0,496730
Log likelihood	–20,23134	Hannan–Quinn criter.	0,465714
Restr. log likelihood	–67,68585	Avg. log likelihood	–0,202313
LR statistic (1 df)	94,90904	McFadden R-squared	0,701100
Probability(LR stat)	0,000000		
Obs with Dep = 1	41	Total obs	100

Media de X es 3,55.

Dependent Variable: Y
Method: ML - Binary Probit
Sample: 1 100
Included observations: 100
Prediction Evaluation (success cutoff C = 0.5)

	Estimated Equation			Constant Probability		
	Dep = 0	Dep = 1	Total	Dep = 0	Dep = 1	Total
P(Dep = 1)<=C	38	4	42	0	0	0
P(Dep=1)>C	3	55	58	41	59	100
Total	41	59	100	41	59	100
Correct	38	55	93	0	59	59
% Correct	92,68	93,22	93,00	0,00	100,00	59,00
% Incorrect	7,32	6,78	7,00	100,00	0,00	41,00
Total Gain*	92,68	–6,78	34,00			
Percent Gain**	92,68	NA	82,93			

Se pide:

1. Contrastar probabilísticamente la significabilidad del modelo mediante tres procedimientos.
2. Calcular el efecto marginal para una familia que gane tres millones de u. m.
3. Calcular el valor de la variable endógena a través del Modelo Probit para una familia que gane dos millones de u.m. y comentan el resultado.

PROBLEMA 5.6

En un estudio de mercado sobre Internet se ha entrevistado a cien familias que poseen ordenador personal. En el análisis de los resultados se han utilizado modelos binarios; para estudiar la relación entre el hecho de poseer Internet y el nivel de renta anual, medida en millones de u.m., se ha especificado un Modelo Logit y un Probit. Los resultados de la estimación se presentan en los cuadros siguientes.

Dependent Variable: Y
Method: ML - Binary Probit
Sample: 1 100
Included observations: 100

Variable	Coefficient	Std. Error	z-Statistic	Prob.
C	–3,354692	0,658516	–5,094319	0,0000
X	2,045514	0,468002	4,370741	0,0000

Mean dependent var	0,590000	S.D. dependent var	0,494311
S.E. of regression	0,245921	Akaike info criterion	0,444627
Sum squared resid	5,926740	Schwarz criterion	0,496730
Log likelihood	–20,23134	Hannan-Quinn criter.	0,465714
Restr. log likelihood	–67,68585	Avg. log likelihood	–0,202313
LR statistic (1 df)	94,90904	McFadden R-squared	0,701100
Probability(LR stat)	0,000000		

Obs with Dep = 1	41	Total obs	100

Dependent Variable: Y
Method: ML - Binary Logit
Sample: 1 100
Included observations: 100

Variable	Coefficient	Std. Error	z-Statistic	Prob.
C	–5,716140	1,232335	–4,638462	0,0000
X	3,462641	0,835257	4,145601	0,0000

Mean dependent var	0,590000	S.D. dependent var	0,494311
S.E. of regression	0,245921	Akaike info criterion	0,444706
Sum squared resid	5,926753	Schwarz criterion	0,496809
Log likelihood	–20,23530	Hannan-Quinn criter.	0,465793
Restr, log likelihood	–67,68585	Avg. log likelihood	–0,202353
LR statistic (1 df)	94,90111	McFadden R-squared	0,701041
Probability(LR stat)	0,000000		

Obs with Dep = 1	41	Total obs	100
Obs with Dep = 0	59		

La media de X es 3,55.

Se pide:

1. ¿Cuál de los dos modelos cree que es el más adecuado? Efectúe los contrastes probabilísticos pertinentes.
2. En el Modelo Logit contrasta probilísticamente la significabilidad del modelo mediante dos procedimientos.
3. Calcule el valor de la variable endógena en el Modelo Logit para una familia que gane dos millones de u.m. y comente el resultado.
4. En el Modelo Logit calcula el efecto marginal de una familia que ganando cuatro millones de u.m. de anuales pasa a ganar cinco millones de u.m.

6

Modelos de respuesta múltiple

6.1. INTRODUCCIÓN

Los modelos de elección dicotómica o binaria se pueden generalizar para el caso de más de dos opciones, dando origen a los *modelos de respuesta múltiple,* donde se generaliza el proceso de elección de tal forma que el agente económico se enfrenta a varias alternativas posibles.

Estas alternativas se pueden presentar de forma ordenada, no ordenada o secuencial, dando origen a un tratamiento específico de la variable endógena del modelo y, por consiguiente, a diferentes tipos de modelización. Surgen así los modelos denominados *modelos de respuesta ordenada, modelos de respuesta no ordenada y modelos de respuesta secuencial,* respectivamente.

En la vida real, se pueden dar diversas situaciones en las que el agente económico se enfrenta a estos procesos de decisión múltiple, que servirán para ilustrar los tres tipos de modelización enunciados.

Modelo de respuesta ordenada. Surge cuando las decisiones de los individuos pueden ordenarse. Ejemplo de ello sería la decisión de un individuo ante el proceso de compra de un piso, dado que puede plantearse elegir entre distintas alternativas: de menos de noventa metros cuadrados, entre noventa y ciento cincuenta metros cuadrados y de más de ciento cincuenta metros cuadrados. Por tanto, la respuesta puede ordenarse según el tamaño de la vivienda que se compra.

Modelo ordenado jerarquizado. Este tipo de modelos nace cuando las decisiones del individuo se pueden jerarquizar. En ellos se plantea la necesidad de estar en posesión o cumplir la primera condición para optar a la segunda opción. Un ejemplo de este tipo de modelos sería el caso de una familia que se plantea la decisión de cuántos hijos tener: ninguno, uno, dos, tres y más de tres. En general, esta elección implicaría un proceso jerarquizado de respuestas, no se pueden tener dos hijos si no se ha tenido uno primero. Además, el número de hijos vendrá determinado por las características socioeconómicas de la familia. Otro ejemplo sería el de los modelos que explican el nivel de instrucción de los trabajadores: educación primaria, secundaria, superior, titulación universitaria de grado medio, titulación universitaria superior, en función de un conjunto de características socioeconómicas específicas del individuo y de su familia.

Modelo condicional o secuencial. Es el caso en el que el agente económico se plantea dos o más decisiones de forma secuencial. Es decir, no ocurre 2 si no ocurre primero 1. Ejemplo de ello sería cuando el agente económico se plantea efectuar un viaje. Existe, en este caso, un proceso secuencial donde en primer lugar se decide el tipo de desplazamiento, por aire (avión) o bien por tierra (coche propio, autobús, tren). Una vez elegida la primera alternativa, el individuo debe elegir el medio de transporte concreto que utilizará. En el primer caso el ciudadano puede optar entre vuelo chárter o bien vuelo regular. En el caso de que se haya elegido la segunda opción, el individuo debe optar entre distintos medios de transporte terrestre: coche propio, autobús, tren.

Modelo multinomial. Es el modelo donde el proceso de elección no implica ninguna ordenación. Un ejemplo de este tipo de modelos es el caso de un individuo que se plantea comprar un litro de leche y debe elegir entre distintas marcas posibles: Asturiana, El Prado, Pascual, RAM, Puleva, Clesa, etc.

Los modelos de elección múltiple analizan la elección que un individuo realiza en función de un conjunto de variables explicativas o regresores. Éstas pueden ser de dos tipos. Unas se refieren a las características *propias del individuo,* por ejemplo: la edad, nivel de renta, distancia al puesto de trabajo, etc., y otras, por el contrario, se refieren a los aspectos *específicos* de cada alternativa concreta, por ejemplo: tiempo empleado en el trayecto según se vaya a pie, en coche o en autobús, coste monetario del medio al realizar el desplazamiento, el precio de la leche según la marca elegida, el precio del bien o servicio según la elección realizada.

La variable dependiente o regresando se suele construir asignando el valor 0 a la primera alternativa, 1 a la segunda, y así sucesivamente, hasta el número de alternativas o categorías menos uno. Así, en el caso del problema de decidir cómo ir a trabajar, se asigna el valor 0 a la opción ir a pie, 1 a la opción ir en coche y 2 a la alternativa ir en autobús, siendo en total tres las alternativas entre las que el agente debe decidir.

El enfoque teórico de este tipo de modelos se fundamenta en la teoría de la utilidad del agente económico. En este caso, se supone que el agente económico es racional y que elige la alternativa u opción que le va a facilitar una mayor utilidad. Además, el modelo se puede concebir como un problema de decisión, en el sentido de que se debe elegir una opción entre un conjunto de M alternativas, que se plantea en los siguientes términos:

Supongamos que U_{i0}, U_{i1}, ..., U_{im}, ..., $U_{i(M-1)}$ representan las utilidades de las M alternativas[1] para el individuo *i-ésimo*, las variables X_{i0}^*, X_{i1}^*, ..., X_{im}^*, ..., $X_{i(M-1)}^*$ son el conjunto de características propias de la elección tal y como las percibe el individuo (precio del trayecto, duración del desplazamiento, etc.) y X_i^{**} es el conjunto de características personales del individuo (edad, nivel de renta, etc.). Se supone, además, linealidad en las funciones[2], de tal forma que la especificación del modelo sería:

$$U_{i0} = \overline{U}_{i0} + \varepsilon_{i0} = \alpha_0 + X_{i0}^*\delta + X_i^{**}\gamma_0 + \varepsilon_{i0}$$

$$U_{i1} = \overline{U}_{i1} + \varepsilon_{i1} = \alpha_1 + X_{i1}^*\delta + X_i^{**}\gamma_1 + \varepsilon_{i1}$$

$$...$$

$$U_{im} = \overline{U}_{im} + \varepsilon_{im} = \alpha_m + X_{mj}^*\delta + X_i^{**}\gamma_m + \varepsilon_{im}$$

$$...$$

$$U_{i(M-1)} = \overline{U}_{i(M-1)} + \varepsilon_{i(M-1)} = \alpha_{(M-1)} + X_{i(M-1)}^*\delta + X_i^{**}\gamma_{(M-1)} + \varepsilon_{i(M-1)}$$

El individuo decide una determinada opción si la utilidad que le proporciona dicha alternativa es mayor que la utilidad que le proporciona el resto de alternativas. Es decir:

$$Y_i = \begin{cases} 0 & \text{si} \ \ U_{i0} > U_{im} \ \ \ \forall m \neq 0 \\ 1 & \text{si} \ \ U_{i1} > U_{im} \ \ \ \forall m \neq 1 \\ 2 & \text{si} \ \ U_{i2} > U_{im} \ \ \ \forall m \neq 2 \\ ... \\ (M-1) & \text{si} \ \ U_{i(M-1)} > U_{im} \ \ \ \forall m \neq (M-1) \end{cases}$$

Un enfoque alternativo para plantear el problema de la elección entre múltiples alternativas es el enfoque de la variable latente. En él se supone la existencia de una variable inobservable o latente no limitada en su rango de variación, Y_i^*, que depende de las características propias de la decisión, X_i^*, o del individuo X_i^{**}. Sobre esta variable latente se aplica una regla de observabilidad que genera las alternativas que se observan en la realidad. Desde este punto de vista, los valores de la variable real

---

[1] Se refiere a diferenciales de utilidad, no a niveles.
[2] El supuesto de linealidad es importante, puesto que si se reemplaza U_i por log U_i, los resultados no son los mismos.

u observada Y_i que mide las distintas categorías se fundamentan de acuerdo con el siguiente patrón o esquema:

$$Y_i = \begin{cases} 0 & \text{si} \quad Y_i^* \leqslant c_1 \\ 1 & \text{si} \quad c_1 \leqslant Y_i^* \leqslant c_2 \\ \ldots \\ (M-1) & \text{si} \quad c_{(M-1)} \geqslant Y_i^* \end{cases}$$

donde c_1, c_2,..., $c_{(M-1)}$ son los valores de los umbrales o barreras.

Formalmente se puede expresar el modelo de respuesta múltiple a través de la relación siguiente:

$$Y_i^* = F(X_i \beta) + u_i = F(Z_i) + u_i$$

donde:

Y_i^*: es una variable latente (no observada).
$F(.)$: es una función no lineal de una combinación lineal de las características o índice.
Z_i: $X_i \beta$ es el índice del modelo.
u_i: es una variable aleatoria.

Por tanto, en el proceso de la especificación de los modelos de respuesta múltiple influyen los elementos siguientes:

— El tipo de función $F(.)$ elegida: Generalmente se utilizan la función de distribución Logística, la función de distribución de la Normal y la función Valor Extremo o función de Gompit.
— Los diferentes criterios de elección ante los que se presenta el individuo: Es decir, si el problema presentado es un proceso de elección ordenado, una elección ordenada jerarquizada o no ordenada.
— El tipo de variables a considerar en el estudio o *características* (regresores): Es necesario determinar aquellas que son propias del individuo y que, por tanto, son *comunes* a todas las alternativas (edad, renta, nivel de estudios, etc.) y las *características específicas* de cada una de las alternativas (precio, tiempo, distancia, etc.). En la elección a realizar intervendrán ambos tipos de características. Así, en la elección del medio de transporte influye tanto el nivel de renta del usuario como la velocidad o tiempo de duración del desplazamiento, además del precio del billete, en su caso.

Teniendo en cuenta los distintos elementos que influyen en el proceso de especificación de los modelos de respuesta múltiple antes descritos, se puede establecer una posible clasificación de los mismos:

Tipo de categorías	Tipo de función	Tipo de características	
		Comunes	**Específicas**
No ordenadas	Logit Probit Valor Extremo	Modelo Logit Multinomial Modelo Probit Multinomial M. Valor Ext. Multinomial	Modelo Logit Condicional Modelo Probit Condicional M. Valor Ext. Condicional
Ordenadas	Logit Probit Valor Extremo	Modelo Logit Ordenado Modelo Probit Ordenado M. Valor Extremo Ordenado	
Ordenadas jerarquizadas	Logit Probit Valor Extremo	Modelo Logit Ordenado Modelo Probit Ordenado M. Valor Extremo Ordenado	

Dentro de los modelos no ordenados y dada la simplicidad de la función logística frente a otras funciones, se acostumbra a utilizar los modelos Logit Multinomial y los Logit Condicional. En esta exposición de los modelos de categorías o de elección múltiple tan sólo se estudiarán los modelos ordenados.

Antes de concluir esta introducción, se debe insistir en que uno de los problemas que se plantean en la especificación de los modelos de respuesta múltiple es el de la presencia de alternativas irrelevantes o superfluas. Este tipo de error de especificación de los modelos de variable cualitativa en general se expone mediante el ejemplo siguiente.

Ejemplo de alternativas irrelevantes. Supongamos que un ciudadano tiene tres posibilidades para desplazarse al lugar de trabajo/estudio: autobús, coche propio y a pie. A cada tipo de opción se le asigna la probabilidad: 1/6, 3/6 y 2/6 respectivamente. Si ahora se ofrece una alternativa nueva consistente en que la compañía de transporte público ofrece autobuses de dos colores, rojos y azules, estas nuevas categorías serían irrelevantes para el ciudadano. No obstante, se podría plantear elegir entre cuatro alternativas cuyas probabilidades serían 1/12, 1/12, 3/6 y 2/6 respectivamente. Ahora bien, el modelo multinomial asignaría las probabilidades 1/7, 1/7, 3/7 y 2/7 respectivamente. El motivo radica en que, de esta forma, se mantiene el cociente entre las probabilidades relativas al igual que cuando sólo había tres alternativas a elegir. Es decir, se puede comprobar que en el primer caso, con tres alternativas, si opta por ir a pie frente a ir en coche el cociente de probabilidades relativas era:

$$\frac{2/6}{3/6} = \frac{2}{3}$$

mientras que en el segundo modelo, en el caso de cuatro alternativas se obtiene:

$$\frac{2/7}{3/7} = \frac{2}{3}$$

Ahora bien, el cociente de probabilidades si se elige efectuar el desplazamiento en autobús rojo frente a ir en coche propio en la primera asignación de probabilidades es:

$$\frac{1/12}{3/6} = \frac{1}{6}$$

mientras que en la segunda asignación de probabilidades se obtiene:

$$\frac{1/7}{3/7} = \frac{1}{3}$$

que no coincide con el cociente de probabilidades anterior, 1/6, de forma que a través del ejemplo se comprueban los posibles errores en la especificación de los modelos de elección múltiple.

6.2. MODELO DE RESPUESTA MÚLTIPLE ORDENADO: ESPECIFICACIÓN

El modelo de respuesta múltiple ordenado relaciona la variable Y_i con las variables, $X_{2i}, ..., X_{ki}$ a través de la siguiente ecuación:

$$Y_i^* = F(X_i\beta) + u_i = F(Z_i) + u_i \tag{6.1}$$

donde:

Y_i^*: es una variable latente (no observada) que cuantifica las distintas categorías.

$F(.)$: es una función no lineal del tipo Logística, distribución Normal o bien la distribución Valor Extremo.

$X_i\beta$: es una combinación lineal de las variables o características que se denomina índice del modelo y se denota por Z_i.

u_i: es una variable aleatoria.

Para los valores de la variable real u observada, Y_i, que mide las distintas categorías, en el caso de cuatro categorías, el esquema de la variable se fundamenta de acuerdo con el siguiente patrón:

$$Y_i = \begin{cases} 0 & \text{si } Y_i^* \leq c_1 \\ 1 & \text{si } c_1 \leq Y_i^* \leq c_2 \\ 2 & \text{si } c_2 \leq Y_i^* \leq c_3 \\ 3 & \text{si } c_3 \leq Y_i^* \end{cases} \tag{6.2}$$

Se debe subrayar que existe una correspondencia entre el orden de los valores de la variable real u observada y el orden de la variable latente[3], es decir, que si $Y_i < Y_j$ implica que $Y_i^* < Y_j^*$.

Desde el punto de vista gráfico, un modelo ordenado en el que se contemplan cuatro categorías (0, 1, 2 y 3) y tan sólo interviene un único regresor o característica se puede visualizar a través de la figura 6.1. En este caso en el eje de abscisas se representan los valores que toman las características, mientras que en el eje de ordenadas se representan las tres categorías.

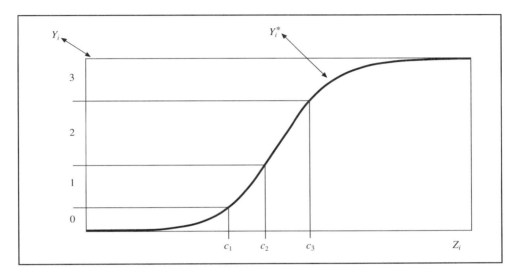

Figura 6.1. Esquema general de un Modelo Ordenado de elección cuádruple.

La probabilidad de elegir cada una de las categorías de Y_i viene definida por la siguiente relación:

$$\text{Prob}(Y_i = 0 \ / \ X_i, \beta, c) = F(c_1 - X_i\beta)$$

$$\text{Prob}(Y_i = 1 \ / \ X_i, \beta, c) = F(c_2 - X_i\beta) - F(c_1 - X_i\beta)$$

$$\text{Prob}(Y_i = 2 \ / \ X_i, \beta, c) = F(c_3 - X_i\beta) - F(c_2 - X_i\beta) \qquad (6.3)$$

$$\text{Prob}(Y_i = 3 \ / \ X_i, \beta, c) = 1 - F(c_3 - X_i\beta)$$

donde $F(.)$ es la función de distribución o de densidad acumulada de la ecuación elegida en la especificación del modelo.

---

[3] Véase Apéndice del capítulo 4.

Los valores de los umbrales o barreras c_m (en el presente ejemplo tres) y los valores de β se estiman conjuntamente mediante el método de la Máxima Verosimilitud, y se debe cumplir la siguiente restricción:

$$c_1 < c_2 < c_3$$

En el caso particular de que la función de distribución elegida sea la de la normal, es decir, que el modelo especificado objeto del análisis sea el Probit Ordenado, la probabilidad de elegir cada una de las categorías de Y_i se puede reescalar y vendrá definida por la siguiente relación:

$$\text{Prob}(Y_i = 0 \,/\, X_i, \beta, c) = \Phi(c_1 - X_i\beta)$$

$$\text{Prob}(Y_i = 1 \,/\, X_i, \beta, c) = \Phi(c_2 - X_i\beta) - \Phi(c_1 - X_i\beta)$$

$$\text{Prob}(Y_i = 2 \,/\, X_i, \beta, c) = \Phi(c_3 - X_i\beta) - \Phi(c_2 - X_i\beta) \tag{6.4}$$

$$\text{Prob}(Y_i = 3 \,/\, X_i, \beta, c) = 1 - \Phi(c_3 - X_i\beta)$$

En la figura 6.2 se puede observar la disposición de la estructura de las probabilidades de un Modelo Probit Ordenado. Se puede comprobar que las probabilidades de elección de cada una de las categorías son distintas.

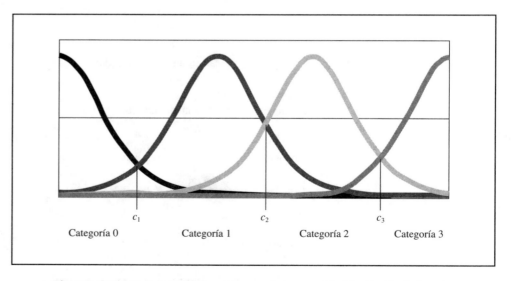

Figura 6.2. Probabilidades por categorías en un Modelo Probit Ordenado.

6.3. INTERPRETACIÓN DEL MODELO ORDENADO

La interpretación de los Modelos Ordenados es análoga a la de los modelos Logit, Probit y Valor Extremo. Así, la interpretación de los parámetros del Modelo Ordenado se puede efectuar a través de las derivadas parciales, en concreto a través de los efectos marginales, mientras que la comparación entre distintas situaciones se puede efectuar a través del cociente *odds*.

Con el fin de simplificar la exposición se va a interpretar el Modelo Ordenado Probit, ya que la explicación de los Modelos Ordenado Logit y el Ordenado Valor Extremo es análoga a la anterior.

Interpretación de los parámetros

La interpretación de los parámetros se puede efectuar a través de las derivadas parciales para los distintos modelos estudiados; así, en el caso del Modelo Ordenado Probit descrito a través del sistema (6.4), el efecto marginal del regresor para cada categoría es:

$$\frac{\partial \text{Prob}(Y_i = 0)}{\partial X_k} = -\phi(c_1 - X_i\beta)\beta_k$$

$$\frac{\partial \text{Prob}(Y_i = 1)}{\partial X_k} = -\phi(c_2 - X_i\beta)\beta_k + \phi(c_1 - X_i\beta)\beta_k$$

$$\frac{\partial \text{Prob}(Y_i = 2)}{\partial X_k} = -\phi(c_3 - X_i\beta)\beta_k + \phi(c_2 - X_i\beta)\beta_k$$

$$\frac{\partial \text{Prob}(Y_i = 3)}{\partial X_k} = -\phi(c_3 - X_i\beta)\beta_k$$

$$(6.5)$$

En general, los coeficientes estimados en los Modelos Ordenados no cuantifican directamente el incremento en la probabilidad dado el aumento unitario en la correspondiente variable independiente. La magnitud de la variación en la probabilidad depende del nivel original de ésta y, por tanto, de los valores iniciales de todos y cada uno de los regresores y de sus coeficientes. Por tanto, mientras el signo de los coeficientes sí que indica perfectamente la dirección del cambio, la magnitud de la variación depende del valor concreto que tome la función de densidad, lo cual depende de la pendiente de dicha función en el punto X_i (X_i es igual al vector $[1X_{2i}, \ldots, X_{ki}]$). Naturalmente, cuanto más elevada sea dicha pendiente, mayor será el impacto del cambio en el valor del regresor, el cual a su vez va a incidir en el valor de la variable latente Y_i^*.

Interpretación del Modelo Ordenado: la ratio *Odds* o riesgo[4]

El cociente entre la utilidad de que se elija una opción frente al resto de alternativas, $(M - 1)$ opciones, se mide a través de la probabilidad asignada a esta frente a la utilidad del resto de opciones y se le denomina *odds*. Que se cuantifica mediante la siguiente proporción:

$$\frac{P_i}{1 - P_i}$$

El *odds* también, se utiliza para comparar situaciones distintas o bien para interpretar el modelo. En efecto, el cociente entre *odds* se emplea para comparar utilidades de distintas situaciones, o bien para interpretar el modelo. Así, en el caso, que comparemos la situación del individuo i con la del individuo j (situación de referencia) se tiene:

$$Cociente\ entre\ Odds\ (ratio\ Odds) = \frac{\dfrac{P_i}{1 - P_i}}{\dfrac{P_j}{1 - P_j}}$$

En caso de que el valor de la ratio *Odds* sea:

— Mayor que uno: la utilidad de la situación i es más ventajosa que la de la situación j.
— Menor que uno: la utilidad de la situación j es más elevada que la de la situación i.
— La unidad: las utilidades de las situaciones i y j son iguales

6.4. ESTIMACIÓN MÁXIMO-VEROSÍMIL

La función de probabilidad conjunta de un modelo de elección múltiple ordenado parte del supuesto de que se dispone de una muestra de tamaño $I(i = 1, 2, ..., I)$ bajo la hipótesis de independencia entre los distintos individuos y se puede expresar a través de la siguiente relación:

$$\text{Prob}(u_1 u_2 \ldots u_i \ldots u_I) = \text{Prob}(u_1)\text{Prob}(u_2) \ldots \text{Prob}(u_i) \ldots \text{Prob}(u_I) = \prod_{i=1}^{I} \text{Prob}(u_i)$$

---

[4] El término «*Odds*» es el cociente entre una probabilidad y su complementaria.

© Ediciones Pirámide

De forma alternativa, utilizando la función de probabilidad en términos de la variable Y_i, se tiene:

$$\text{Prob}(Y_1 Y_2 \ldots Y_i \ldots Y_I) = \prod_{i=1}^{I} \text{Prob}(Y_i) =$$

teniendo en cuenta que Y_i puede tomar el valor cero, uno, dos, tres, ..., se obtiene:

$$= \prod_{i \in Y_i = 0} \text{Prob}(Y_i = 0) \prod_{i \in Y_i = 1} \text{Prob}(Y_i = 1) \prod_{i \in Y_i = 2} \text{Prob}(Y_i = 2) \prod_{i \in Y_i = 3} \text{Prob}(Y_i = 3) \ldots \quad (6.6)$$

a partir de la función de la probabilidad conjunta (6.6) se puede obtener la función de verosimilitud, que se define como:

$$\text{L} = \prod_{i \in Y_i = 0} \text{Prob}(Y_i = 0) \prod_{i \in Y_i = 1} \text{Prob}(Y_1 = 1) \prod_{i \in Y_i = 2} \text{Prob}(Y_1 = 2) \ldots \quad (6.7)$$

mientras que el logaritmo de la función de verosimilitud es:

$$\pounds = \ln \text{L} = \sum_{i \in Y_i = 0} \text{Prob}(Y_i = 0) + + \sum_{i \in Y_i = 1} \text{Prob}(Y_i = 1) + \sum_{i \in Y_i = 2} \text{Prob}(Y_i = 2) \ldots \quad (6.8)$$

Al sustituir en (6.8) la probabilidad de cada opción, $\text{Prob}(Y_i = \ldots)$, por distintas especificaciones se obtiene el logaritmo de la función de verosimilitud del Modelo Ordenado. Las funciones más utilizadas en la especificación son la Logística, la de distribución Normal y la de Gompit (función Valor Extremo) obteniendo los Modelos Ordenado Logit, Ordenado Probit y Ordenado Valor Extremo respectivamente.

El logaritmo de la función de verosimilitud, en particular la ecuación (6.8), no es lineal, con lo cual para obtener los estimadores máximo-verosímiles de los parámetros se deben aplicar métodos de estimación no lineales a través de algún algoritmo de optimización.

Los estimadores obtenidos por el proceso de máxima verosimilitud son consistentes y asintóticamente eficientes. Igualmente son asintóticamente normales, con lo que los contrastes de hipótesis son asintóticos. Así, cuando I (tamaño de la muestra) tiende a infinito, el contraste de significatividad individual de los parámetros se puede realizar a través de una distribución normal. En este caso, todos los tests propuestos para estudiar la bondad del ajuste en los modelos de variable dicotómica son válidos para los Modelos Ordenados.

Ejercicio 6.1

En un estudio de mercado sobre la telefonía móvil se ha encuestado a dos mil familias españolas y se les ha preguntado sobre el número de teléfonos de que disponen (NT), la renta familiar (R), el número de miembros de la familia (M) y si el cabeza de familia es asalariado o no (P). La variable NT puede tomar los valores cero, uno, dos, tres o cuatro para aquellas familias que posean hasta cuatro o más teléfonos. Estimando el modelo de respuesta Ordenado Probit se han obtenido los resultados que se detallan a continuación:

CUADRO 6.1

Dependent Variable: NT
Method: ML - Ordered Probit
Sample: 1 2000
Included observations: 2000
Number of ordered indicator values: 5

Variable	Coefficient	Std. Error	z-Statistic	Prob.
R	0,676524	0,024955	27,10997	0,0000
P	0,288891	0,108706	2,657544	0,0079
M	0,184345	0,048881	3,771267	0,0002
Limit Points				
LIMIT_1:C(4)	1,911137	0,152096	12,56535	0,0000
LIMIT_2:C(5)	3,978601	0,180002	22,10310	0,0000
LIMIT_3:C(6)	9,820771	0,379369	25,88710	0,0000
LIMIT_4:C(7)	21,18767	0,771848	27,45056	0,0000

Akaike info criterion	1,084235	Schwarz criterion	1,103839
Log likelihood	−1077,235	Hannan-Quinn criter.	1,091433
Restr. log likelihood	−2631,885	Avg. log likelihood	−0,538618
LR statistic (3 df)	3109,300	LR index (Pseudo-R2)	0,590698
Probability(LR stat)	0,000000		

Cabe destacar que en la estimación de este tipo de modelos aparecen cuatro constantes, una para cada una de las barreras o umbrales (recordemos que el número de categorías es cinco) que discriminan las categorías.

La significabilidad aislada de cada una de las características o regresores se puede efectuar a través del contraste de hipótesis del parámetro (coeficiente de regresión) asociado a la variable del modelo. Así, para contrastar si la renta familiar es significativa se debería docimar la siguiente hipótesis nula: $\beta_1 = 0$ a través de la desigualdad probabilística siguiente:

$$\text{Prob}\left(-N_{\alpha/2} < \frac{0,67652 - \beta_1}{0,024055} < N_{\alpha/2}\right) = 1 - \alpha$$

Para un nivel de significación de $\alpha = 0,05$ se tiene:

$$\text{Prob}(-1,96 < 27,10997 \not< 1,96) = 0,95$$

al no cumplirse la desigualdad probabilística se rechaza la hipótesis nula en beneficio de la alternativa. Es decir, que el regresor R, la renta familiar, influye en la explicación del regresando NT, el número de teléfonos móviles de que disponen las familias.

La significabilidad del modelo en su conjunto se puede contrastar a través del R^2 de McFadden y del estadístico LR que se fundamentan en la Razón de Verosimilitud.

En el presente caso, el estadístico de McFadden es:

$$R^2 \text{ de McFadden} = 1 - \frac{\ln L_{SR}}{\ln L_{CR}} = 1 - \frac{-1077,235}{-2631,885} = 0,590698$$

La interpretación intuitiva del modelo estimado se obtiene a partir de la figura 6.3. En dichas ilustraciones se puede comprobar que el regresando mide la probabilidad de elegir cada una de las categorías. Así, en la figura 6.3.a se representa la probabilidad de elegir la categoría cero, es decir, de no poseer teléfono móvil. La figura 6.3.b muestra que para valores del índice superiores a $c_1 = 1,91$ e inferiores a $c_2 = 3,97$, la proba-

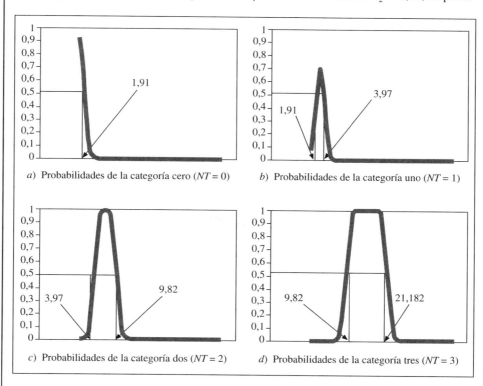

a) Probabilidades de la categoría cero ($NT = 0$)

b) Probabilidades de la categoría uno ($NT = 1$)

c) Probabilidades de la categoría dos ($NT = 2$)

d) Probabilidades de la categoría tres ($NT = 3$)

Figura 6.3.

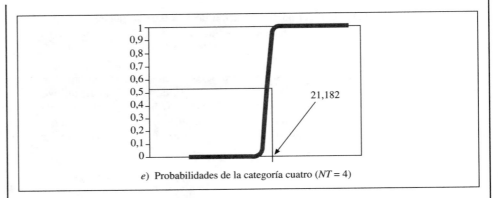

e) Probabilidades de la categoría cuatro ($NT = 4$)

Figura 6.3 *(continuación)*

bilidad de no tener teléfono móvil es superior a 0,5. Análogamente, en las figuras 6.3.c a la 6.3.e se representan en el eje de ordenadas las probabilidades de elegir las categorías dos, tres y cuatro (poseer dos, tres o cuatro o más teléfonos móviles).

El cálculo de la probabilidad de tener un teléfono móvil para una familia que tenga un nivel de renta igual a cuatro millones, $R = 4$, el número de miembros de la familia sea tres, $M = 3$, y el cabeza de familia sea asalariado, $P = 1$, según la ecuación (6.4), es:

$$\text{Prob}(NT_i = 1) = \Phi(3,9786 - (0,676 * 4 + 0,288 * 1 + 0,184 * 3)) - \Phi(1,911 - (0,676 * 4 + {} + 0,288 * 1 + 0,184 * 3)) = \Phi(0,4309) - \Phi(-1,6367)$$

Para obtener los valores de la probabilidad se debe buscar en las tablas de la normal y se obtienen los siguientes resultados:

$$\Phi(0,4309) = 0,6667$$
$$\Phi(-1,6367) = 0,0508$$

Así, la probabilidad de tener un teléfono móvil para una familia de las características descritas es:

$$\text{Prob}(NT_i = 1) = 0,6667 - 0,0508 = 0,6159$$

El efecto marginal del nivel de renta de una familia de las siguientes características $R = 4$, $M = 3$ y $P = 1$, para el caso de no tener teléfono móvil, se puede calcular según (6.5), a través de la siguiente expresión:

$$\frac{\partial \text{Prob}(NT_i = 0)}{\partial R} = -\phi(\hat{c}_1 - X_i\hat{\beta})\hat{\beta}_1 =$$

$$= -\frac{1}{(2\pi)^{1/2}} e^{-\frac{1}{2}(1,9111 - (0,6765 * 4 + 0,2888 * 1 + 0,1843 * 3))^2} 0,6765 =$$

$$= -(0,10455)0,6765 = 0,7072$$

El efecto marginal del nivel de renta de dicha familia con las siguientes características $R = 4$, $M = 3$ y $P = 1$, para el caso de tener un teléfono móvil, se puede calcular según (6.5), a través de la siguiente expresión:

$$\frac{\partial \text{Prob}(NT = 1)}{\partial R} = -\phi(\hat{c}_2 - X_i\hat{\beta})\hat{\beta}_1 + \phi(\hat{c}_1 - X_i\hat{\beta})\hat{\beta}_1 =$$

$$= -\frac{1}{(2\pi)^{1/2}} e^{-\frac{1}{2}(3,978601 - 0,6765*4 - 0,2888*1 + 0,1843*3)^2} 0,6765 +$$

$$+ \frac{1}{(2\pi)^{1/2}} e^{-\frac{1}{2}(1,911 - 0,6765*4 - 0,2888*1 + 0,1843*3)^2} 0,6765 =$$

$$= -0,36366 * 0,6765 + 0,10455 * 0,6765 = -0,17529$$

Análogamente se puede calcular el efecto marginal en el caso de tener dos, tres o más de tres teléfonos móviles para la familia en cuestión.

Ejercicio 6.2

En un estudio sobre la dotación de televisores en los hogares se ha encuestado a 940 familias españolas y se les ha preguntado sobre el número de televisores disponibles en el hogar (TV), los ingresos familiares anuales en millones de u. m. (IF) y el nivel de instrucción del cabeza de familia (NI). La variable TV puede tomar los valores uno, dos o tres para aquellas familias que posean hasta tres o más televisores. El nivel de instrucción NI del cabeza de familia se ha codificado a través de cuatro niveles (Básica, Bachiller superior, Universitaria media y Universitaria superior). Estimando el Modelo Logit de Respuesta Ordenado se han obtenido los resultados que se detallan en el cuadro 6.2.

A partir del modelo estimado se pueden calcular las probabilidades de tener uno, dos, tres o más televisores teniendo en cuenta los ingresos y el nivel de instrucción de las familias. Así, para una familia cuyo cabeza tenga un nivel de instrucción básico ($NI = 1$) y unos ingresos anuales de tres millones de u. m. ($IF = 3$) la probabilidad de tener un televisor es:

$$\text{Prob}(TV = 1) = \Lambda(\hat{c}_1 - X_i\hat{\beta}) = \frac{1}{1 + e^{-(\hat{c}_1 - (\hat{\beta}_1 IF + \hat{\beta}_2 NI))}}$$

Sustituyendo los coeficientes por sus estimaciones del cuadro 6.1 se tiene:

$$\text{Prob}(TV = 1) = \frac{1}{1 + e^{-(8,01055 - 1,686776\ IF + 0,820545\ NI)}} = \frac{1}{1 + e^{-(8,01055 - 1,686776*3 - 0,820545*1)}}$$

$$= 0,893754$$

CUADRO 6.2

Dependent Variable: *TV*
Method: ML - Ordered Logit
Included observations: 940
Number of ordered indicator values: 3
Convergence achieved after 8 iterations
Covariance matrix computed using second derivatives

Variable	Coefficient	Std. Error	z-Statistic	Prob.
IF	1,686776	0,152657	11,04947	0,0000
NI	0,820545	0,174590	4,699846	0,0000
Limit Points				
LIMIT_2:C(3)	8,01055	0,625356	12,80960	0,0000
LIMIT_3:C(4)	24,75738	2,010680	12,31294	0,0000

Akaike info criterion	0,2373	Schwarz criterion	0,257988
Log likelihood	−107,5627	Hannan-Quinn criter.	0,245228
Restr. log likelihood	−898,4508	Avg. log likelihood	−0,114428
LR statistic (2 df)	1581,7760	LR index (Pseudo-R2)	0,880280
Probability(LR stat)	0,0000		

Si para esta misma familia se quiere calcular la probabilidad de tener dos televisores, los resultados son los siguientes:

$$\text{Prob}(TV = 2) = \Lambda(\hat{c}_2 - X_i\hat{\beta}) - \Lambda(\hat{c}_1 - X_i\hat{\beta}) = \frac{1}{1 + e^{-(24,75738 - 1,686776 * 3 - 0,820545 * 1)}} -$$

$$- \frac{1}{1 + e^{-(8,01055 - 1,686776 * 3 - 0,820545 * 1)}} = 0,999999 - 0,893754 = 0,106245$$

Por último, si para esta misma familia queremos calcular la probabilidad de tener tres o más televisores, los resultados son los siguientes:

$$\text{Prob}(TV = 3) = 1 - \Lambda(\hat{c}_2 - X_i\hat{\beta}) = 1 - \frac{1}{1 + e^{-(24,75738 - 1,686776 * 3 - 0,820545 * 1)}} =$$

$$= 1 - 0,999999 = 0,000001$$

Dando a las variables *IF* y *NI* distintos valores se pueden obtener las distintas probabilidades de que una familia tenga un televisor, dos televisores o más de dos televisores. Los distintos valores obtenidos de las probabilidades se representan en la figura 6.4.

A continuación se calcula el efecto marginal de tener dos televisores (*TV* = 2) para una familia cuyos ingresos anuales sean de cuatro millones de u. m. (*IF* = 4) y donde el nivel de instrucción del cabeza sea básico (*NI* = 1) respecto al caso en que (*NI* = 2). En este caso,

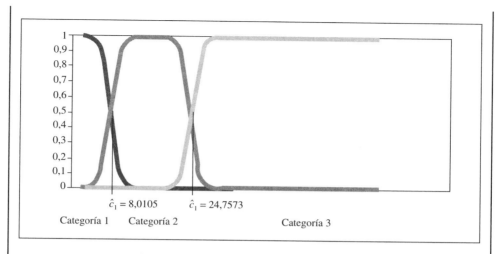

$\hat{c}_1 = 8{,}0105$ $\qquad$ $\hat{c}_1 = 24{,}7573$

Categoría 1 $\qquad$ Categoría 2 $\qquad$ Categoría 3

Figura 6.4. Probabilidades por categorías.

como la variable *NI* no es continua, se deberá calcular la probabilidad para cada uno de las situaciones y obtener la diferencia entre ellas. Es decir:

$$\text{Prob}(TV = 1/IF = 4, NI = 1) = \Lambda(\hat{c}_2 - X_i\hat{\beta}) - \Lambda(\hat{c}_1 - X_i\hat{\beta}) =$$

$$= \frac{1}{1 + e^{-(24{,}75738 - 1{,}686776*4 - 0{,}820545*1)}} -$$

$$- \frac{1}{1 + e^{-(8{,}01055 - 1{,}686776*4 - 0{,}820545*1)}} =$$

$$= 0{,}999999 - 0{,}608950 = 0{,}391049$$

$$\text{Prob}(TV = 2/IF = 4, NI = 2) = \Lambda(\hat{c}_2 - X_i\hat{\beta}) - \Lambda(\hat{c}_1 - X_i\hat{\beta}) =$$

$$= \frac{1}{1 + e^{-(24{,}75738 - 1{,}686776*3 - 0{,}820545*2)}} -$$

$$- \frac{1}{1 + e^{-(8{,}01055 - 1{,}686776*3 - 0{,}820545*2)}} =$$

$$= 0{,}999999 - 0{,}406695 = 0{,}593304$$

El efecto marginal se obtiene como la diferencia entre las dos probabilidades asignadas:

$$\text{Prob}(TV = 2/IF = 4, NI = 2) -$$

$$- \text{Prob}(TV = 2/IF = 4, NI = 1) = 0{,}593304 - 0{,}391049 = 0{,}202255$$

6.5. PRÁCTICA. ESTIMACIÓN DE MODELOS DE RESPUESTA MÚLTIPLE

Se pretende realizar un estudio sobre el mercado inmobiliario. Para ello se dispone de información sobre las siguientes variables:

CASA = Variable discreta que se refiere a los metros cuadrados de las viviendas que están a disposición de los compradores. Esta variable toma distintos valores según los metros cuadrados de la vivienda:

$$CASA = \begin{cases} 0 \text{ si la vivienda tiene menos de 80 m}^2 \\ 1 \text{ si la vivienda tiene entre 81 m}^2 \text{ y 100 m}^2 \\ 2 \text{ si la vivienda tiene entre 101 m}^2 \text{ y 120 m}^2 \\ 3 \text{ si la vivienda tiene más de 120 m}^2 \end{cases}$$

RENTA = nivel de renta de las familias.
HIJOS = número de hijos de la familia.
SUB = variable dicotómica que toma el valor 1 si la vivienda está subvencionada y 0 en otro caso.

Dado que se trata de analizar qué tipo de vivienda compran las familias según sus características (renta e hijos) y las de la vivienda (subvencionada o no), se ha utilizado para este análisis la siguiente especificación del modelo:

$$Y_i^* = F(X_i \beta) + u_i$$

Se pide:

1. Estimar el modelo suponiendo que la función de distribución pueda ser una normal $(0,1)$, una logística o una función de Gompit.
2. Analizar la bondad del ajuste en los tres modelos y determinar qué especificación es la más adecuada.
3. Obtener y visualizar la variable endógena estimada por categorías del modelo seleccionado.
4. Contrastar la significatividad de los coeficientes estimados.
5. ¿Qué tipo de vivienda compraría una familia con un nivel de renta de 3 millones de u. m. y tres hijos si estuviese buscando una vivienda subvencionada? ¿Sería más ventajoso para esta familia buscar una vivienda no subvencionada?

Solución

1. Estimar el modelo suponiendo que la función de distribución pueda ser una normal (0,1), una logística o una función de Gompit.

Dadas las características de la variable dependiente, *CASA,* cuyos valores se pueden ordenar de menor a mayor según los metros cuadrados de la vivienda elegida, cabe especificar el modelo a estimar como un modelo de respuesta múltiple ordenado, ver ecuaciones (6.1) y (6.2):

$$Y_i^* = F(X_i\beta) + u_i$$

de forma que:

$$Y_i = \begin{cases} 0 \text{ si } Y_i^* \leqslant c_1 \\ 1 \text{ si } c_1 \leqslant Y_i^* \leqslant c_2 \\ 2 \text{ si } c_2 \leqslant Y_i^* \leqslant c_3 \\ 3 \text{ si } c_3 \leqslant Y_i^* \end{cases}$$

En la estimación de los modelos ordenados cabe suponer tres tipos de distribución de las perturbaciones: Normal (0,1), Logística o Gompit. Además de los coeficientes del modelo, también se estimarán los valores umbrales o límites, c_1, c_2, c_3.
Las estimaciones del modelo se realizan mediante el comando:

ORDERED

Al seleccionar la tecla *intro* se abre una ventana auxiliar (véase figura 6.5), en la que se especifica la variable dependiente, seguida de la constante y las variables explicativas. Además en dicha ventana se elige la función que siguen los datos de la muestra: Normal, Logística o Valor Extremo. Las variables de la ecuación a estimar son: CASA C RENTA HIJOS SUB (véase figura 6.5), y se van a estimar tres modelos atendiendo a las tres distribuciones propuestas. En primer lugar, se elige la distribución correspondiente a una Normal (0,1) (véase figura 6.5).

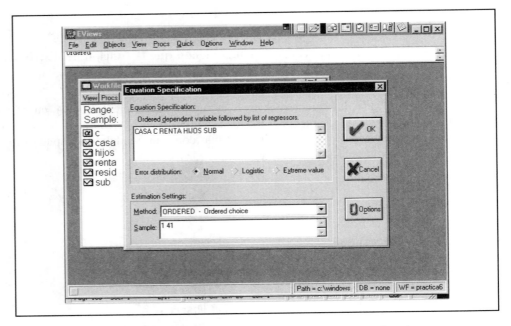

Figura 6.5. Estimación de modelos de respuesta ordenada.

y los resultados de la estimación se pueden visualizar en la figura 6.6.

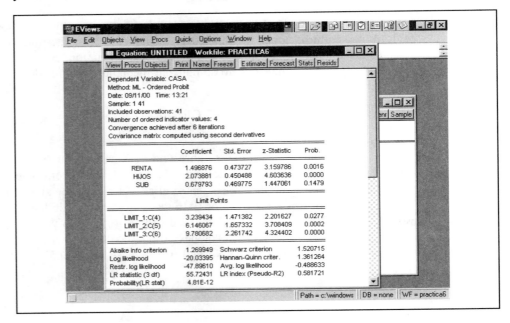

Figura 6.6. Estimación del Modelo Ordenado Probit.

Procediendo de forma análoga se estiman los modelos Logit Ordenado y Valor Ordenado Extremo, cuyos resultados se muestran en las figuras 6.7 y 6.8 respectivamente.

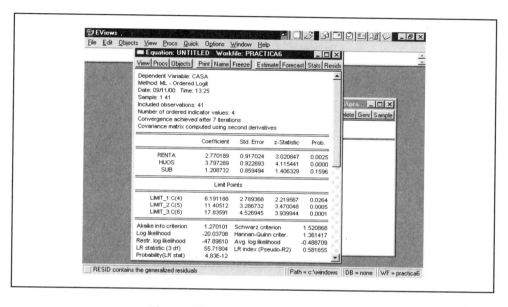

Figura 6.7. Modelo Ordenado Logit.

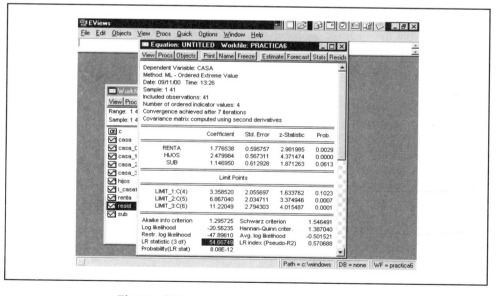

Figura 6.8. Modelo Valor Extremo Ordenado.

2. Analizar la bondad del ajuste en los tres modelos y determinar qué especificación es la más adecuada.

Con el fin de analizar la significatividad conjunta de las variables explicativas en cada uno de los modelos estimados, y dado que se trata de tres modelos de variable cualitativa, se va a utilizar el estadístico Razón de Verosimilitud (véase 5.14).

El estadístico Razón de Verosimilitud se define como:

$$LR = -2\ln(\lambda) = -2(\ln L_{CR} - \ln L_{SR}) = -2(\pounds_{CR} - \pounds_{SR})$$

Dicho estadístico, *LR*, bajo la hipótesis nula de que todos los coeficientes del modelo excepto el término constante son nulos (modelo con restricciones), se distribuye según una χ^2 con un número de grados de libertad igual al número de restricciones, en el presente caso, igual al número de regresores. En la tabla 6.1 se ofrecen los resultados de calcular este estadístico para cada una de las estimaciones realizadas:

TABLA 6.1

	Modelo Probit Ordenado	Modelo Logit Ordenado	Modelo Valor Extremo Ordenado
$\pounds_{SR}$ (Log likelihood)	–20,034	–20,037	–20,562
$\pounds_{CR}$ (Restr. log likelihood)	–47,896	–47,896	–47,896
LR statistic	55,724	55,716	54,558

En todos los casos el número de restricciones, igual al número de regresores, es tres. El valor crítico de χ^2 con $\alpha = 0,05$ y tres grados de libertad es 7,81. Dado que la desigualdad probabilística:

$$\text{Prob}(LR < \chi^2_\alpha) = 1 - \alpha$$

no se cumple en ningún caso, es posible rechazar la hipótesis nula de no significatividad del modelo. Es decir, los tres modelos propuestos son adecuados.

En cuanto a la bondad de ajuste de la estimación, se puede utilizar el logaritmo de la función de verosimilitud, siendo mejor aquel modelo que presente un valor mayor de este estadístico. No obstante, dado que la función de verosimilitud depende del tamaño de la muestra, y en este caso se dispone de una muestra pequeña, se deben utilizar, preferentemente, los criterios de Schwartz y de Hannan-Quinn (véanse 5.11 y 5.12, respectivamente), ya que tienen en cuenta tanto el tamaño de la muestra como el número de regresores utilizados. La definición de estos estadísticos es la siguiente:

$$\text{Schwarz} = \frac{K * \ln I}{I} - \frac{2\pounds}{I} \qquad \text{Hannan-Quinn} = \frac{2 * K * \ln(\ln I)}{I} - \frac{2\pounds}{I}$$

© Ediciones Pirámide

donde:

£: es el logaritmo de la función de verosimilitud.
K: es el número de regresores.
I: es el tamaño de la muestra.

El criterio de selección en este caso será elegir el modelo que presente un valor más pequeño de estos estadísticos. El resumen de los estadísticos queda recogido en la tabla 6.2:

TABLA 6.2
Medidas de bondad de ajuste

	Modelo Probit	**Modelo Logit**	**Modelo Valor Extremo**
£ (Log likelihood)	−20,034	−20,037	−20,562
Schwarz	1,521	1,521	1,546
Hannan-Quinn	1,361	1,361	1,387

De esta forma, dado que el Modelo Ordenado Probit presenta un valor mayor de la función de verosimilitud y menores valores de los criterios de Schwarz y Hannan-Quinn, se elegiría éste en detrimento del Modelo Ordenado Logit y Ordenado Valor Extremo.

3. Obtener y visualizar la variable endógena estimada por categorías del modelo seleccionado.

La variable dependiente estimada de un Modelo Ordenado Probit mide la probabilidad de elegir cada una de las categorías de Y_i. Dicha probabilidad viene definida por el sistema (6.4). Por tanto, el cálculo de la variable dependiente estimada implica obtener la probabilidad estimada de elegir cada una de las opciones: 0, 1, 2 o 3. El cálculo de dichas variables estimadas se realiza de la siguiente forma.

Tras la ejecución de la orden:

ORDERED

y la estimación del Modelo Ordenado Probit, que da como resultado la estimación de los parámetros así como el valor estimado de los umbrales, se activa la opción PROCS/MAKE MODEL en la ventana donde se muestra la estimación del modelo (véase figura 6.9).

Los resultados de seleccionar esta opción, que se muestran en la figura 6.10, proporcionan en el modelo estimado con el que se va a generar el valor estimado de la variable dependiente. Con el fin de obtener dicho valor, se debe resolver el modelo, para lo que se selecciona la opción PROCS/SOLVE en la ventana del modelo (véase

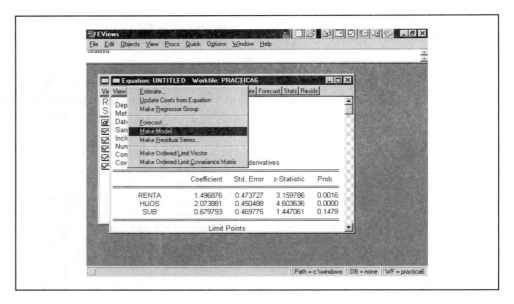

Figura 6.9.

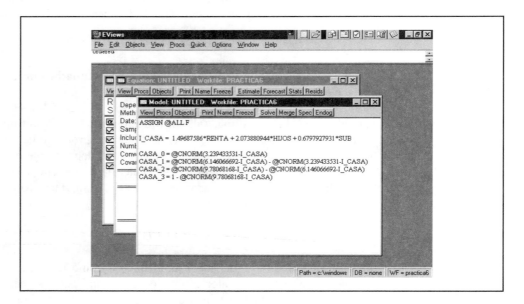

Figura 6.10.

figura 6.11 cuyo resultado es la figura 6.12 en la que se detallan las opciones para solucionar el modelo). En ella, se eligen las opciones que están activadas por defecto: *Dynamic solution,* y su resultado es la variable estimada.

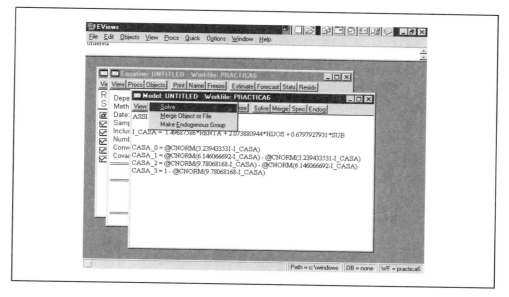

Figura 6.11.

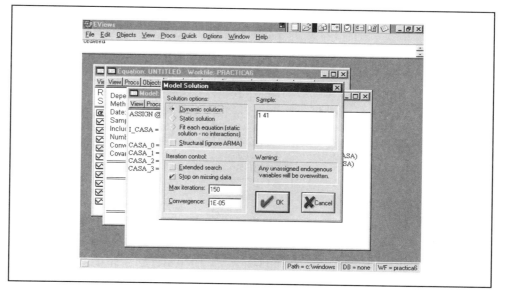

Figura 6.12.

La visualización de las series estimadas se realiza mediante la orden:

SHOW I_CASAF CASA_0F CASA_1F CASA_2F CASA_3F

cuyos resultados se muestran en la tabla 6.3.

TABLA 6.3

Valores estimados de la variable dependiente por categorías

I_CASAF	CASA_0F	CASA_1F	CASA_2F	CASA_3F
5.418691	0.014656	0.751846	0.233491	6.44E-06
7.492572	1.05E-05	0.089059	0.899865	0.011066
9.566453	1.25E-10	0.000313	0.584503	0.415184
12.32013	5.39E-20	3.33E-10	0.005551	0.994449
6.667296	0.000304	0.300799	0.697972	0.000925
8.061384	7.11E-07	0.027725	0.929494	0.042780
10.81506	1.79E-14	1.51E-06	0.150479	0.849520
12.20915	1.49E-19	6.68E-10	0.007581	0.992419
9.985000	7.62E-12	6.18E-05	0.418991	0.580948
9.305207	6.57E-10	0.000791	0.681984	0.317224
6.055571	0.002430	0.533623	0.463849	9.76E-05
5.215327	0.024083	0.799923	0.175992	2.49E-06
8.809244	1.28E-08	0.003870	0.830464	0.165665
11.47568	8.89E-17	4.92E-08	0.045038	0.954962
8.764338	1.65E-08	0.004419	0.840848	0.154733
10.47897	2.25E-13	7.36E-06	0.242491	0.757501
10.83822	1.49E-14	1.35E-06	0.145132	0.854867
10.88313	1.06E-14	1.08E-06	0.135133	0.864866
8.007708	9.29E-07	0.031326	0.930557	0.038117
7.911119	1.49E-06	0.038776	0.930450	0.030772
7.289208	2.56E-05	0.126464	0.867149	0.006361
8.818015	1.21E-08	0.003771	0.828372	0.167857
10.35302	5.65E-13	1.29E-05	0.283533	0.716454
4.879815	0.050463	0.846826	0.102711	4.77E-07
5.651414	0.007933	0.681644	0.310405	1.82E-05
7.725295	3.63E-06	0.057138	0.922937	0.019921
4.616576	0.084234	0.852694	0.063071	1.21E-07
6.205258	0.001509	0.474890	0.523425	0.000175
8.279139	2.33E-07	0.016459	0.916933	0.066608
3.763357	0.300166	0.691241	0.008593	8.87E-10
10.95177	6.18E-15	7.71E-07	0.120781	0.879218
3.981690	0.228966	0.755816	0.015218	3.34E-09
11.43697	1.23E-16	6.09E-08	0.048832	0.951168
6.714196	0.000256	0.284718	0.713943	0.001083
6.010664	0.002792	0.551061	0.446065	8.16E-05
8.683296	2.61E-08	0.005587	0.858177	0.136236
4.257326	0.154365	0.816172	0.029463	1.66E-08
5.933827	0.003526	0.580514	0.415900	5.98E-05
10.08159	3.90E-12	4.15E-05	0.381701	0.618257
4.811170	0.058006	0.851039	0.090955	3.36E-07
5.837238	0.004691	0.616583	0.378686	4.02E-05

Comentario: Como se puede ver, la primera variable, I_CASAF, es la estimación del índice del modelo, cuyo valor permite establecer, dados los valores estimados de los umbrales, qué tipo de vivienda elegiría una familia con determinado índice Z_i

(véase figura 6.6). Las otras cuatro variables (CASA_0F, CASA_1F, CASA_2F, CASA_3F) *indican cuál es la probabilidad de elegir cada una de las cuatro categorías de CASA_i.*

Para obtener la representación gráfica de las probabilidades estimadas de elegir cada una de las categorías de la variable dependiente, se ejecutan los siguientes comandos:

```
SCAT I_CASAF CASA_0f
SCAT I_CASAF CASA_1F
SCAT I_CASAF CASA_2F
SCAT I_CASAF CASA_4F
```

cuyos resultados se muestran en la figura 6.13.

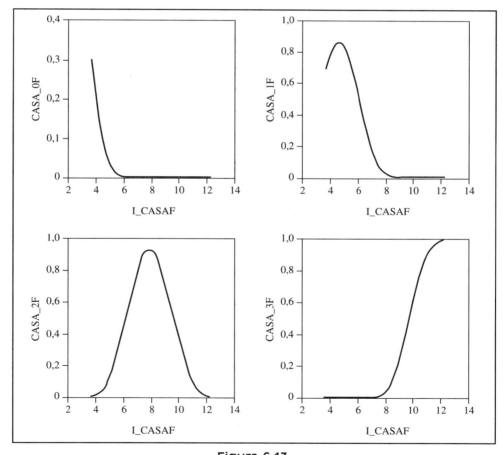

Figura 6.13.

4. Contrastar la significatividad de los coeficientes estimados del modelo.

El estudio de la significatividad de las variables o características por separado se realiza a través del estadístico t de Student[5], a través del contraste de la hipótesis nula H_0: $\beta_i = 0$ frente a la alternativa $\beta_i \neq 0$. Bajo la hipótesis nula, el estadístico t se distribuye como una t *de Student* con $I - k$ grados de libertad, en este caso $41 - 6$ grados de libertad. Si se aceptase la H_0 indicaría que la variable analizada no es significativa en el estudio, y en caso contrario indicaría la relevancia de la variable para la determinación del objetivo.

$$\text{Prob}\left(-t_{\alpha/2} < \frac{\hat{\beta}_k - \beta_k}{S_{\beta_k}} < t_{\alpha/2}\right) = 1 - \alpha$$

Estableciendo este contraste para cada uno de los estimadores (véase figura 6.6), se obtienen los resultados siguientes:

Para el caso de la variable RENTA:

$$\text{Prob}\left(-2,03 < \frac{1,497 - 0}{0,474} \not< 2,03\right) = \text{Prob}\left(-2,03 < 3,16 \not< 2,03\right) = 0,95$$

dado que no se cumple la desigualdad probabilística, la variable *RENTA* es significativa.

Para el caso de la variable HIJOS:

$$\text{Prob}\left(-2,03 < \frac{2,073 - 0}{0,451} \not< 2,03\right) = \text{Prob}\left(-2,03 < 4,603 \not< 2,03\right) = 0,95$$

dado que no se cumple la desigualdad probabilística, la variable *HIJOS* es significativa a la hora de explicar la probabilidad de comprar una casa de determinado tamaño.

Para el caso de la variable SUB:

$$\text{Prob}\left(-2,03 < \frac{0,68 - 0}{0,47} < 2,03\right) = \text{Prob}\left(-2,03 < 1,45 < 2,03\right) = 0,95$$

dado que sí se cumple la desigualdad probabilística, la variable *SUB* no es significativa.

---

[5] Estrictamente el estadístico se distribuye, cuando el número de observaciones tiende a infinito, según una normal, pero en este caso se efectúa una aproximación a través de la t-Student.

Para el caso de los tres umbrales o límites estimados:

LIMIT_1: $\text{Prob}\left(-2,03 < \dfrac{3,24 - 0}{1,47} \nless 2,03\right) = \text{Prob}\,(-2,03 < 2,20 \nless 2,03) = 0,95$

LIMIT_2: $\text{Prob}\left(-2,03 < \dfrac{6,14 - 0}{1,66} \nless 2,03\right) = \text{Prob}\,(-2,03 < 3,71 \nless 2,03) = 0,95$

LIMIT_3: $\text{Prob}\left(-2,03 < \dfrac{9,78 - 0}{2,26} \nless 2,03\right) = \text{Prob}\,(-2,03 < 4,32 \nless 2,03) = 0,95$

se concluye que los tres son significativos.

5. ¿Qué tipo de vivienda compraría una familia con un nivel de renta de 3 millones de u. m. y tres hijos si estuviese buscando una vivienda subvencionada? ¿Sería más ventajoso para esta familia buscar una vivienda no subvencionada?

El enunciado propone los siguientes valores para la variable explicativa:

RENTA = 3
HIJOS = 3
SUB = 1

En este caso el valor del índice del modelo sería:

I_CASA = 1,49687586 * 3 + 2,073880944 * 3 + 0,6797927931 * 1= 11,392.

Los valores estimados de la probabilidad de cada una de las alternativas serían:

$$\text{Prob}\,(Y_i = 0/X_i, \hat{\beta}, \hat{c}) = \Phi(\hat{c}_1 - X_i\hat{\beta})$$

$$\text{Prob}\,(Y_i = 1/X_i, \hat{\beta}, \hat{c}) = \Phi(\hat{c}_2 - X_i\hat{\beta}) - \Phi(\hat{c}_1 - X_i\hat{\beta})$$

$$\text{Prob}\,(Y_i = 2/X_i, \hat{\beta}, \hat{c}) = \Phi(\hat{c}_3 - X_i\hat{\beta}) - \Phi(\hat{c}_2 - X_i\hat{\beta})$$

$$\text{Prob}\,(Y_i = 3/X_i, \hat{\beta}, \hat{c}) = 1 - \Phi(\hat{c}_3 - X_i\hat{\beta})$$

Es decir[6]:

$$CASA\_0 = @\text{CNORM}(3,239433531 - 11,392) = 1,77\ E^{-16}$$

---

[6] La instrucción @CNORM( ) equivale a la búsqueda en la tabla de la normal tipificada del valor correspondiente de probabilidad acumulada. Así, por ejemplo, @CNORM(1,96) se corresponde con el resultado de buscar la probabilidad acumulada para el valor 1,96 en las tablas de la normal tipificada, cuyo resultado es 0,975.

$$CASA\_1 = @CNORM(6,146066692 - 11,392) -$$
$$- @CNORM(3,239433531 - 11,392) = 7,77\ E^{-8}$$

$$CASA\_2 = @CNORM(9,78068168 - 11,392) -$$
$$- @CNORM(6,146066692 - 11,392) = 0,054$$

$$CASA\_3 = 1 - @CNORM(9,78068168 - 11,392) = 0,946$$

Por lo que, según la probabilidad asignada a través del modelo, la familia elegiría una casa de más de 120 m^2.

Si ahora la familia se plantea buscar una casa que no esté subvencionada:

RENTA = 3
HIJOS = 3
SUB = 0

En este caso el valor del índice del modelo sería:

I_CASA = 1,49687586 * 3 + 2,073880944 * 3 + 0,6797927931 * 0 = 10,71.

y los valores estimados de la probabilidad de cada una de las alternativas serían:

$$CASA\_0 = @CNORM(3,239433531 - 10,71) = 3,98\ E^{-14}$$

$$CASA\_1 = @CNORM(6,146066692 - 10,71) -$$
$$- @CNORM(3,239433531 - 10,71) = 2,51\ E^{-6}$$

$$CASA\_2 = @CNORM(9,78068168 - 10,71) -$$
$$- @CNORM(6,146066692 - 10,71) = 0,176$$

$$CASA\_3 = 1 - @CNORM(9,78068168 - 10,71) = 1 - 0,053 = 0,824$$

Por lo que, de nuevo, con mayor probabilidad elegiría una casa de más de 120 m^2.

Para comparar qué situación, con o sin subvención, es más ventajosa para la familia, se utiliza el cociente entre *odds* para el caso de comprar un piso con más de 120 m^2 (véase ecuación 4.11).

$$Cociente\ entre\ Odds\ (ratio\ Odds) = \frac{\dfrac{P_i}{1 - P_i}}{\dfrac{P_j}{1 - P_j}} = \frac{\dfrac{0,946}{1 - 0,946}}{\dfrac{0,824}{1 - 0,824}} = 3,74$$

y puesto que el resultado es mayor que la unidad, indica que es más ventajoso para la familia comprar un piso de más de 120 m^2 subvencionado.

Problemas propuestos

Problema 6.1

A través de la información obtenida a partir de una encuesta, formulada a un grupo de 60 estudiantes del tercer ciclo, se ha relacionado el número de horas estudiadas a la semana (X) con el número de asignaturas aprobadas (Y). La variable Y puede tomar los valores cero, uno, dos o tres. A tal fin se ha estimado un Modelo Ordenado Probit obteniendo los resultados siguientes:

Dependent Variable: Y
Method: ML - Ordered Probit
Sample: 1 60

Variable	Coefficient	Std. Error	z-Statistic	Prob.
X	0,473458	0,073720	6,422403	0,0000
Limit Points				
LIMIT_1:C(2)	0,446025	0,304494	1,464809	0,1430
LIMIT_2:C(3)	1,407814	0,349530	4,027739	0,0001
LIMIT_3:C(4)	2,812164	0,456329	6,162576	0,0000

Akaike info criterion	1,966181	Schwarz criterion	2,105804
Log likelihood	−54,98542	Hannan-Quinn criter.	2,020795
Restr. log likelihood	−79,47918	Avg. log likelihood	−0,916424
LR statistic (1 df)	48,98752	LR index (Pseudo-R2)	0,308178
Probability(LR stat)	2,58E-12		

Se pide:

1. ¿Qué probabilidad tiene un alumno, estudiando dos horas a la semana, de aprobar una asignatura?

2. ¿Cuántas horas debería estudiar un alumno para tener como mínimo una probabilidad del 0,5 de aprobar una asignatura?
3. ¿Cuántas horas debería estudiar un alumno para tener una probabilidad superior al 0,7 de aprobar todo el curso?

PROBLEMA 6.2

En un estudio sobre la productividad de los trabajadores de una empresa se han clasificado en tres categorías ($Y = 1$, 2 o 3), obteniendo la siguiente estimación del Modelo Ordenado Probit:

Dependent Variable: Y		
Coefficient	z-Statistic	
C (CONSTANTE)	−4,340	—
$X1$	0,057	1,70
$X2$	0,007	0,80
$X3$	0,039	39,90
$X4$	0,190	8,70
$X5$	−0,480	−9,00
$X6$	0,002	0,10
Limit Points		
LIMIT_1: C(2)	0,00	7,34
LIMIT_2: C(3)	1,79	80,8

donde: $X1$ es una variable ficticia que toma el valor uno si el trabajador tiene estudios especializados; $X2$ es una variable que mide el nivel de instrucción de la madre; $X3$ es el coeficiente de inteligencia del trabajador; $X4$ es el número de años de estudios; $X5$ es una variable ficticia que toma el valor uno si el trabajador está casado; $X6$ es la edad que tenía el trabajador al entrar en la empresa.

Además se conoce $X_i\hat{\beta}$ para el valor medio, es igual a 0,8479, para el valor medio de los solteros ($X5 = 0$) es igual a 0,8863 y para el valor medio de los casados ($X5 = 1$) es igual a 0,4063.

Se pide:

1. Calcular el efecto marginal respecto al coeficiente de inteligencia, en el punto medio, para los trabajadores de productividad baja ($Y = 1$), productividad media ($Y = 2$) y productividad alta ($Y = 3$).
2. Calcular el efecto marginal, en el punto medio, para los trabajadores solteros ($X5 = 0$) respeto a los casados ($X5 = 1$).

3. Calcular el cociente *Odds* para ($Y = 2$) de un trabajador de características medias soltero ($X5 = 0$) respeto a uno casado ($X5 = 1$).

Nota: Problema adaptado de Green W. H. (2000), p. 878.

Problema 6.3

En un estudio sobre la población activa se ha relacionado el hecho de estar en paro ($Y = 0$), trabajar a tiempo parcial ($Y = 1$) o trabajar a tiempo completo ($Y = 2$) con las variables $X2$ (el número de años de estudios) y $X3$ (soltero = 0; casado = 1). La estimación del Modelo Ordenado Logit ha proporcionado los siguientes resultados:

Dependent Variable: Y Method: ML - Ordered Probit				
Variable	Coefficient	Std. Error	z-Statistic	Prob.
X2	50,44701	22,63625	2,228594	0,0258
X3	–0,478918	1,778088	–0,269344	0,7877
Limit Points				
LIMIT_2:C(3)	84,17578	37,82065	2,225656	0,0260
LIMIT_3:C(4)	101,7291	45,53797	2,233939	0,0255
Akaike info criterion	0,507686	Schwarz criterion		0,676574
Log likelihood	–6,153727	Hannan-Quinn criter.		0,568751
Restr. log likelihood	–42,66873	Avg. log likelihood		–0,153843
LR statistic (2 df)	73,03000	LR index (Pseudo-R2)		0,855779
Probability(LR stat)	1,11E-16			

Número de observaciones = 40.

Se pide:

1. ¿El estado civil (soltero o casado) influye en la situación laboral de los ciudadanos? Contrastar dicha hipótesis probabilísticamente.
2. ¿Qué probabilidad tiene un ciudadano, habiendo estudiado a lo largo de diez años, de estar trabajando a tiempo parcial?
3. Calcular el efecto marginal de un ciudadano soltero frente a uno casado, para las tres situaciones posibles ($Y = 0, 1, 2$), que haya estudiado a lo largo de doce años.

Problema 6.4

A través de la información obtenida a partir de una encuesta formulada a distintas familias españolas, se ha preguntado por el número de automóviles de que disponen (*Y*), el número de miembros que componen la familia (*X*1) y los ingresos familiares en millones de u. m. (*X*2). Se ha estimado el Modelo Ordenado Logit y se han obtenido los resultados siguientes:

Dependent Variable: *Y*
Method: ML - Ordered Logit
Number of ordered indicator values: 4

Variable	Coefficient	Std. Error	z-Statistic	Prob.
*X*1	–0,088496	0,367401	–0,240869	0,8097
*X*2	17,65552	4,715911	3,743820	0,0002
Limit Points				
LIMIT_2:C(3)	42,23997	11,04599	3,824008	0,0001
LIMIT_3:C(4)	50,13106	13,13206	3,817455	0,0001
LIMIT_4:C(5)	54,89135	14,44520	3,799971	0,0001
Akaike info criterion	1,098049	Schwarz criterion		1,309159
Log likelihood	–16,96098	Hannan-Quinn criter.		1,174379
Restr. log likelihood	–49,95122	Avg. log likelihood		–0,424024
LR statistic (2 df)	65,98049	LR index (Pseudo-R2)		0,660449
Probability(LR stat)	4,66E-15			

Se pide:

1. Contrastar probabilísticamente si el número de miembros de la familia explica el número de automóviles de que dispone ésta.
2. Calcular el efecto marginal respecto a los ingresos familiares, en el punto *X*1 = 3 y *X*2 = 3,5, para las familias que no posean automóvil (*Y* = 0), para las familias que posean un automóvil (*Y* = 1), para las que posean dos automóviles (*Y* = 2), y para las que posean más de dos automóviles (*Y* = 3).
3. Calcular el *Odds* de una familia que no tenga automóvil, frente al resto de casos, que reúne las siguientes características: *X*1 = 3 y *X*2 = 3,5.

Problema 6.5

A través de una encuesta formulada a 1.000 familias se ha preguntado por el número de viajes realizados en el último año (*Y*), los ingresos familiares en millones de u. m. (*X*1) y el número de miembros que componen la familia (*X*2). La variable *Y* puede tomar los valores uno, dos, tres o cuatro, Se ha estimado el Modelo Ordenado Logit y se han obtenido los resultados siguientes:

Dependent Variable: Y
Method: ML - Ordered Logit
Included observations: 1000
Number of ordered indicator values: 4
Convergence achieved after 11 iterations
Covariance matrix computed using second derivatives

Variable	Coefficient	Std. Error	z-Statistic	Prob.
$X1$	1,080774	0,078375	13,78981	0,0000
$X2$	1,070318	0,167250	6,399501	0,0000
Limit Points				
LIMIT_2:C(3)	6,267531	0,401921	15,59393	0,0000
LIMIT_3:C(4)	18,16391	1,119422	16,22616	0,0000
LIMIT_4:C(5)	37,48230	2,547311	14,71446	0,0000

Akaike info criterion	0,357814	Schwarz criterion	0,382352
Log likelihood	−173,9068	Hannan-Quinn criter.	0,367140
Restr. Log likelihood	−1126,811	Avg. log likelihood	−0,173907
LR statistic (2 df)	1905,808	LR index (Pseudo-R2)	0,845665
Probability(LR stat)	0,000000		

Se pide:

1. ¿Qué probabilidad tiene un turista con ($X1 = 5$) y ($X2 = 3$) de efectuar dos viajes al año?
2. Calcular el efecto marginal para la variable $X1$ en el punto ($X1 = 5$) y ($X2 = 3$) para las cuatro categorías del regresando.
3. Calcular el efecto marginal para la variable $X2 = 2$ frente a $X2 = 3$ en el punto ($X1 = 5$) para las cuatro categorías del regresando.

7

Modelos de variable dependiente limitada

7.1. CONCEPTO Y TIPOLOGÍA

El modelo Tobit se puede considerar como una extensión del modelo Probit, y fue desarrollado por James Tobin (1958), de ahí su nombre (Tobin-Probit). A lo largo de la explicación se podrá comprobar que los modelos Tobit son un tipo de modelos dentro de la familia de Modelos de Variable Limitada. Con el fin de introducir este tipo de modelos se van a plantear distintos ejemplos.

Ejemplo 7.1. Ecuación de demanda de vivienda (Modelo Censurado)

Se desea estudiar la relación existente entre el gasto en la compra de viviendas y un conjunto de variables socioeconómicas (ingresos, tipo de interés hipotecario, situación laboral, etc.). Al considerar la muestra a través de la que se realiza el análisis (encuesta permanente de consumo), se observa que la información sobre el gasto en vivienda (variable endógena del modelo) está únicamente disponible para aquellos individuos que han comprado una vivienda a lo largo del período en que se ha realizado la encuesta (véase figura 7.1). Pero dado que en el estudio se pretende analizar la demanda real y la potencial (es decir, aquellos ciudadanos que por algún motivo no han comprado vivienda), es interesante considerar la muestra completa, aun en el caso de que no se disponga de información de la variable endógena. Este análisis puede clarificar el mercado de vivienda, dado que este modelo explica tanto el gasto real como los motivos que inducen al individuo al hecho de comprar o no una vivienda.

Sin duda, la información que proporcionan estos modelos supera, en gran medida, a los modelos que consideran sólo la información de los individuos que compran, así como a los modelos probabilísticos expuestos en los temas anteriores (Logit, Probit y Valor Extremo).

Con ello la muestra se divide en dos grupos: un primer grupo formado por aquellos individuos sobre los que se dispone información para las variables endógenas (cantidad de gasto) y las exógenas (ingresos, tipo de interés, situación laboral, etc.), y un segundo grupo de aquellos consumidores sobre los que sólo se dispone de información para las variables exógenas.

Ejemplo 7.2. Ecuación de oferta salarial (Modelo Censurado)

En un informe realizado por el sindicato del metal se pretende estudiar la ecuación de los salarios de sus afiliados. A tal fin se ha especificado un modelo econométrico en el que se relacionan las características sociolaborales de sus afiliados (edad, años de experiencia laboral en la empresa, nivel cultural, estado civil, número de hijos) con la retribución anual. En este caso, el modelo econométrico adecuado sería un Modelo Censurado ya que en la muestra pueden existir afiliados al sindicato que estén en paro, con lo que el regresando o variable endógena (la retribución) toma el valor 0.

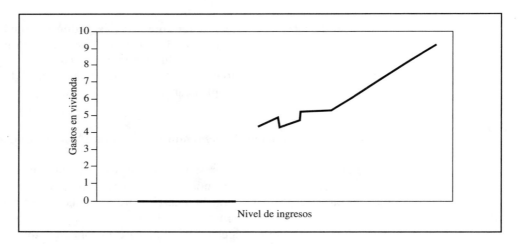

Figura 7.1. Gasto en vivienda según el nivel de ingresos.

Ejemplo 7.3. Ecuación de demanda de tabaco (Modelo Truncado)

Supongamos que se desea cuantificar la cantidad de dinero que el consumidor gasta en tabaco en relación con sus ingresos (se pueden tener en cuenta otros regresores). La información se ha recogido mediante una encuesta efectuada a los clientes de las expendidurías de tabaco. En este caso surge un problema ya que, si un consumidor no compra tabaco en estos centros, no se conocerá su información. Es decir, tan sólo se tiene información de los consumidores que efectivamente compran tabaco en estos centros (las causas de carecer de esta información pueden ser múltiples: que el potencial consumidor no tenga la edad requerida ya que está prohibida la venta a menores de dieciocho años, que el potencial consumidor tenga problemas de salud, etc.). Así, la muestra está configurada sólo por consumidores de tabaco de quienes se posee información sobre el regresando (cantidad de gasto en tabaco) y de los regresores o variables explicativas (ingresos, edad, situación socioeconómica) (véase figura 7.2).

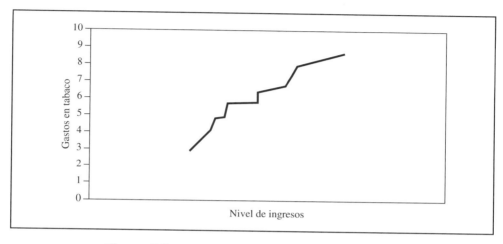

Figura 7.2. Gasto en tabaco según nivel de ingresos.

Ejemplo 7.4. Ecuación de demanda salarial (Modelo Truncado)

En el departamento de recursos humanos de una empresa multinacional se pretende estudiar la ecuación de los salarios de los empleados en la empresa. Para ello se ha especificado un modelo econométrico de la ecuación de los salarios en el que se relacionan las características sociolaborales de sus afiliados (edad, años de experiencia laboral en la empresa, nivel cultural, estado civil, número de hijos) con las retribuciones anuales. En este caso el modelo econométrico adecuado sería un Modelo Truncado ya que los empleados de la empresa tendrán, de acuerdo con la legalidad vigente, una retribución igual o mayor al salario mínimo interprofesional. No tiene sentido una retribución próxima a valores iguales a cero. Es decir, el regresando toma valores distintos de cero y su valor está acotado ya que deben ser mayores o iguales al salario mínimo.

Ejemplo 7.5. Propuesto por J. Tobin (1958)

Se trata de una buena ilustración de este tipo de modelos. En efecto, a través de un estudio de la demanda de automóviles de primera mano, distingue entre dos situaciones distintas:

— Se conoce la información de las características socioeconómicas (variables exógenas) de todos los potenciales demandantes (compradores y no compradores) y la cantidad gastada por los consumidores efectivos (compradores efectivos de este bien duradero), ignorando la información de la variable endógena del resto de los consumidores (Modelo Tobit de Variable Censurada).

— Se conoce la información de las características socioeconómicas o variables exógenas de los demandantes (compradores efectivos de este bien duradero) así como la cantidad gastada por estos consumidores[1], es decir, de la variable endógena (Modelo Tobit de Variable Truncada).

Las dos situaciones distintas propuestas por Tobin corresponden al Modelo Tobit de Variable Censurada y al Modelo Tobit de Variable Truncada, respectivamente.

La definición del **Modelo Tobit de Variable Censurada** no es única ya que nos podemos encontrar distintas situaciones. Según Tobin (1958), el consumidor gasta en un bien, en un producto o en servicios, pero no lo declara (no se conoce la información de la variable endógena, por ejemplo, debido al secreto estadístico). En Novales (1993), se define como modelo censurado aquel en que los valores inferiores a una cierta cantidad son sustituidos por una cantidad fija, generalmente cero. En la obra de Intriligator (1996), se define como modelo censurado a aquel modelo en que no se conocen los valores de alguna observación del regresando. En el manual del *Eviews* (1997) y en el libro de Greene (2000) se define como modelo censurado a aquel modelo en que los valores de la variable endógena inferiores o superiores a un determinado valor no se conocen, es decir, están sometidos a una barrera o límite (en general, los límites pueden ser inferiores, superiores o ambos).

Entre otras, las posibles definiciones del **Modelo Tobit de Variable Truncada** son las siguientes. Según Tobin (1958), el consumidor no gasta en el bien, en el producto o servicio en cuestión (un consumidor no gasta en tabaco, por no ser fumador). En Novales (1993), se define como modelo truncado a aquel en que tan sólo se recoge la información del regresando cuando su valor supera una cierta cantidad, umbral mínimo, y no se recoge tampoco la información de los regresores. En Johnston y Di Nardo (1997), se afirma que una observación es truncada cuando no se conoce la información ni de los regresores ni del regresando. En Intriligator (1996), se afirma que un modelo es truncado si los valores para las variables fuera de un determinado rango no se conocen. En el manual del *Eviews* (1997) y en Greene (2000), se dice que un modelo es truncado si los valores que están fuera de un determinado rango no se conocen (el rango puede estar definido por un límite que puede ser inferior, superior o ambos).

Como paso previo a la propuesta de una tipología de esta clase de modelos, es conveniente recordar el concepto de función de densidad censurada y función de

---

[1] En este caso se supone que la cantidad demandada por los consumidores está limitada ya que un automóvil como mínimo costará un millón de pesetas.

densidad truncada. En la figura 7.3 se representan distintos tipos de funciones de densidad de la normal. La principal característica de las funciones truncadas y censuradas es que los parámetros de la distribución no se mantienen respecto a la función original.

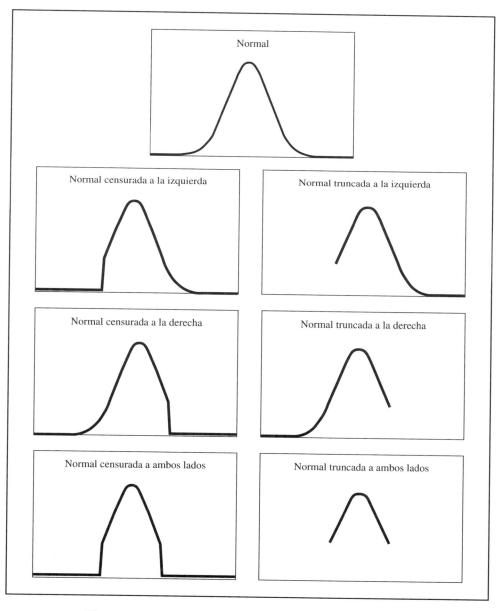

Figura 7.3. Distintos tipos de función de densidad normal.

En efecto, una de las diferencias esenciales en esta familia de funciones de densidad, desde el punto de vista estadístico, es que tienen esperanzas y/o varianzas distintas[2]. A través de la tabla 7.1 se puede establecer una tipología básica de los distintos Modelos de Variable Limitada, atendiendo a la distribución estadística y los datos utilizados.

TABLA 7.1

Tipología de los modelos de variable dependiente limitada

			Tipo de características		
			Logística	**Normal**	**Valor Extremo**
Especificación de los datos u observaciones	Censurados	Izquierda Derecha Ambos lados	Modelo Censurado Logit	Modelo Censurado Probit o Modelo Probit Censurado	Modelo Censurado Valor Extremo
	Truncados	Izquierda Derecha Ambos lados	Modelo Truncado Logit	Modelo Truncado Probit o Modelo Probit Truncado	Modelo Truncado Valor Extremo

Entre los diferentes tipos de modelos, dieciocho en total, se analizarán dos: el Modelo Tobit Censurado y el Modelo Tobit Truncado.

Las características generales de estos tipos de modelos son:

— Los valores del regresando son mayores o iguales a cero.
— Los valores del regresando distintos de cero acostumbran a tener un valor acotado (tienen un valor máximo o mínimo).
— Los valores del regresando están acotados inferior o superiormente.
— Los modelos de variable limitada no son lineales.

Las distribuciones que se acostumbra a utilizar en la especificación del modelo son: la Logística, la Normal y la de Valor Extremo.

7.2. FUNCIÓN DE DENSIDAD TRUNCADA

Una variable aleatoria, por ejemplo u_i, se distribuye según una normal de parámetros μ, σ^2 que se representa por:

$$u_i \approx N(\mu, \sigma^2)$$

---

[2] Véase apartado 7.2, Función de Densidad Truncada.

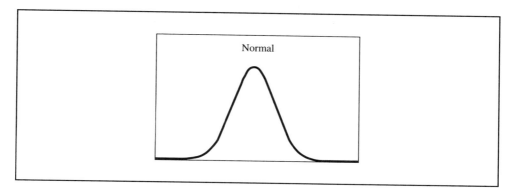

Figura 7.4.

y su función de densidad $\phi(u_i)$ (véase figura 7.4), es igual a:

$$f(u_i/\mu,\sigma) = \frac{1}{(2\pi\sigma^2)^{1/2}} e^{-\frac{1}{2}\left(\frac{u_i-\mu}{\sigma}\right)^2}$$

siendo la esperanza $E(u_i) = \mu$, mientras que la varianza Var $(u_i) = \sigma^2$.

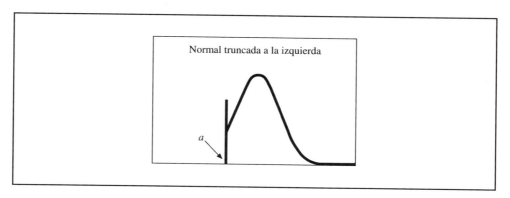

Figura 7.5.

En el caso de que la variable aleatoria u_i se normalice (es decir, se le reste la media y se divida por la desviación típica), se obtiene:

$$w_i = \frac{u_i-\mu}{\sigma}$$

la variable w_i se distribuirá según una normal de parámetros 0 y 1 respectivamente y se representa por: $N(0, 1)$. Además la función de densidad en este caso es:

$$\phi(w_i / \mu, \sigma) = \frac{1}{(2\pi)^{1/2}} e^{-\frac{1}{2}(w_i)^2}$$

mientras que la probabilidad acumulada se obtiene a través de la función de distribución:

$$\Phi(w_i / \mu, \sigma) = \int_{-\infty}^{w_i} \frac{1}{(2\pi)^{1/2}} e^{-\frac{1}{2}s^2} ds$$

Ahora bien, si la variable aleatoria u_i se distribuye según una normal de parámetros μ, σ^2 y está truncada en el punto «a», la función de densidad truncada (véase figura 7.5) es igual a:

$$f(u_i / u_i > a) = \frac{(2\pi\sigma^2)^{1/2} e^{-\frac{1}{2}\left(\frac{u_i - \mu}{\sigma}\right)^2}}{1 - \Phi(\alpha_i)} = \frac{1}{\sigma} \frac{(2\pi)^{1/2} e^{-\frac{1}{2}\left(\frac{u_i - \mu}{\sigma}\right)^2}}{1 - \Phi(\alpha_i)} = \frac{1}{\sigma} \frac{\phi(u_i)}{1 - \Phi(\alpha_i)} \qquad (7.1)$$

siendo $\Phi(\alpha_i)$ la función de distribución o probabilidad acumulada y $\alpha_i = \dfrac{a - \mu}{\sigma}$.

En este caso, la esperanza de la función truncada en «a» es igual a:

$$E(u_i) = \mu + \sigma \frac{\phi(\alpha_i)}{1 - \Phi(\alpha_i)} = \mu + \sigma \gamma(\alpha_i) \qquad (7.2)$$

mientras que la varianza será igual a:

$$\text{Var}(u_i) = \sigma^2 \{1 - [\gamma(\alpha_i)[\gamma(\alpha_i) - \alpha_i]]\} = \sigma^2 \{1 - \delta(\alpha_i)\} \qquad (7.3)$$

donde:

$$\alpha_i = \frac{a - \mu}{\sigma} \qquad \gamma(\alpha_i) = \frac{\phi(\alpha_i)}{1 - \Phi(\alpha_i)} \qquad \delta(\alpha_i) = \gamma(\alpha_i)[\gamma(\alpha_i) - \alpha_i]$$

$$\phi(\alpha_i) = \frac{1}{(2\pi)^{1/2}} e^{-\frac{1}{2}\left(\frac{a - \mu}{\sigma}\right)^2} \qquad \Phi(\alpha_i) = \int_{-\infty}^{\alpha_i} \frac{1}{(2\pi)^{1/2}} e^{-\frac{1}{2}s^2} ds$$

Se puede comprobar fácilmente que la varianza de la variable truncada es más pequeña que la de la variable sin truncar ya que $\delta(\alpha_i)$ es siempre positiva.

A continuación se analiza el caso particular del modelo econométrico lineal:

$$Y_i = X_i \beta + u_i$$

bajo la hipótesis de que la variable aleatoria u_i se distribuye $N(0, \sigma^2)$ y que X_i son fijas en el muestreo. La variable aleatoria Y_i se distribuye $N(X_i \beta, \sigma^2)$, ya que la esperanza de la variable condicionada a que se conozca la información sobre los regresores X_i es:

$$E(Y_i / X_i, \beta) = E(X_i \beta) + E(u_i) = X_i \beta$$

mientras que la varianza de la variable Y_i viene representada por:

$$\mathrm{Var}(Y_i) = \sigma^2$$

Además, la función de densidad es:

$$f(Y_i / X_i) = \frac{1}{(2\pi\sigma^2)^{1/2}} e^{-\frac{1}{2}\left(\frac{Y_i - X_i \beta}{\sigma}\right)^2}$$

Por último, se va a estudiar el modelo econométrico truncado, que se representa por:

$$(Y_i / Y_i > a) = X_i \beta + u_i \tag{7.4}$$

es decir, la variable Y_i se distribuye normal truncada en «a» y las variables X_i son fijas en el muestreo. La esperanza de la variable Y_i truncada condicionada a que se conozca la información sobre los regresores X_i, según (7.2), es:

$$E(Y_i / X_i, Y_i > a) = E(X_i \beta) + E(u_i) = X_i \beta + \sigma \, \gamma(\alpha_i) \tag{7.5}$$

mientras que la varianza de la variable Y_i viene representada, según (7.3), por:

$$\mathrm{Var}(Y_i) = \sigma^2 \{1 - [\gamma(\alpha_i)[\gamma(\alpha_i) - \alpha_i]]\} = \sigma^2 \{1 - \delta(\alpha_i)\} \tag{7.6}$$

la función de densidad truncada es igual a:

$$f(Y_i / X_i, Y_i > a) = \frac{(2\pi\sigma^2)^{1/2} e^{-\frac{1}{2}\left(\frac{Y_i - X_i \beta}{\sigma}\right)^2}}{1 - \Phi(\alpha_i)} = \frac{1}{\sigma} \frac{(2\pi)^{1/2} e^{-\frac{1}{2}\left(\frac{Y_i - X_i \beta}{\sigma}\right)^2}}{1 - \Phi(\alpha_i)} = \frac{1}{\sigma} \frac{\phi(Y_i)}{1 - \Phi(\alpha_i)}$$

donde:

$$\alpha_i = \frac{a - X_{i\beta}}{\sigma} \tag{7.7}$$

y

$$\gamma(\alpha_i) = \frac{\phi(\alpha_i)}{1 - \Phi(\alpha_i)} \tag{7.8}$$

$$\phi(\alpha_i) = \phi\left(\frac{a - X_i\beta}{\sigma}\right) = \frac{1}{(2\pi)^{1/2}} e^{-\frac{1}{2}\left(\frac{a - X_i\beta}{\sigma}\right)^2} \tag{7.9}$$

$$\Phi(\alpha_i) = \phi\left(\frac{a - X_{i\beta}}{\sigma}\right) = \int_{-\infty}^{\alpha_i} \frac{1}{(2\pi)^{1/2}} e^{-\frac{1}{2}s^2} ds \tag{7.10}$$

Así pues, la variable normal truncada Y_i se distribuirá normal de parámetros:

$$N(X_i\beta + \sigma \, \gamma(\alpha_i); \sigma^2\{1 - \delta(\alpha_i)\}$$

7.3. MODELO TRUNCADO NORMAL (TOBIT TRUNCADO)

7.3.1. Especificación

Las características esenciales de los modelos truncados normales son:

— La información del regresando o la variable endógena toma valores distintos de cero a partir de una determinada barrera o truncamiento; además, se dispone de toda la información de las variables exógenas o regresores para la muestra.
— El regresando sigue una función de distribución normal truncada (dado el supuesto de que la perturbación aleatoria sigue una distribución normal).

En la realidad, en muchas ocasiones, no se dispone de toda la información sobre el regresando debido a diversas causas. Por ejemplo, el número de horas de trabajo por obrero y mes demandadas por las empresas tiene una barrera o cota inferior, ya que a los empresarios no les va a interesar demandar empleo para un puesto de trabajo con pocas horas, dado que en este caso los impuestos y la cotización a la Seguridad Social supondrían un coste por hora trabajada desmesurado. Es decir, en estos casos tan sólo se dispone de información para las distintas observaciones *si y sólo si* el valor de la variable endógena supera un cierto valor o barrera.

Bajo los supuestos del planteamiento del modelo econométrico lineal la ecuación de comportamiento es:

$$Y_i = \beta_1 + \beta_2 X_{2i} + \ldots + \beta_K X_{Ki} + u_i \qquad (7.11.a)$$

o bien:

$$Y_i = X_i \beta + u_i \qquad (7.11.b)$$

Si en el modelo (7.11) se efectúan las hipótesis siguientes:

— La especificación de la ecuación es correcta (no hay omisión de variables...).
— Las variables son fijas en el muestreo (deterministas).
— La variable aleatoria u_i se distribuye $N(0, \sigma^2)$.

la esperanza y la varianza matemática de la variable Y_i sin truncamiento vienen representadas respectivamente por:

$$E(Y_i / X_i) = E(X_i \beta) + E(u_i) = X_i \beta$$

$$\text{Var}(Y_i) = \sigma^2$$

y la variable Y_i se distribuirá normal de parámetros:

$$Y_i \approx N(X_i \beta, \sigma^2)$$

Ahora bien, si en el modelo (7.11) la variable Y_i está truncada a partir de una cierta cota o barrera, por ejemplo «*a*», es decir, sólo toma valores a partir de la barrera, el modelo se especifica como:

$$(Y_i / Y_i > a) = X_i \beta + u_i \qquad (7.12)$$

y en este caso, según (7.5), la esperanza de la variable Y_i es[3]:

$$E(Y_i / X_i; Y_i > a) = X_i \beta + \sigma \frac{\phi\left(\dfrac{a - X_i \beta}{\sigma}\right)}{1 - \Phi\left(\dfrac{a - X_i \beta}{\sigma}\right)} = Z_i + \sigma \, \gamma(\alpha_i) \qquad (7.13)$$

---

[3] Si se comparan los modelos (7.11) y (7.13) se observa que en la ecuación (7.11) se ha omitido una variable. En este caso, si se estima el modelo (7.11) por MCO se obtienen estimadores sesgados.

donde[3]:

$$\gamma(\alpha_i) = \frac{\phi\left(\dfrac{a - X_i\beta}{\sigma}\right)}{1 - \Phi\left(\dfrac{a - X_i\beta}{\sigma}\right)} \tag{7.14a}$$

y

$$\alpha_i = \frac{a - X_i\beta}{\sigma} \tag{7.14b}$$

mientras que su varianza, según (7.5), vendrá dada por:

$$\mathrm{Var}(Y_i/X_i, Y_i > a) = \sigma^2[1 - \{\gamma^2(\alpha_i) - \alpha_i\gamma(\alpha_i)\}] = \sigma^2[1 - \delta(\alpha_i)] \tag{7.15}$$

y en este caso la variable Y_i se distribuirá según:

$$N\{X_i\beta + \sigma\ \gamma(\alpha_i);\ \sigma^2[1 - \delta(\alpha_i)]\} \tag{7.16}$$

Dado que $\delta(\alpha_i)$ está acotado entre cero y la unidad, la varianza del modelo truncado siempre será menor que en el caso de que el modelo no estuviera truncado.

Otra forma alternativa de especificar el modelo truncado (7.12), bajo las hipótesis de truncamiento recogidas en (7.16) es la que se representa a través de la ecuación de comportamiento:

$$(Y_i/Y_i > a) = X_i\beta + \sigma\ \gamma(\alpha_i) + u_i \tag{7.17}$$

Nótese que el modelo (7.17) (es el mismo que el modelo (7.11) bajo la hipótesis de truncamiento) no es lineal, dado que el coeficiente σ es función de los valores que toman los coeficientes de regresión $\beta_1, \beta_2, ..., \beta_K$. Este hecho obliga a estimar todos los parámetros del modelo simultáneamente (K coeficientes de regresión

---

[3] A la expresión (7.14.a) se le denomina el Ratio de Mills.
Recordemos que:

$$\phi\left(\frac{a - X_i\beta}{\sigma}\right) = \frac{1}{(2\pi)^{1/2}} e^{-\frac{1}{2}\left(\frac{a - X_i\beta}{\sigma}\right)^2} = \frac{1}{(2\pi)^{1/2}} e^{-\frac{1}{2}\alpha_i^2} = \phi(\alpha_i)$$

$$\phi\left(\frac{a - X_i\beta}{\sigma}\right) = \int_{-\infty}^{\left(\frac{a - X_i\beta}{\sigma}\right)} \frac{1}{(2\pi)^{1/2}} e^{-\frac{1}{2}s^2} ds = \int_{-\infty}^{(\alpha_i)} \frac{1}{(2\pi)^{1/2}} e^{-\frac{s^2}{2}} ds = \Phi(\alpha_i)$$

y σ). Además, la interpretación de los coeficientes β_1, β_2, ..., β_K, en el modelo truncado, ya no es inmediata como ocurría en el modelo de regresión lineal.

7.3.2. Interpretación de los coeficientes: efecto marginal

La cuantificación del efecto de un incremento unitario de un regresor, si es derivable, por ejemplo X_{ki}, sobre el regresando en el modelo (7.17), viene dada por la derivada parcial de su valor esperado respecto a la variable X_{ki}. Es decir:

$$\frac{\partial E(Y_i / Y_i > a)}{\partial X_{ki}} = \beta_k + \sigma \frac{\partial \gamma(\alpha_i)}{\partial X_{ki}} = \beta_k + \sigma \frac{\partial \left[\dfrac{\phi\left(\dfrac{a - X_i\beta}{\sigma}\right)}{1 - \Phi\left(\dfrac{a - X_i\beta}{\sigma}\right)} \right]}{\partial X_{ki}} =$$

$$= \beta_k - \sigma(\beta_k / \sigma) \frac{\phi\left(\dfrac{a - X_i\beta}{\sigma}\right)}{1 - \Phi\left(\dfrac{a - X_i\beta}{\sigma}\right)} \left[\frac{\phi\left(\dfrac{a - X_i\beta}{\sigma}\right)}{1 - \Phi\left(\dfrac{a - X_i\beta}{\sigma}\right)} - \left(\dfrac{a - X_i\beta}{\sigma}\right) \right] =$$

$$= \beta_k - \beta_k [\{\gamma(\alpha_i)\}^2 - \alpha_i \gamma(\alpha_i)] = \beta_k[1 - \delta(\alpha_i)] =$$

$$= \beta_k [\text{factor de corrección en el punto } i] \tag{7.18}$$

Dado que $\delta(\alpha_i)$ está comprendido entre cero y la unidad, el *factor de corrección* siempre será inferior a la unidad, con lo que el efecto marginal de la variable X_{ki} en los modelos truncados es siempre menor que el coeficiente de regresión β_k asociado a dicha variable.

7.3.3. Estimación del Modelo Truncado Normal (Tobit Truncado)

La especificación del modelo de variable truncada según (7.17) se puede especificar como:

$$(Y_i / Y_i > a) = \beta_1 + \beta_2 X_{2i} + \ldots + \beta_K X_{Ki} + \sigma \gamma(\alpha_i) + u_i \tag{7.17}$$

o bien:

$$(Y_i / Y_i > a) = (X_i \beta) + \sigma \gamma(\alpha_i) + u_i \tag{7.17}$$

La estimación del modelo (7.17) se puede abordar mediante distintos procedimientos. Entre ellos, se puede efectuar la estimación mediante: Mínimos Cuadrados Ordinarios, el método de Amemiya (1973) en dos etapas y el método de la Máxima Verosímiltud.

Estimación por Mínimos Cuadrados Ordinarios

Si se estima el modelo (7.11) mediante el método de los Mínimos Cuadrados Ordinarios, se puede deducir fácilmente que los estimadores que se obtienen de este modelo (7.11), cuando el modelo correcto es el (7.17), serán sesgados e inconsistentes, dado que en el modelo (7.11) se produce un error de especificación por omisión de una variable explicativa, en concreto $\gamma(\alpha_i)$.

Estimación mediante el método de Amemiya (1973) en dos etapas

El procedimiento propuesto por Amemiya para estimar los parámetros del modelo (7.17) consta de dos etapas y consiste en:

Primera etapa. Se estima por MCO el modelo:

$$Y_i = \beta_1 + \beta_2 X_{2i} + \ldots + \beta_K X_{Ki} + u_i$$

se obtiene la estimación del regresando $\hat{y}_i$.

Segunda etapa. Se especifica la ecuación auxiliar:

$$Y_i(Y_i - a) = \sigma^2 + \beta_1 Y_i + \beta_2 Y_i X_{2i} + \ldots + \beta_K Y_i X_{Ki} + u_i$$

que se estima mediante el método de las Variables Instrumentales utilizando como instrumentos los siguientes regresores: $\{1, \hat{Y}_i, \hat{Y}_i \hat{X}_{2i}, \ldots, \hat{Y}_i X_{ki}\}$.

Los estimadores que se obtienen a través de este procedimiento de los coeficientes $\{\sigma^2, \beta_1, \beta_2, \ldots, \beta_K\}$, según Amemiya (1973) son consistentes.

Estimación máximo-verosímil

La función de densidad del modelo (7.17) expresada en términos de la variable endógena Y_i es:

$$f(Y_i / X_i, Y_i > a) = \frac{1}{\sigma} \frac{\phi(Y_i)}{1 - \Phi(\alpha_i)} = \frac{(2\pi\sigma^2)^{1/2} e^{-\frac{1}{2}\left(\frac{Y_i - X_i\beta}{\sigma}\right)^2}}{1 - \Phi\left(\frac{a - X_i\beta}{\sigma}\right)}$$

si se dispone de una muestra de tamaño I ($i = 1, 2, 3, \ldots, I$) y bajo la hipótesis de independencia entre los distintos individuos, la función de probabilidad en términos del regresando Y_i es:

$$\text{Prob}(Y_1, Y_2, \ldots Y_i, \ldots Y_I) = \prod_{i=1}^{I} \text{Prob}(Y_i) = \frac{(2\pi\sigma^2)^{\frac{1}{2}} e^{-\frac{1}{2}\Sigma\left(\frac{Y_i - X_i\beta}{\sigma}\right)^2}}{\sum\left\{1 - \Phi\left(\frac{a - X_i\beta}{\sigma}\right)\right\}} \tag{7.19}$$

Mientras que el logaritmo neperiano de la función de verosimilitud es:

$$\ln L = -\frac{I}{2}\ln 2\pi - \frac{I}{2}\ln \sigma^2 - \frac{1}{2\sigma^2}\sum_{i=1}^{I}(Y_i - X_i\beta)^2 - \sum_{i=1}^{I}\ln\left[1 - \Phi\left(\frac{a - X_i\beta}{\sigma}\right)\right]$$

Mediante el método de la máxima verosimilitud se pueden estimar los parámetros del modelo: $\{\beta_1, \beta_2, \ldots, \beta_K;$ y $\sigma\}$.

Ejercicio 7.1. Modelo Truncado Normal (Tobit Truncado)

En un informe del departamento de recursos humanos de Cia, S. A., se ha estimado la ecuación de salarios. A tal fin se especificó un modelo econométrico en el que se relacionaba el logaritmo de los salarios percibidos por los empleados con un conjunto de variables o características a través de la ecuación de comportamiento siguiente:

$$Y_i = \beta_1 + \beta_2 X_{2i} + \beta_3 X_{3i} + \beta_4 X_{4i} + \beta_5 X_{5i} + \beta_6 X_{6i} + u_i$$

donde:

Y_i: es el logaritmo de los salarios.
X_{2i}: es la experiencia laboral al cuadrado.
X_{4i}: es el nivel educativo, que puede tomar valores del 1 al 17.
X_{5i}: es una variable dicotómica que es uno si el trabajador está casado.
X_{6i}: es una variable dicotómica que es uno si posee título universitario.

La ecuación de comportamiento de los salarios percibidos se ha estimado para una muestra de tamaño 754 mediante dos procedimientos:

1. A través de un Modelo Lineal utilizando el método de los Mínimos Cuadrados Ordinarios (MCO).
2. A través de un Modelo Truncado Normal; la función de distribución empleada es la normal, mientras que el método empleado para su estimación ha sido el de la Máxima Verosimilitud (MV).

Los resultados de las estimaciones que se han obtenido son los que se detallan en la tabla 7.2 y tabla 7.3, respectivamente.

TABLA 7.2
Modelo Lineal

Dependent Variable: Y
Method: Least Squares
Sample: 1 754
Included observations: 754

Variable	Coefficient	Std. Error	t-Statistic	Prob.
C	1,293434	0,085617	15,10722	0,0000
X2	0,015474	0,004453	3,475271	0,0005
X3	−0,000103	9,00E−05	−1,146475	0,2520
X4	0,078091	0,005450	14,32919	0,0000
X5	0,020946	0,031232	0,670680	0,5026
X6	−0,036284	0,027237	−1,332163	0,1832

R-squared	0,253395	Mean dependent var	2,511457
Adjusted R-squared	0,248404	S.D. dependent var	0,411314
S.E. of regression	0,356587	Akaike info criterion	0,783448
Sum squared resid	95,11139	Schwarz criterion	0,820255
Log likelihood	−289,3601	F-statistic	50,77374
Durbin-Watson stat	0,502886	Prob(F-statistic)	0,000000

TABLA 7.3
Modelo Tobit Truncado

Dependent Variable: Y
Method: ML - Censored Normal (TOBIT)
Included observations: 754
Truncated sample
Left censoring (value) series: 1.8718

Variable	Coefficient	Std. Error	t-Statistic	Prob.
C	0,635914	0,149677	4,248579	0,0000
X2	0,023480	0,006795	3,455720	0,0005
X3	−0,000176	0,000136	−1,291259	0,1966
X4	0,111640	0,008752	12,75612	0,0000
X5	0,034301	0,046506	0,737572	0,4608
X6	−0,053356	0,039326	−1,356741	0,1749

Error Distribution				
SCALE:C(7)	0,429388	0,017024	25,22279	0,0000

R-squared	0,253623	Mean dependent var	2,511457
Adjusted R-squared	0,247628	S.D. dependent var	0,411314
S.E. of regression	0,356771	Akaike info criterion	0,586921
Sum squared resid	95,08238	Schwarz criterion	0,629863
Log likelihood	−214,2693	Hannan-Quinn criter.	0,603463
Avg. Log likelihood	−0,284177		

Left censored obs	0	Right censored obs	0
Uncensored obs	754	Total obs	754

TABLA 7.4

Información complementaria del Modelo Tobit Truncado

$\bar{X}_2 = 21{,}031$	$\bar{X}_3 = 587{,}743$	$\bar{X}_4 = 12{,}304$
$\bar{X}_5 = 0{,}719$	$\bar{X}_6 = 0{,}623$	
$a = 1{,}8718$	$\bar{X}\hat{\beta} = 2{,}391155$	$\hat{\sigma} = 0{,}429388$

A partir de las tablas 7.2 y 7.3 se puede comprobar que las estimaciones de los coeficientes de regresión son distintas y que las varianzas son menores en el caso del Modelo Truncado, de conformidad con lo expuesto en (7.16).

A través de la figura 7.6.a. se visualizan las dos componentes que configuran el Modelo Tobit Truncado, ver ecuación (7.17). Mientras, en la figura 7.6.b. se representan los valores del regresando estimado mediante el Modelo Lineal y el Modelo Tobit Truncado.

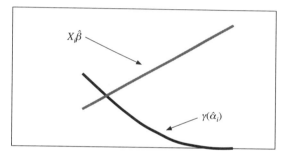

Figura 7.6.a.   Componentes del modelo truncado.

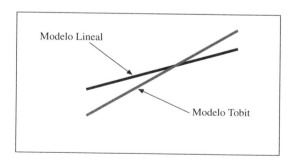

Figura 7.6.b.   Regresando estimado del Modelo Lineal
y del Modelo Tobit Truncado

La interpretación de los **coeficientes de regresión** que se han obtenido a través de los dos procedimientos es distinta. Así, los coeficientes de regresión en el Modelo Lineal miden las propensiones marginales, es decir, cuantifican el efecto sobre la variable endógena de un incremento unitario de la variable explicativa, manteniendo fijas el resto de las variables explicativas. Mientras que en el caso de un Modelo Truncado Normal los coeficientes no miden directamente los efectos marginales. En este caso, para obtener el efecto marginal de una variable en un punto (observación) determinado se debe multiplicar por el factor de corrección en el punto i (véase ecuación 7.18) (es un procedimiento análogo al utilizado para obtener el efecto marginal en el Modelo Probit, Logit y Valor Extremo). Así pues, el efecto marginal en el Modelo Tobit Truncado es distinto en cada punto u observación (depende del origen).

En el caso de que se quieran comparar los resultados obtenidos, se recomienda comparar los estimadores de los coeficientes de regresión del Modelo Lineal con el efecto marginal para la misma variable en el valor medio del Modelo Tobit Truncado.

El cálculo del efecto marginal del Modelo Truncado Normal de cada una de las variables se obtiene aplicando la expresión (7.18). Previo a su aplicación se van a calcular los valores de los distintos términos que intervienen en dicha ecuación. Así, según (7.14.b), y teniendo en cuenta la información recogida en las tablas 7.3 y 7.4 se tiene:

$$\hat{\alpha}_i = \frac{1,8718 - 2,391155}{0,429388} = -1,209524$$

Mientras que los valores de los términos que configuran la ecuación (7.14.a) son:

— el de la función de densidad:

$$\phi(-1,209524) = \phi(\hat{\alpha}_i) = \phi\left(\frac{\hat{a} - \overline{X}_i\hat{\beta}}{\hat{\sigma}}\right) = \frac{1}{(2\pi)^{1/2}} e^{-\frac{1}{2}(-1,209524)_i^2} = 0,191970$$

— el de la función de distribución[4]:

$$\Phi(-1,209524) = \Phi(\hat{\alpha}_i) = \Phi\left(\frac{\hat{a} - \overline{X}_i\hat{\beta}}{\hat{\sigma}}\right) = \int_{-\infty}^{(-1,209524)} \frac{1}{(2\pi)^{1/2}} e^{-\frac{s^2}{2}} ds = 0,1131$$

— el valor de la expresión función $\gamma(\hat{\alpha}_i)$ es:

$$\gamma(\hat{\alpha}_i) = \frac{\phi(\hat{\alpha}_i)}{1 - \Phi(\hat{\alpha}_i)} = \frac{0,191970}{1 - 0,1131} = 0,216450$$

— mientras que el valor de $\delta(\hat{\alpha}_i)$ es igual a:

$$\delta(\hat{\alpha}_i) = \gamma^2(\hat{\alpha}_i) - \hat{\alpha}_i\gamma(\hat{\alpha}_i) = (0,216450)^2 - (-1,209524)0,216450 = 0,308652$$

---

[4] El valor de la probabilidad acumulada se obtiene a partir de la tabla de la normal $N(0,1)$, así para $\hat{\alpha}_i = -1,209524$ el valor que le corresponde y $\Phi(-1,209524) = 0,1131$.

En definitiva, el *efecto marginal* en el punto medio para las variables[5] X_{2i}, X_{3i} y X_{4i}, atendiendo a la ecuación (7.18), es:

$$\frac{\partial E(Y_i/Y_i > a)}{\partial X_{2i}} = \hat{\beta}_2[1 - \delta(\hat{\alpha}_i)] = 0{,}02348(1 - 0{,}308652) = 0{,}01623285$$

$$\frac{\partial E(Y_i/Y_i > a)}{\partial X_{3i}} = \hat{\beta}_3[1 - \delta(\hat{\alpha}_i)] = -0{,}000176(1 - 0{,}308652) = -0{,}00012167$$

$$\frac{\partial E(Y_i/Y_i > a)}{\partial X_{4i}} = \hat{\beta}_4[1 - \delta(\hat{\alpha}_i)] = 0{,}111640(1 - 0{,}308652) = 0{,}077182$$

7.4. MODELO CENSURADO PROBIT (TOBIT CENSURADO)[6]

7.4.1. Especificación

La característica principal del Modelo Tobit Censurado es que el regresando Y_i presenta dos opciones, una de ellas es el valor cero y la otra el valor de la variable Y_i^* (denominada variable latente). A su vez la variable Y_i^* está relacionada con las variables o regresores X_{2i}, ..., X_{Ki} mediante una función. Con el fin de simplificar la exposición, se supondrá que depende linealmente de las variables explicativas:

$$Y_i^* = [1X_{2i} \dots X_{Ki}][\beta_1\beta_2 \dots \beta_K]' + u_i = X_i\beta + u_i = Z_i + u_i \qquad (7.20a)$$

donde:

— u_i es una variable aleatoria que se distribuye normal con parámetros $N(0, \sigma^2)$.
— Los regresores (características o variables explicativas) X_i son fijos en el muestreo.

En consecuencia, el regresando Y_i^* se distribuirá según una normal de parámetros:

$$Y_i^* \approx N(X_i\beta; \sigma^2) \qquad (7.20b)$$

---

[5] Se considera que las variables X_{2i}, X_{3i}, y X_{4i} son derivables y en este caso se puede calcular su efecto marginal. Las variables X_{5i} y X_{6i} son dicotómicas y en este caso el efecto marginal se debería calcular como diferencia evaluando el modelo para $X_{5i} = 1$ frente $X_{5i} = 0$.

[6] En la literatura econométrica este tipo de modelos se denominan Modelo Tobit, mientras que al Modelo Tobit Truncado se le denomina Modelo Truncado.

De forma esquemática, el Modelo Tobit Censurado se puede describir a través del sistema de desigualdades siguiente:

$$\begin{cases} Y_i = 0 & si & Y_i^* \leq 0 \\ Y_i = Y_i^* & si & Y_i^* > 0 \end{cases} \tag{7.21}$$

donde:

Y_i^*: es una variable latente (artificial) que está relacionada con las características o regresores a través de la ecuación (7.20).

Y_i: es una variable real u observada (es la variable que se utiliza como variable endógena o regresando en el modelo a estimar).

La ecuación (7.11.a) se puede escribir de forma alternativa a través del siguiente sistema:

$$\begin{cases} (Y_i / X_i, Y_i^* \leq 0) = 0 \\ (Y_i / X_i, Y_i^* > 0) = X_i \beta + u_i \end{cases} \tag{7.22}$$

Con el fin de hacer más comprensible la exposición del Modelo Probit Censurado se va a descomponer su especificación en dos fases o etapas:

— *En la primera etapa,* a través de un modelo Probit, se asigna la probabilidad de que la variable Y_i^* valga cero frente a la probabilidad de que Y_i^* sea positiva (se excluyen los valores negativos). Ahora bien, con el fin de facilitar la estimación del modelo Probit, la elección se plantea en términos de que Y_i^* valga cero frente a que Y_i^* sea igual a la unidad.
— *En la segunda etapa,* a través de un modelo se asigna, para los valores distintos de cero de Y_i^*, un valor concreto. En este caso el modelo propuesto es truncado ya que no se trabaja con toda la muestra, dado que se han eliminado las observaciones cuyos valores del regresando son cero o negativos.

Primera etapa. Esta etapa de la especificación del Modelo Tobit Censurado consiste en la construcción de una variable artificial dicotómica que toma el valor cero si el valor de la variable Y_i^* es negativo o nulo, y el valor uno si el valor de la variable Y_i^* es positivo. A continuación, con esta variable artificial dicotómica, se estima un modelo Probit.

La especificación del modelo Probit se efectúa a través de la función de distribución de la normal (véase 4.12), cuya expresión es:

$$Y_i^* = \int_{-\infty}^{\frac{X_i \beta}{\sigma}} \frac{1}{(2\pi)^{1/2}} e^{-\frac{1}{2}s^2} ds + u_i \tag{7.23}$$

donde s es una variable «muda» de integración.

De forma compacta el modelo se puede escribir como:

$$Y_i^* = \Phi\left(\frac{X_i\beta}{\sigma}\right) + u_i \tag{7.24}$$

Analizando el modelo en términos probabilísticos se tiene:

$$\text{Prob}(Y_i^* > 0/X_i) = \Phi\left(\frac{X_i\beta}{\sigma}\right) = P_i \tag{7.25}$$

$$\text{Prob}(Y_i^* > 0/X_i) = 1 - \Phi\left(\frac{X_i\beta}{\sigma}\right) = 1 - P_i \tag{7.26}$$

De forma resumida, las características más relevantes de la primera etapa de la especificación son:

Descripción del modelo		Primera etapa	
Valor de la variable latente Y_i^*	Valor de la variable real (observada) Y_i	Se sustituyen los valores Y_i^* por los siguientes	$\text{Prob}(Y_i^*)$
> 0	$Y_i^* = X_i\beta + u_i$	1	$P_i = \Phi\left(\dfrac{X_i\beta}{\sigma}\right)$
≤ 0	0	0	$1 - P_i = 1 - \Phi\left(\dfrac{X_i\beta}{\sigma}\right)$

Así pues, el valor esperado de la variable Y_i^* condicionado a los valores de las variables X_i es:

$$E\left(Y^*\big/X_i\right) = \text{Valor}(Y_i^* = 0)\,\text{Prob}(Y_i^* = 0) + \text{Valor}(Y_i^* > 0)\text{Prob}(Y_i^* > 0) =$$

$$= 0\left(1 - \Phi\left(\frac{X_i\beta}{\sigma}\right)\right) + 1\Phi\left(\frac{X_i\beta}{\sigma}\right) = \Phi\left(\frac{X_i\beta}{\sigma}\right) \tag{7.27}$$

A través de la figura 7.7 se representa la primera etapa del Modelo Tobit Censurado consistente en asignar a cada observación, mediante el Modelo Probit, una probabilidad para que el valor de la variable endógena valga cero o un valor positivo.

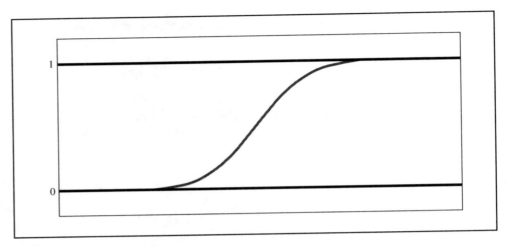

Figura 7.7. Asignación probabilística cero para valores nulos y unidad para valores positivos en las observaciones (primera etapa del Modelo Tobit Censurado).

Segunda etapa. La segunda etapa de la especificación del Modelo Tobit Censurado consiste en asignar un valor real y positivo a la variable Y_i una vez que a la variable Y_i^*, en *la primera etapa,* se le ha asignado probabilísticamente, a través del modelo Probit, un valor mayor que cero (positivo). A continuación se especifica un modelo con el subconjunto de observaciones cuyo regesando es no nulo (observaciones no censuradas) en el que se relaciona dicho regesando con los distintos regresores (características) mediante la ecuación $Y_i^* = X_i \beta + u_i$. Pero, dado que en la estimación tan sólo se utiliza un subconjunto de observaciones de la muestra y, además, se tienen en cuenta los resultados de la primera etapa, se trata, en definitiva, de una regresión condicionada.

Descripción del modelo			Primera etapa		Segunda etapa	
Valor de la variable latente Y_i^*	Valor de la variable real (observada) Y_i	Se sustituyen los valores de Y_i^* por	Prob(Y_i^*)	Valor de la variable Y_i	Prob(Y_i)	
> 0	$= X_i\beta + u_i$	$= 1$	$P_i = \Phi\left(\dfrac{X_i\beta}{\sigma}\right)$	$\Phi\left(\dfrac{X_i\beta}{\sigma}\right)$	$X_i\beta + \sigma\dfrac{\phi\left(\dfrac{X_i\beta}{\sigma}\right)}{\Phi\left(\dfrac{X_i\beta}{\sigma}\right)}$	
$\leqslant 0$	$= 0$	$= 0$	$1 - P_i = 1 - \Phi\left(\dfrac{X_i\beta}{\sigma}\right)$	0	$1 - \Phi\left(\dfrac{X_i\beta}{\sigma}\right)$	

Así pues el valor esperado de la variable Y_i condicionado a los valores de las variables X_i es:

$$E\left(Y^*\!\big/\!X_i\right) = \text{Valor}(Y_i = 0)\,\text{Prob}(Y_i = 0) + \text{Valor}(Y_i > 0)\text{Prob}(Y_i > 0) =$$

$$= 0\left(1 - \Phi\left(\frac{X_i\beta}{\sigma}\right)\right) + \Phi\left(\frac{X_i\beta}{\sigma}\right)\left(X_i\beta + \sigma\frac{\phi\left(\dfrac{X_i\beta}{\sigma}\right)}{\Phi\left(\dfrac{X_i\beta}{\sigma}\right)}\right) =$$

$$= \Phi\left(\frac{X_i\beta}{\sigma}\right)\left(X_i\beta + \sigma\frac{\phi\left(\dfrac{X_i\beta}{\sigma}\right)}{\Phi\left(\dfrac{X_i\beta}{\sigma}\right)}\right) \tag{7.28}$$

La interpretación de los términos del segundo miembro de la ecuación (7.28) es la siguiente:

— Primer factor $\Phi\left(\dfrac{X_i\beta}{\sigma}\right)$ es el valor que se le ha asignado a la observación *i-ésima* en la primera etapa mediante el ajuste a la función de distribución de la normal (modelo Probit).

— El primer sumando del segundo factor, $X_i\beta$, mide el valor estimado mediante el ajuste de las observaciones no censuradas, figura 7.8.

— El segundo sumando del segundo factor, $\dfrac{\phi\left(\dfrac{X_i\beta}{\sigma}\right)}{\Phi\left(\dfrac{X_i\beta}{\sigma}\right)}$, cuantifica la probabilidad condicionada de la primera etapa y se puede interpretar desde el punto de vista empírico como una variable decreciente, figura 7.8.

A través de la figura 7.8 se representa la segunda etapa del Modelo Tobit Censurado, que consiste en asignar a cada observación, mediante el modelo de regresión condicionado, un valor para la variable endógena no censurado.

7.4.2. Interpretación de los coeficientes: efecto marginal

La cuantificación del efecto de un incremento unitario de un regresor sobre el regresando en el Modelo Tobit Censurado no tiene una interpretación única ya que va a depender de la ecuación que se estudie.

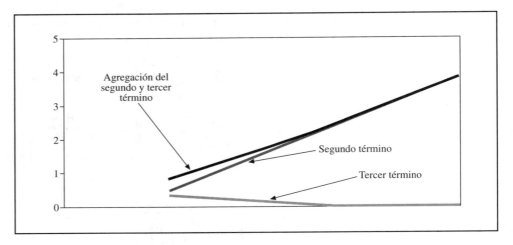

Figura 7.8. Modelo de regresión para las observaciones no censuradas (segunda etapa del Modelo Tobit Censurado)

Así, si se obtiene la derivada parcial respecto a la variable X_{ki}, de la ecuación (7.20) se tiene:

$$\frac{\partial E(Y_i^* / X_i)}{\partial X_{ki}} = \beta_k \tag{7.29}$$

mientras que el efecto marginal que se obtiene al utilizar la ecuación (7.21) se calcula a través de la derivada parcial de la función, respecto a la variable X_{ki}, si es derivable, que es igual a:

$$\frac{\partial E(Y_i^* / X_i; Y_i > a)}{\partial X_{ki}} = \beta_k \Phi\left(\frac{X_i\beta}{\sigma}\right) = \beta_k \Phi(\alpha_i) \tag{7.30}$$

7.4.3. Estimación del Modelo Tobit Censurado

De acuerdo con la especificación descrita en la sección 7.4.1, se puede abordar la estimación del Modelo Tobit Censurado mediante dos procedimientos: estimación Máximo-Verosímil y estimación por Mínimos Cuadrados Ordinarios.

Estimación Máximo-Verosímil

La función de probabilidad conjunta de los Modelos de Variable Limitada, si se dispone de una muestra de tamaño I ($i = 1, 2, ..., I$) bajo la hipótesis de independencia entre los distintos individuos, se puede expresar a través de la siguiente relación:

$$\text{Prob}(u_1 u_2 \dots u_i \dots u_I) = \text{Prob}(u_1)\text{Prob}(u_2) \dots \text{Prob}(u_i) \dots \text{Prob}(u_I) = \prod_{i=1}^{I} \text{Prob}(u_i)$$

De forma alternativa, utilizando la función de probabilidad en términos de la variable Y_i, se tiene:

$$\text{Prob}(Y_1 Y_2 \dots Y_i \dots Y_I) = \text{Prob}(Y_1)\text{Prob}(Y_2) \dots \text{Prob}(Y_I) = \prod_{i=1}^{I} \text{Prob}(Y_i) =$$

teniendo en cuenta que Y_i puede tomar el valor cero o bien un valor mayor que cero y si se supone que para las i primeras observaciones el valor del regresando son cero y las $(I - i)$ últimas son distintas de cero, se tiene:

$$= \text{Prob}(Y_1 = 0) \dots \text{Prob}(Y_i = 0) \, \text{Prob}(Y_{i+1} > 0) \dots \text{Prob}(Y_I > 0) =$$

$$= \prod_{1}^{i} \text{Prob}(Y_i = 0) \prod_{i+1}^{I} \text{Prob}(Y_i > 0)$$

sustituyendo $\text{Prob}(Y_i = 0)$ y $\text{Prob}(Y_i > 0)$ por sus valores respectivos se obtiene como:

$$= \prod_{1}^{i} \left(1 - \Phi\left(\frac{X_i \beta}{\sigma}\right)\right) \prod_{i+1}^{I} \phi\left(\frac{Y_i - X_i \beta}{\sigma}\right) \tag{7.31}$$

a partir de la función de la probabilidad conjunta (7.19) se puede obtener la función de verosimilitud y el logaritmo de la función de verosimilitud es:

$$\ln = \sum_{1}^{i} \left(1 - \Phi\left(\frac{X_i \beta}{\sigma}\right)\right) + \sum_{i+1}^{I} \phi\left(\frac{Y_i - X_i \beta}{\sigma}\right)$$

Estimación por Mínimos Cuadrados Ordinarios

Se compone de las siguientes etapas:

1. Se construye una variable artificial dicotómica que toma los valores cero o uno de acuerdo con el siguiente criterio: se sustituyen los valores de la variable $Y_i > 0$ por la unidad y los valores de $Y_i \leq 0$ por cero.

2. Se especifica y estima el modelo Probit correspondiente.
3. A partir del modelo estimado se obtienen los valores de las variables de la función de distribución $\Phi\left(\dfrac{X_i\beta}{\sigma}\right)$ y de la función de densidad $\phi\left(\dfrac{X_i\beta}{\sigma}\right)$.
4. Una vez estimadas la función de densidad y la función de distribución, se construye la ratio de Mills, cuya expresión es:

$$\lambda_i = \frac{\phi\left(\dfrac{X_i\beta}{\sigma}\right)}{\Phi\left(\dfrac{X_i\beta}{\sigma}\right)}.$$

5. Se especifica y estima por MCO el siguiente modelo:

$$Y_i = \beta_1 + \beta_2 X_{2i} + \ldots + \beta_K X_{Ki} + \sigma\lambda_i + u_i$$

Ejercicio 7.2. Modelo Censurado Normal (Tobit)

En un informe de la Patronal del Automóvil se estimó un modelo microeconométrico en el que se relacionaba el gasto en adquisición de automóvil con la renta, el número de hijos y la edad del cabeza de familia. La ecuación de comportamiento especificada es la siguiente:

$$GASTO_i = \beta_1 + \beta_2 RENTA_i + \beta_3 HIJOS_i + \beta_4 EDAD_i + u_i$$

donde:

$GASTO_i$: es el precio de adquisición del automóvil en el último año; puede haber individuos encuestados que no hayan comprado vehículos en este período y en este caso el valor es cero (en miles de u.m.).
$RENTA_i$: es la renta familiar en el último año.
$HIJOS_i$: es el número de hijos con edades inferiores a dieciocho años.
$EDAD_i$: es la edad del cabeza de familia.

La ecuación de comportamiento de demanda de automóviles se ha estimado, para una muestra de tamaño 753, mediante dos procedimientos:

a) A través de un Modelo Lineal utilizando el método de los Mínimos Cuadrados Ordinarios (MCO)
b) A través de un Modelo Tobit, empleando para su estimación el método de la Máxima Verosimilitud (MV).

Los resultados de las estimaciones que se han obtenido son los que se detallan en las tabla 7.5 y tabla 7.6 respectivamente.

TABLA 7.5
Modelo Lineal

Dependent Variable: GASTO
Method: Least Squares
Included observations: 753

Variable	Coefficient	Std. Error	t-Statistic	Prob.
C	3337,956	622,9764	5,358077	0,0000
RENTA	0,083313	0,013993	5,953905	0,0000
HIJOS	−289,1178	66,32404	−4,359171	0,0000
EDAD	−44,09703	12,02507	−3,667090	0,0003

R-squared	0,071208	Mean dependent var	1849,734
Adjusted R-squared	0,067488	S.D. dependent var	2419,887
S.E. of regression	2336,804	Akaike info criterion	18,35625
Sum squared resid	4,09E+09	Schwarz criterion	18,38082
Log likelihood	−6907,129	F-statistic	19,14131
Durbin-Watson stat	0,136524	Prob(F-statistic)	0,000000

TABLA 7.6
Modelo Tobit

Dependent Variable: GASTO
Method: ML - Censored Normal (TOBIT)
Included observation: 753
Left censoring (value) at zero

Variable	Coefficient	Std. Error	z-Statistic	Prob.
C	3329,564	1337,145	2,490055	0,0128
RENTA	0,140274	0,030107	4,659168	0,0000
HIJOS	−576,0051	147,2951	−3,910551	0,0001
EDAD	−94,42302	26,11441	−3,615744	0,0003
Error Distribution				
SCALE:C(5)	4474,698	198,3942	22,55458	0,0000

R-squared	0,065990	Mean dependent var	1849,734
Adjusted R-squared	0,060996	S.D. dependent var	2419,887
S.E. of regression	2344,924	Akaike info criterion	9,510336
Sum squared resid	4,11E+09	Schwarz criterion	9,541040
Log likelihood	−3575,641	Hannan-Quinn criter.	9,522165
Avg. log likelihood	−4,748528		
Left censored obs	417	Right censored obs	0
Uncensored obs	336	Total obs	753

TABLA 7.7

Información complementaria

GASTO = 21,031	*RENTA* = 587,743
HIJOS = 12,304	*EDAD* = 0,719

A partir de las tablas 7.5 y 7.6 se puede comprobar que las estimaciones de los coeficientes de regresión son distintas y que las varianzas son menores en el caso del Modelo Tobit. Además, los valores estimados de los coeficientes permiten calcular el regresando estimado ya que se conocen los valores de los regresores en cada uno de los casos.

A través de la figura 7.9a se visualiza el regresando estimado del Modelo Lineal. Mientras que en la figura 7.9b se representan los valores del regresando estimado mediante el Modelo Tobit. Se puede observar fácilmente que en el Modelo Lineal la variable endógena estimada puede tomar valores negativos, lo cual es totalmente absurdo ya que el gasto tiene que ser cero o positivo, pero no tiene sentido económico que sea negativo. Por el contrario, en el caso del modelo Tobit, todos los valores del regresando estimado son positivos, lo cual está de acuerdo con la realidad.

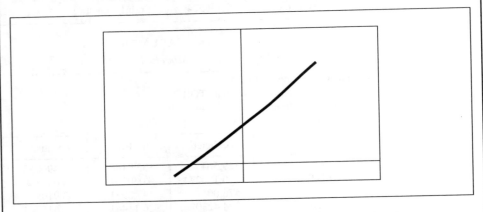

Figura 7.9.a. Regresando estimado en el Modelo Lineal.

La interpretación de los *coeficientes de regresión* que se han obtenido a través de los dos procedimientos es distinta. Así, los coeficientes de regresión en el Modelo Lineal miden las propensiones marginales, es decir, cuantifican el efecto sobre la variable endógena de un incremento unitario de la variable explicativa, manteniendo fijas el resto de las variables explicativas. Mientras que en el caso de un Modelo Tobit los coeficientes no miden directamente los efectos marginales. En este caso, para obtener el efecto marginal de una variable en un punto (observación) determinado, se debe multiplicar por la función de distribución en el punto i (véase ecuación 7.30). Así pues, el efecto marginal en el modelo Tobit es distinto en cada punto u observación (depende del origen).

© Ediciones Pirámide

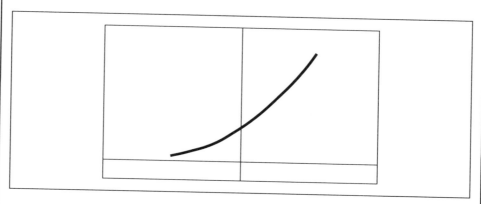

Figura 7.9.b. Regresando estimado en el Modelo Tobit.

El cálculo del *efecto marginal* en el Modelo Tobit de cada una de las variables se obtiene aplicando la expresión (7.30). Previo a su aplicación se van a calcular los valores de los distintos términos que intervienen en dicha ecuación. Teniendo en cuenta la información recogida en las tablas 7.6 y 7.7, se tiene para el punto medio:

$$\frac{\overline{X}_i\hat{\beta}}{\hat{\sigma}} = \frac{-228,486}{4474,698} = -0,051$$

Mientras que el valor de la función de distribución[7]:

$$\Phi(-0,051) = \Phi\left(\frac{\overline{X}_i\hat{\beta}}{\hat{\sigma}}\right) = \int_{-\infty}^{(-0,051)} \frac{1}{(2\pi)^{\frac{1}{2}}} e^{-\frac{s^2}{2}} ds = 0,4796$$

En definitiva, el *efecto marginal,* en el punto medio, para cada una de las variables[8] que intervienen en el modelo y atendiendo a la ecuación (7.30), es:

$$\frac{\partial E(GASTO_i)}{\partial RENTA_i} = \hat{\beta}_2\Phi\left(\frac{\overline{X}_i\hat{\beta}}{\hat{\sigma}}\right) = 0,140274\Phi(-0,051) = 0,06728$$

$$\frac{\partial E(GASTO_i)}{\partial HIJOS_i} = \hat{\beta}_3\Phi\left(\frac{\overline{X}_i\hat{\beta}}{\hat{\sigma}}\right) = -576,0051\Phi(-0,051) = -276,288$$

$$\frac{\partial E(GASTO_i)}{\partial EDAD_i} = \hat{\beta}_4\Phi\left(\frac{\overline{X}_i\hat{\beta}}{\hat{\sigma}}\right) = -94,42302\Phi(-0,051) = -45,291$$

---

[7] El valor de la probabilidad acumulada se obtiene a partir de la tabla de la normal $N(0, 1)$; así el valor que corresponde es $\Phi(-0,051) = 0,4796$.

[8] Se considera que todas las variables que intervienen en el modelo son derivables y en este caso se puede calcular su efecto marginal.

La *elasticidad demanda renta* utilizando el Modelo Tobit en el punto medio es igual:

$$\frac{\dfrac{\partial E(GASTO_i)}{GASTO}}{\dfrac{\partial RENTA_i}{RENTA}} = \frac{\partial E(GASTO_i)}{\partial RENTA_i}\frac{\overline{RENTA}}{\overline{GASTO}} = \hat{\beta}_2 \Phi\left(\frac{\overline{X_i\hat{\beta}}}{\hat{\sigma}}\right)\frac{\overline{RENTA}}{\overline{GASTO}} = 0,06728\frac{587,743}{21,031} = 0,41975$$

Mientras que si se calcula la *elasticidad demanda renta* mediante el Modelo Lineal en el punto medio, utilizando la información recogida en las tablas 7.5 y 7.7, es:

$$\frac{\dfrac{\partial E(GASTO_i)}{GASTO}}{\dfrac{\partial RENTA_i}{RENTA}} = \frac{\partial E(GASTO_i)}{\partial RENTA_i}\frac{\overline{RENTA}}{\overline{GASTO}} = \hat{\beta}_2\frac{\overline{RENTA}}{\overline{GASTO}} = 0,083313\frac{587,743}{21,031} = 0,519781$$

7.5. VALIDACIÓN Y CONTRASTES DE HIPÓTESIS

En el campo de los Modelos de Variable Limitada, se pueden construir los contrastes habituales sobre un coeficiente o un conjunto de coeficientes a partir de estimaciones consistentes y asintóticamente eficientes de la matriz de varianzas-covarianzas del modelo estimado.

Podemos diferenciar dos situaciones distintas: el contraste de una hipótesis sobre un parámetro individual y la significatividad estadística del modelo en su conjunto, a través de los tests fundamentados en la función de verosimilitud.

El *contraste individual de un coeficiente* se puede efectuar, para muestras grandes, a través de una aproximación asintótica a una *t*-Student (véase 5.8), y de conformidad con lo descrito en la sección 5.2. Mientras, *la significatividad del modelo en su conjunto* se puede efectuar mediante las pruebas estadísticas basadas en la función de verosimilitud y en el logaritmo de la función de verosimilitud *(Log likelihood)*.

En este último caso, además de la función de verosimilitud estimada a partir de los residuos, o bien de su logaritmo, se pueden construir distintos contrastes de hipótesis utilizando los siguientes tests o criterios: la Razón de Verosimilitud, el estadístico de Akaike (AIC), el estadístico de Schwarz y el estadístico de Hannan-Quinn; ver ecuaciones (5.9), (5.10), (5.11) y (5.12) respectivamente.

En la exposición de los modelos Censurados y Truncados tan sólo se han desarrollado aquellos que utilizan la función de distribución Normal. La especificación y estimación de los modelos Censurados y/o Truncados que utilizan la función de distribución Logística o bien la de Valor Extremo es análoga a los casos expuestos, los modelos Tobit Censurado y Tobit Truncado.

Entre los modelos Censurados Normal, Logit y Valor Extremo, el criterio de elección está basado en la Función de Verosimilitud y en los tests que se construyen a partir de la misma: estadístico Akaike (AIC), el estadístico de Schwarz y el estadístico de Hannan-Quinn (véanse ecuaciones 5.9, 5.10, 5.11 y 5.12, respectivamente).

Ejercicio 7.3. Selección de Modelos Censurados

En un estudio sobre el mercado laboral que tenía por finalidad analizar la actitud de las mujeres casadas ante el mercado laboral, se estimó un modelo microeconométrico en el que se relacionaban sus ingresos salariales con un conjunto de características socioeconómicas. Para su estimación se ha encuestado a 753 familias y se ha especificado la ecuación de comportamiento siguiente:

$$Y_i = \beta_1 + \beta_2 X_{2i} + \beta_3 X_{3i} + \beta_4 X_{4i} + \beta_5 X_{5i} + \beta_6 X_{6i} + u_i$$

donde:

Y_i: son los ingresos salariales anuales de las mujeres casadas, en el caso de que no trabaje los ingresos son nulos.
X_{2i}: son los ingresos familiares.
X_{3i}: número de niños menores de seis años.
X_{4i}: es la que puede tomar valores del 1 al 17.
X_{5i}: es el nivel educativo de la mujer casada.
X_{6i}: es la experiencia laboral en años.

Dado que la variable endógena está censurada se han estimado un Modelo Censurado Normal (Probit) y un Modelo Censurado Valor Extremo cuyos resultados se presentan en los cuadros adjuntos.

Modelo Censurado Normal (Modelo Tobit)

Dependent Variable: Y
Method: ML - Censored Normal (TOBIT)
Included observation: 753
Left censoring (value) at zero

Variable	Coefficient	Std. Error	z-Statistic	Prob.
C	882,7268	1377,444	0,640844	0,5216
X2	0,057826	0,014443	4,003697	0,0001
X3	−2276,320	386,9069	−5,883380	0,0000
X4	−199,5672	25,35199	−7,871854	0,0000
X5	316,8150	78,61041	4,030191	0,0001
X6	252,8058	23,14735	10,92159	0,0000
Error Distribution				
SCALE:C(7)	3839,388	167,5012	22,92156	0,0000

Modelo Censurado Normal (Modelo Tobit) (continuación)

R-squared	0,260546	Mean dependent var	1849,734
Adjusted R-squared	0,254599	S.D. dependent var	2419,887
S.E. of regression	2089,249	Akaike info criterion	9,284874
Sum squared resid	3,26E+09	Schwarz criterion	9,327860
Log likelihood	−3488,755	Hannan-Quinn criter.	9,301435
Avg. log likelihood	−4,633141		
Left censored obs	417	Right censored obs	0
Uncensored obs	336	Total obs	753

Modelo Censurado Valor Extremo

Dependent Variable: Y
Method: ML - Censored Extreme Value
Sample: 1 753
Included observations: 753
Left censoring (value) at zero

Variable	Coefficient	Std. Error	z-Statistic	Prob.
C	251,8816	1299,760	0,193791	0,8463
X2	0,070239	0,015736	4,463645	0,0000
X3	−1321,816	340,8560	−3,877932	0,0001
X4	−165,4982	23,90953	−6,921854	0,0000
X5	359,3007	69,96269	5,135604	0,0000
X6	226,9148	22,81598	9,945431	0,0000

Error Distribution				
SCALE:C(7)	4056,397	171,1259	23,70416	0,0000

R-squared	0,259775	Mean dependent var	1849,734
Adjusted R-squared	0,253822	S.D. dependent var	2419,887
S.E. of regression	2090,337	Akaike info criterion	9,246966
Sum squared resid	3,26E+09	Schwarz criterion	9,289952
Log likelihood	−3474,483	Hannan-Quinn criter.	9,263527
Avg. log likelihood	−4,614187		
Left censored obs	417	Right censored obs	0
Uncensored obs	336	Total obs	753

La selección de la especificación más adecuada entre el Modelo Censurado Normal (Probit) y un Modelo Censurado Valor Extremo dado que el regresando y el número de observaciones son los mismos se puede llevar a cabo mediante los siguientes criterios:

— *El logaritmo de la función de verosimilitud* (Log likelihood): en este caso se debería elegir el Modelo Censurado Valor Extremo ya que presenta un valor (−3474,483) que es mayor que el de la función de verosimilitud (Log likelihood) del Modelo Probit (−3488,755).

— *El criterio AIC de Akaike:* bajo este criterio se debería elegir el Modelo Censurado Valor Extremo ya que presenta un valor (9,246966) que es menor que el AIC del Modelo Probit (9,284874).
— *El criterio Schwarz:* en este caso se debería elegir el Modelo Censurado Valor Extremo ya que presenta un valor (9,289952) que es menor que el estadístico de Schwarz del Modelo Probit (9,327860).
— *El criterio Hannan-Quinn:* en este caso se debería elegir el Modelo Censurado Valor Extremo ya que presenta un valor (9,263527) que es menor que el estadístico de Schwarz del Modelo Probit (9,301435).

7.6. PRÁCTICA. ESTIMACIÓN DE MODELOS DE VARIABLE DEPENDIENTE LIMITADA

Se pretende realizar un estudio sobre la compra de vivienda. Para ello se dispone de información, contenida en el fichero Practica7a.wf1, sobre las siguientes variables:

VIVIENDA: Variable que cuantifica el gasto anual en la compra de la primera vivienda realizado por una familia.
INGRES: Nivel de ingresos del sustentador principal de la familia.
ANYOS: Experiencia laboral del sustentador principal de la familia.
TRABAJO: Variable dicotómica que toma el valor 1 si el sustentador principal ocupa un puesto directivo y 0 en otro caso.

Dado que se trata de analizar qué relación existe entre el gasto en vivienda y el nivel de ingresos del individuo, se ha utilizado para este análisis la siguiente especificación del modelo:

$$Y_i^* = F(X_i\beta) + u_i$$

Se pide:

1. Analizar gráficamente qué tipo de modelo se puede aplicar según el tipo de información que se está utilizando.
2. Estimar el modelo por Mínimos Cuadrados Ordinarios.
3. Estimar el Modelo Censurado suponiendo una función de distribución Normal.
4. Comparar los resultados obtenidos en los apartados 2 y 3 anteriores.
5. Suponga ahora que la información referente a los gastos 0 en la compra de primera vivienda se desconoce, por lo que no se dispone de información sobre el gasto en vivienda para estos individuos. ¿Qué tipo de modelos se pue-

den estimar en este caso? Argumente su respuesta mediante un razonamiento gráfico.

6. Estimar el Modelo Tobit Truncado.
7. Comparar y comentar las diferencias de la estimación elegida anteriormente con la obtenida por MCO.

Solución

1. Analizar gráficamente qué tipo de modelo se puede aplicar según el tipo de información que se está utilizando.

Dadas las características del análisis que se propone, el primer paso es representar las variables VIVIENDA e INGRES gráficamente. Para ello, se ejecuta la orden:

SCAT INGRES VIVIENDA

cuyo resultado es la representación gráfica que se muestra en la figura 7.10.

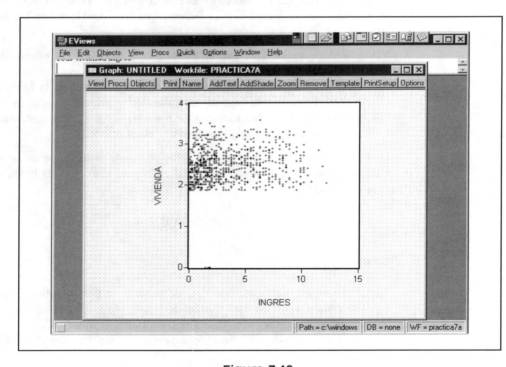

Figura 7.10.

Como se puede observar en el gráfico, hay individuos cuyo gasto en vivienda es cero, por lo que se desconoce la información sobre el gasto en vivienda de ellos.

Ante este hecho, el modelo adecuado será un modelo Tobit Censurado ya que existe un grupo de potenciales compradores de vivienda sobre los que se conoce la información referente a las variables explicativas y de los que se desconoce su gasto en vivienda.

2. Estimar el modelo por Mínimos Cuadrados Ordinarios (MCO).

La estimación del modelo por MCO se obtiene al ejecutar la orden:

LS VIVIENDA C INGRES EDUC TRABAJO

Los resultados de la estimación se muestran en la figura 7.11.

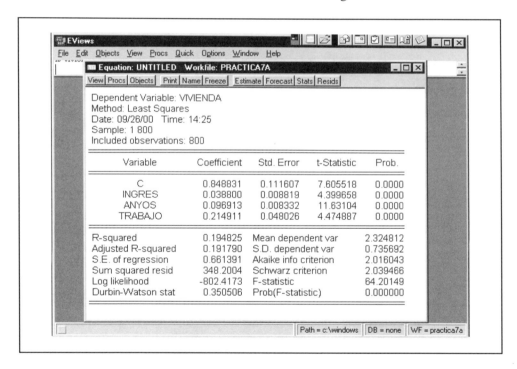

Figura 7.11. Estimación del modelo por MCO.

En este caso, la interpretación de los parámetros estimados se corresponde con el efecto marginal que tiene sobre el gasto en vivienda un cambio unitario en una variable explicativa, manteniendo constantes los demás regresores o características.

3. Estimar el Modelo Censurado suponiendo una función de distribución Normal.

La especificación del modelo Tobit o modelo Tobit censurado queda recogida en las ecuaciones (7.11.a) y (7.11.b). Su estimación en el programa *Eviews* se realiza mediante la orden:

TOBIT

que al ser seleccionada abre una ventana de diálogo que muestra las opciones de estimación de los modelos censurados (véase figura 7.12).

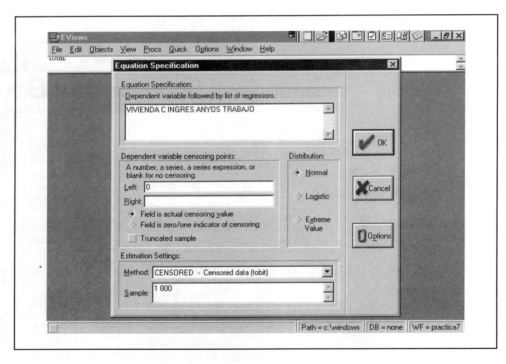

Figura 7.12. Estimación de un modelo Tobit.

Como se puede observar en la figura 7.12, las opciones seleccionadas por defecto corresponden a un Modelo Probit Censurado ya que la función de distribución es la Normal y el valor mínimo de censura por la izquierda es el valor cero.

Una vez que se incluyen la variable dependiente y las explicativas (véase figura 7.12), los resultados de la estimación se muestran en la figura 7.13.

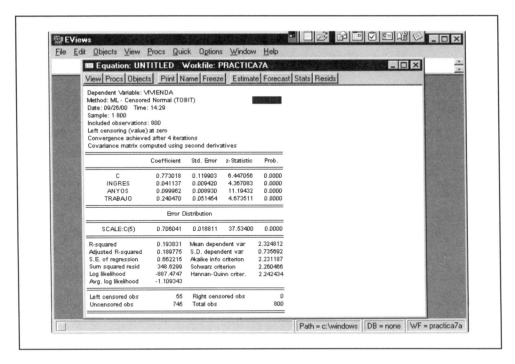

Figura 7.13. Estimación del Modelo Tobit Censurado.

4. Comparar los resultados obtenidos en los apartados 2 y 3 anteriores.

A diferencia de los estimadores obtenidos por MCO, los coeficientes de regresión en el Modelo Tobit Censurado no miden directamente el efecto marginal de un cambio unitario en la variable explicativa sobre la variable dependiente. Para obtener el efecto marginal de una variable explicativa en un punto u observación determinada, se debe multiplicar el coeficiente estimado por el valor de la función de distribución en dicho punto, ver ecuación (7.30). Así, el efecto marginal de una variable explicativa[9] en el Modelo Tobit Censurado es distinto en cada punto u observación.

A efectos de comparar ambas estimaciones, dicha comparación sólo tiene sentido si se comparan los efectos marginales en el punto medio. Así, dado el valor medio de las variables explicativas: *INGRES* = 3,906; *ANYOS* = 12,6 y *TRABAJO* = 0,815, se obtiene un valor de $\hat{\alpha}_i$ = (C(1) + C(2) * 3,906 + C(3) * 12,6 + C(4) * 0,815)/C(5) = = 3,3839 al que le corresponde una probabilidad estimada $\Phi(\hat{\alpha}_i)$ = 0,9996426. De esta forma, se procede a comparar los resultados de ambos modelos en términos del efecto marginal de cada variable explicativa en la tabla 7.8.

---

[9] Tan sólo se van a calcular los efectos marginales de las variables derivables.

TABLA 7.8

	Tobit Censurado	MCO
INGRES	0,041137 * 0,99964 = **0,04122**	**0,039**
ANYOS	0,099962 * 0,99964 = **0,099926**	**0,097**

Como se puede observar, la magnitud de los efectos, bien positivos o negativos, es ligeramente mayor en el caso del Tobit Censurado que en el caso de la estimación por MCO, siendo éste el caso en el que tiene sentido la comparación ya que se está comparando un ajuste lineal con uno no lineal. Si se comparan ambas estimaciones para un individuo concreto, cuyas características no coinciden con la media de individuos, la comparación puede dar resultados dispares. Por ejemplo, si un individuo muestra un valor de las variables explicativas como: INGRES = 2, ANYOS = 2 y TRABAJO = = 0, se obtiene un valor de: $\hat{\alpha}_i = (C(1) + C(2)* 2 + C(3)* 2 + C(4)* 0)/C(5) = 1,49455$ al que le corresponde una probabilidad estimada $\Phi(\hat{\alpha}_i) = 0,93248$. En este caso la comparación entre los efectos marginales que se obtienen a partir de ambas estimaciones queda recogida en la tabla 7.9.

TABLA 7.9

	Tobit Censurado	MCO
INGRES	0,041137 * 0,93248 = **0,038359**	**0,039**
ANYOS	0,099962 * 0,93248 = **0,09321**	**0,097**

Como se puede observar, en el caso de un individuo con un nivel de ingresos bajo, con un nivel medio de años trabajados y que no ocupa un puesto directivo, el efecto marginal de un aumento en sus ingresos sobre el gasto en compra de primera vivienda sería prácticamente igual que en el caso del modelo lineal.

5. Suponga ahora que la información referente a los gastos cero en la compra de primera vivienda se desconoce, por lo que no se dispone de información sobre el gasto en vivienda para estos individuos ni tampoco sobre las variables explicativas. ¿Qué tipo de modelos se pueden estimar en este caso? Argumente su respuesta mediante un razonamiento gráfico.

En el caso de que los gastos cero se omitan, y no se conozca ningún tipo de información sobre estos individuos, estamos ante un modelo con una muestra truncada. En este caso, la información de que se dispone, tanto para las variables explicativas como para la variable dependiente, sólo corresponde a aquellos individuos que efectivamente compran su primera vivienda. En términos del presente análisis, este hecho implica la creación de un fichero de trabajo: Practica7b.wf1, en el que se han eliminado las 55 primeras observaciones que corresponden a los individuos que muestran un valor cero de la variable VIVIENDA. Las variables contenidas en el nuevo fichero serán ahora VIVIENT, INGREST, ANYOST y TRABAJOT.

La representación gráfica de las variables VIVIENT e INGREST, establecida mediante la orden:

SCAT INGREST VIVIENT

presenta una muestra truncada en la que sólo se dispone de información para aquellos individuos con un gasto en la compra de su primera vivienda distinto de cero, véase figura 7.14.

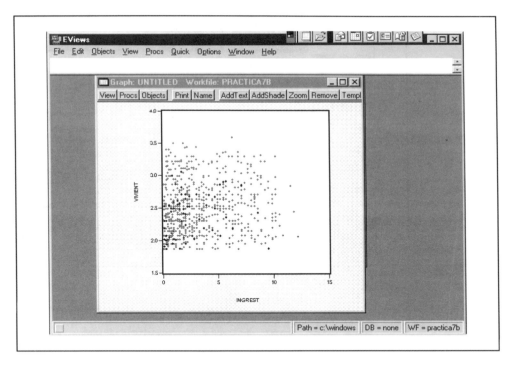

Figura 7.14.

6. Estimar el Modelo TOBIT Truncado.

Para estimar el Modelo Tobit Truncado se ejecuta el comando:

TOBIT

que activa la ventana de diálogo que se muestra en la figura 7.12. En este caso, dado que el valor más pequeño de la variable dependiente ya no es cero puesto que se ha truncado la muestra, se va a establecer el punto de truncamiento lo más cerca posible de dicho valor mínimo, es decir: 1,87 por la izquierda. Además, se selecciona la opción TRUNCATED SAMPLE en la ventana de diálogo. Así, la selección de las opciones de estimación se muestra en la figura 7.15. Los resultados de la estimación se muestran en la figura 7.16.

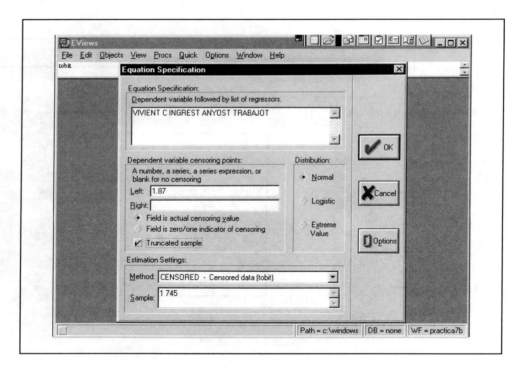

Figura 7.15.

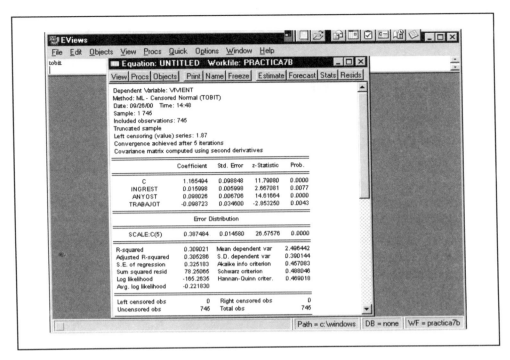

Figura 7.16. Estimación del Modelo Tobit Truncado.

7. Comparar y comentar las diferencias de la estimación elegida anteriormente con la obtenida por MCO.

En primer lugar se procede a estimar el modelo por MCO, cuyos resultados se muestran en la figura 7.17.

Para realizar la comparación de los resultados obtenidos, se van a comparar los estimadores de los coeficientes de regresión del Modelo Lineal con el efecto marginal para cada variable explicativa en el valor medio del Modelo Tobit Truncado. Así, dado el valor medio de las variables explicativas: INGREST = 3,406, ANYOST = = 12,715 y TRABAJOT = 0,6255, se obtiene un valor del índice del modelo: $Z_i = = C(1)+C(2) * 3,046+C(3) * 12,715 +C(4) * 0,6255 = 2,40$. Además, la desviación típica estimada es $\hat{\sigma} = 0,387484$, siendo el umbral del truncamiento: $a = 1,87$

El cálculo del efecto marginal de cada una de las variables explicativas en el Modelo Tobit Truncado se obtiene aplicando la expresión (7.18). Previo a su aplicación se calculan los valores de los distintos términos que intervienen en dicha ecuación. Según (7.14) y teniendo en cuenta la información anterior, se tiene:

$$\hat{\alpha}_i = \frac{1,87 - 2,40}{0,387484} = -1,368$$

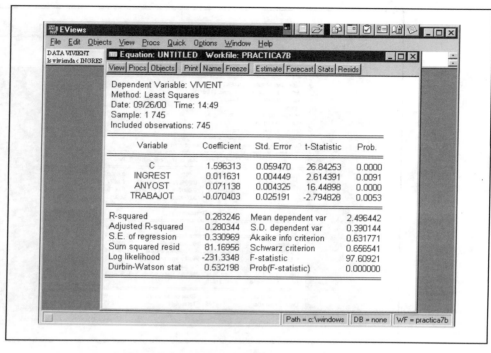

Figura 7.17. Estimación del Modelo Lineal.

Mientras que los valores de los términos que configuran la ecuación (7.14.a) son:

— el de la función de densidad:

$$\phi(-1{,}368) = \phi(\hat{\alpha}_i) = \phi\left(\frac{\hat{a} - \overline{X}_i\hat{\beta}}{\hat{\sigma}}\right) = \frac{1}{(2\pi)^{\frac{1}{2}}} e^{-\frac{1}{2}(-1{,}368)_i^2} = 0{,}156507$$

— el de la función de distribución:

$$\Phi(-1{,}368) = \Phi(\hat{\alpha}_i) = \Phi\left(\frac{\hat{a} - \overline{X}_i\hat{\beta}}{\hat{\sigma}}\right) = \int_{-\infty}^{(-1{,}368)} \frac{1}{(2\pi)^{\frac{1}{2}}} e^{-\frac{s^2}{2}} ds = 0{,}08565$$

— el valor de la expresión $\gamma(\hat{\alpha}_i)$ es:

$$\gamma(\hat{\alpha}_i) = \frac{\phi(\hat{\alpha}_i)}{1 - \Phi(\hat{\alpha}_i)} = \frac{0{,}1565}{1 - 0{,}086} = 0{,}1712$$

— mientras que el valor de $\delta(\hat{\alpha}_i)$ es igual a:

$$\delta(\hat{\alpha}_i) = \gamma^2(\hat{\alpha}_i) - \hat{\alpha}_i\gamma(\hat{\alpha}_i) = (0{,}1712)^2 - (-1{,}368)0{,}1712 = 0{,}26354$$

de forma que el efecto marginal de cada una de las variables explicativas en la estimación del Modelo Tobit Truncado es igual al valor de su estimador multiplicado por el factor de corrección. Según la ecuación (7.18), para las variables que son derivables:

$$\frac{\partial E(Y_i/Y_i > a)}{\partial INGREST_i} = \hat{\beta}_2[1 - \delta(\hat{\alpha}_i)] = 0{,}015998(1 - 0{,}2635) = 0{,}012$$

$$\frac{\partial E(Y_i/Y_i > a)}{\partial ANYOST_i} = \hat{\beta}_3[1 - \delta(\hat{\alpha}_i)] = 0{,}09826(1 - 0{,}2635) = 0{,}072$$

y para el caso de la variable dicotómica, según (7.13):

$$E(Y_i/Y_i > a)_{|TRABAJOT=0} = Z_i + \sigma\,\gamma(\alpha_i) = 2{,}46 + 0{,}387484 * 0{,}1712 = 2{,}526$$

siendo: $Z_i = C(1) + C(2) * 3{,}046 + C(3) * 12{,}715 + C(4) * 0 = 2{,}46$

$$E(Y_i/Y_i > a)_{|TRABAJOT=1} = Z_i + \sigma\,\gamma(\alpha_i) = 2{,}36 + 0{,}387484 * 0{,}1712 = 2{,}426$$

siendo: $Z_i = C(1) + C(2) * 3{,}046 + C(3) * 12{,}715 + C(4) * 1 = 2{,}36$

Por lo que el efecto marginal de la variable dicotómica será:

$$E(Y_i/Y_i > a)_{|TRABAJOT=1} - E(Y_i/Y_i > a)_{|TRABAJOT=0} = 2{,}426 - 2{,}526 = -0{,}1$$

Es decir, pasar a desempeñar un cargo directivo implica una disminución en el gasto en la compra de la primera vivienda de 0,1 puntos.

Problemas propuestos

PROBLEMA 7.1

Una entidad financiera concede préstamos a tipo de interés distinto según las características de las empresas demandantes. Con el fin de sistematizar los criterios de concesión de los créditos, se pretende especificar un modelo econométrico en el que se considera como variable endógena el importe del crédito concedido y como variables explicativas las características de las empresas solicitantes de los créditos (puede haber empresas a las que no se les haya concedido ningún crédito). Las características que se han contemplado son:

X_{2i}: es la rotación de activos (ventas/activos totales).
X_{3i}: es la tasa de beneficios (beneficios repartidos/ventas).
X_{4i}: es la tasa de capitalización de la deuda (deuda de largo plazo/activos totales).
X_{5i}: facturación anual/empleado (ventas /empleado).

Se pide:

1. Especificar el modelo adecuado. ¿Qué tipo de modelo es?: ¿Probit? ¿Logit? ¿Tobit Censurado? ¿Tobit Truncado? Razone la respuesta.
2. ¿Qué miden los coeficientes de regresión estimados en el modelo propuesto? Razone la respuesta.

PROBLEMA 7.2

Una empresa de intermediación bursátil pretende realizar un estudio para seleccionar los títulos para su cartera. A tal fin se pretende especificar un modelo econométrico en el que se considera como variable endógena la media trimestral de la cotización y como variables explicativas las características de las empresas cotizantes obtenidas a partir de su balance trimestral. Las características que se han contemplado son:

X_{2i}: es la rotación de activos (ventas trimestrales/activos totales).
X_{3i}: es la tasa de beneficios (beneficios trimestral/ventas).
X_{4i}: es la tasa de capitalización de la deuda (deuda de largo plazo/activos totales).
X_{5i}: facturación trimestral/empleado (ventas /empleado).

Se pide:

1. Especificar el modelo adecuado. ¿Qué tipo de modelo es?: ¿Probit? ¿Logit? ¿Tobit Censurado? ¿Tobit Truncado? Razone la respuesta.
2. ¿Qué miden los coeficientes de regresión estimados en el modelo propuesto? Razone la respuesta.

PROBLEMA 7.3

En el departamento de personal de una empresa se formaliza un modelo para incentivar la productividad de la plantilla. Para ello se pretende especificar un modelo econométrico en el que se relacione el índice de productividad de cada trabajador con las siguientes variables:

— Índice de productividad de cada trabajador.
— Horas trabajadas al mes.
— Remuneración/ventas realizadas por empleado.
— Una variable ficticia que toma el valor 1 si el trabajador se acoge al régimen de flexibilidad horaria.

Se pide:

1. Especificar el modelo adecuado. ¿Qué tipo de modelo es?: ¿Probit? ¿Logit? ¿Tobit Censurado? ¿Tobit Truncado? Razone la respuesta.
2. ¿Qué miden los coeficientes de regresión estimados en el modelo propuesto? Razone la respuesta.

PROBLEMA 7.4

En un informe sobre el mercado laboral, en el que se estudian las horas trabajadas por las mujeres en función de un conjunto de variables, se ha estimado la ecuación de comportamiento (*número de horas trabajadas*) mediante dos procedimientos:

1. A través de un Modelo Lineal utilizando el método de los Mínimos Cuadrados Ordinarios (MCO) para su estimación.

2. A través de un Modelo Tobit Censurado utilizando el método de la Máxima Verosimilitud (MV) para su estimación.

Los resultados de las estimaciones que se han obtenido se recogen en el cuadro siguiente:

Variables	Modelo Tobit Censurado MV		Modelo Lineal MCO	
	Estimador	t-Student	Estimador	t-Student
Constante	−2845,73	−8,79	−1330,25	−7,88
Variable ficticia que toma el valor uno si tienen hijos	−798,50	−10,54	−345,78	−11,23
Nivel educativo (variable que recoge diez categorías)	25,32	2,22	10,98	2,35
Proporción entre el salario del marido y de la mujer	266,57	3,54	114,22	3,22
Experiencia laboral	24,32	1,97	12,01	1,88
Variable ficticia que toma el valor uno si el lugar de residencia es un municipio >50.000 hab.	497,04	6,32	221,19	5,93
Variable ficticia que toma el valor uno si el lugar de residencia es un municipio >100.000 hab.	595,23	5,49	259,68	4,98
Coeficiente σ	1487,40			
Función de distribución en el punto medio	0,45			
Tamaño de la muestra	3,572		3,572	

Se pide:

1. Calcular el efecto marginal en el punto medio para la variable *Proporción entre el salario del marido y de la mujer* en ambos modelos y comentar los resultados.
2. Calcular la elasticidad entre la variable *Número de horas trabajadas por la mujer* y la variable *Proporción entre el salario del marido y de la mujer* para los valores de las variables 30 horas y 0,6, respectivamente.
3. ¿Por qué las t-Student son más grandes en el Modelo Tobit Censurado que en el Modelo Lineal? Razone la respuesta.

Bibliografía

Akaike, H. (1973): «Information theory and extensions of the maximum likelihood principle», en B. N. Petrov y F. Csaki (eds.): *Second International Symposium on Information Theory*. Akademia Kiada: Budapest.

Alegre, J., Juaneda, N. y Riera, A.(1999): *Microeconometria: Models d'eleccio discreta i models amb dades de panel*. UIB: Palma de Mallorca.

Amemiya, T. (1973): «Regression analysis when the dependent variable is truncated normal», *Econométrica*, 41, pp. 997-1016.

Amemiya, T. (1985): *Advanced econometrics*. Basil Blackwell Ltd.: Oxford.

Amemiya, T. (1988): «Modelos de respuesta cualitativa: un examen», *Cuadernos económicos de ICE,* 39, pp. 173-246.

Arrow, K. J. (1951): *The policy sciences in the EEUU*. Armand Colin: París.

Bera, A., Jarque, B. y Lee, L-F. (1984): «Testing the normality assumption in LDV model», *International economic review,* vol. 25, 3, pp. 563-578.

Berndt, E. R. (1991): *The practise of econometrics classic and contemporary*. Addison-Wesley: Nueva York.

Blundell, R. y Meguir, C. (1987): «Bivariante alternative to the Tobit model», *Journal of econometrics,* 34, pp. 180-200.

Blundell, R. y Meguir, C. (1989): *Unemployment discouraged workers and female labour supply*. UCL: Londres.

Cabrer, B. (2000): «Predicción y economía: Conceptos básicos», *Quaderns de treball,* 96. Facultad de Ciencias Económicas y Empresariales: Universitat de València.

Cabrer, B. (2000): «Predicción y economía: modelo lineal de probabilidad», *Quaderns de treball,* 97. Facultad de Ciencias Económicas y Empresariales: Universitat de València.

Cabrer, B. (2000): «Predicción y economía: Modelos Logit y Probit», *Quaderns de treball,* 98. Facultad de Ciencias Económicas y Empresariales: Universitat de València.

Cabrer, B. y Sancho, A. (1990): «La utilización de microdatos en los modelos de demanda de turismo». XV Simposio de Análisis Económico, IAE-UAB, 17, 18 y 19 de diciembre, Barcelona.

Cramer, J. S. (1990): *The logit model*. Edward Arnold: Londres.

Davidson, R. y McKinnon, J. G. (1993): *Estimation and inferences in econometrics*. University Press: Oxford.

Deaton, A. e Irish, M. (1984): «Stadistical model for zero expenditures in household budget», *Journal of public economics,* 23, pp. 59-80.

Eviews (1997): *Eviews user's guide. Quantitative micro software.* Irvine: California.

Johnston, J. y Di Nardo, J. E. (1997): *Econometric methods,* 4.ª ed. McGraw-Hill: Londres.

Green, W. (2000): *Econometric analysis.* Prentice Hall International Edition: Nueva York.

Hannan, E. J. y Quinn, B. J.(1979): «The determination of the order of a autoregresion», *Journal of Royal Stadistical Society,* Series B, 41, pp. 190-195.

Hausman, J. A. y Wise, D. A. (1988): «Un modelo Probit condicional de respuesta cualitativa: Decisiones con número restringido de alternativas teniendo en cuenta la interdependencia y heterogeneidad de las preferencias», *Cuadernos económicos de ICE,* 39, pp. 327-352.

Hecman, J. (1979) «Sample selection Bias as a Specification Error», *Econometrica,* 47, pp. 153-161.

Hecman, J. (1990) «Varieties of Selection Bias», *American Economic Review,* 80, pp. 313-318.

Intriligator, M. D. et al. (1996): *Econometric models, techniques and applications.* Prentice Hall International: Londres.

Labeaga, J. M. (1993): *A dynamic data model with LDV variables: An application to the demand for tobacco.* Tesis doctoral. Universidad de Bellaterra: Barcelona.

Lilien, M. et al. (1997): *Eviews user's guide. Quantitative micro software.* Irvine: California.

Maddala, G. (1983): *Limited dependent and qualitative variables in econometrics.* Cambridge University Press: Nueva York.

Mc Fadden, D. (1973): «Condicional logit analysis of qualitative choice behavior», en P. Zarembka (ed.): *Frontiers in econometrics.* Academic Press: Nueva York.

Mc Fadden, D. (1974): «The measurement of urban travel demand», *Journal of Public Economics,* 3, pp. 303-328.

Mc Fadden, D. (1988): «Análisis econométrico de los modelos de respuesta cualitativa», *Cuadernos económicos de ICE,* 39, pp. 247-305.

Novales, A. (1993): *Econometría,* 2.ª ed., McGraw-Hill.

Pindyck, R. S. y Rubinfeld, D. L. (1991): *Econometric model and economic forecast,* 3.ª ed. McGraw-Hill.

Pudney, S. (1991): *Modelling individual choice.* Blackwell.

Sancho, A. y Pérez, J. M. (1995): «A microeconometric cross section model of tourism demand». XLVth. International Conference of Applied Econometrics Association: Suiza.

Schwarz, G. (1978): «Estimating the dimension of a model», *Annals of stadistics,* 6, pp. 461-464.

Theil, H. (1970): «On the estimation of relationships involving qualitative variables», *American Journal of Sociology,* 76, pp. 103-154.

Tobin, J. (1958): «Estimation of relationships for limited dependent variables», *Econometrica,* 26, pp. 24-36.

TÍTULOS PUBLICADOS

FISCALIDAD DE COOPERATIVAS. Teoría y práctica, *J. F. Juliá y R. J. Server.*

FONDO MONETARIO INTERNACIONAL, EL BANCO MUNDIAL Y LA ECONOMÍA ESPAÑOLA, EL, *M. Varela (coordinación).*

FUNDAMENTOS DE ECONOMÍA Y ADMINISTRACIÓN DE EMPRESAS, *A. Aguirre Sádaba (dirección y coordinación).*

FUNDAMENTOS DE ECONOMÍA DE LA EMPRESA. APLICACIONES PRÁCTICAS, *C. Rodrigo Illera y M.ª T. Nogueras Lozano.*

FUNDAMENTOS DE ECONOMÍA DE LA EMPRESA. UNA PERSPECTIVA TEÓRICA, *C. Rodrigo Illera.*

FUNDAMENTOS DE GESTIÓN EMPRESARIAL, *J. García del Junco y C. Casanueva Rocha (coords.).*

FUNDAMENTOS Y MÉTODOS DE ESTADÍSTICA, *M. López Cachero.*

FUNDAMENTOS Y PAPEL ACTUAL DE LA POLÍTICA ECONÓMICA, *A. Fernández Díaz (director).*

GESTIÓN DE EMPRESAS. Enfoques y técnicas en la práctica, *J. García del Junco y C. Casanueva Rocha (coord. y dir.).*

GESTIÓN DEL RIESGO FINANCIERO, LA, *J. I. Jiménez, G. Ruiz y J. J. Torres.*

GRAFOS NEURONALES PARA LA ECONOMÍA Y LA GESTIÓN DE EMPRESAS, *A. Kaufmann y J. Gil Aluja.*

GRANDES ECONOMISTAS, *C. Rodríguez Braun.*

INFERENCIA ESTADÍSTICA. Un enfoque clásico, *A. Martínez Almécija, C. Rodríguez Torreblanca y R. Gutiérrez Jaímez.*

INTRODUCCIÓN A LA CONTABILIDAD, *J. Urías Valiente.*

INTRODUCCIÓN A LA CONTABILIDAD FINANCIERA, *M.ª C. García Pérez.*

INTRODUCCIÓN A LA ECONOMÍA, *D. Such y J. Berenguer (coords).*

INTRODUCCIÓN A LA ECONOMÍA DE LA EMPRESA I y II, *E. Díez de Castro, J. L. Galán González y E. Martín Armario.*

INTRODUCCIÓN A LA ECONOMÍA MATEMÁTICA, *M. A. San Millán y F. Viejo.*

MACROECONOMÍA SUPERIOR, *J. I. García de Paso.*

MANUAL DE ÁLGEBRA LINEAL PARA LA ECONOMÍA Y LA EMPRESA, *F. M.ª Guerrero y M.ª J. Vázquez (coordinación y dirección).*

MANUAL DE CÁLCULO DIFERENCIAL E INTEGRAL PARA LA ECONOMÍA Y LA EMPRESA, *F. M.ª Guerrero y M.ª J. Vázquez (coord. y dir.).*

MANUAL DE CONTABILIDAD GENERAL, *J. L. Wanden-Berghe (dir. y coord.).*

MANUAL DE CONTABILIDAD INTERNACIONAL, *J. A. Laínez Gadea (coord.).*

MANUAL DE CONTABILIDAD PÚBLICA, *B. Benito López.*

MANUAL DE INVESTIGACIÓN COMERCIAL, *E. Ortega y colaboradores.*

MARKETING: CONCEPTOS Y ESTRATEGIAS, *M. Santesmases.*

MARKETING ESTRATÉGICO: TEORÍA Y CASOS, *J. L. Munuera y A. I. Rodríguez.*

MARKETING INTERNACIONAL, *A. Nieto y O. Llamazares.*

MARKETING INTERNACIONAL. Casos y ejercicios prácticos, *A. Nieto, O. Llamazares y J. Cerviño.*

MARKETING PARA EL NUEVO MILENIO. Nuevas técnicas para la gestión comercial en la incertidumbre, *J. Gil Lafuente.*

MARKETING EN SECTORES ESPECÍFICOS, *M.ª S. Aguirre (coord.).*

MARKETING SOCIAL, *B. Rabassa.*

MARKETING Y TECNOLOGÍA, *J. L. Hernández Neira y J. Saiz Saiz.*

MATEMÁTICA DE LA FINANCIACIÓN E INVERSIÓN, *Julio G. Villalón.*

MATEMÁTICA FINANCIERA, *A. Terceño (coordinación).*

MATEMÁTICAS PARA ECONOMISTAS, *E. Costa Reparaz.*

MERCADO DE TRABAJO, RECLUTAMIENTO Y FORMACIÓN EN ESPAÑA, *M. Alcaide Castro, M. González Rendón e I. Flórez Saborido.*

MERCADOS DE FUTUROS EN INSTRUMENTOS FINANCIEROS, *A. Bergés y E. Ontiveros.*

METODOLOGÍA PARA LA INVESTIGACIÓN EN MARKETING Y DIRECCIÓN DE EMPRESAS, *F. J. Sarabia Sánchez (coord.).*

MÉTODOS Y EJERCICIOS DE ECONOMÍA APLICADA, *T. Domingo, I. Fernández, L. García, M. Sanchís y C. Suárez.*

MÉTODOS DE VALORACIÓN DE EMPRESAS, *V. Caballer.*

MICROECONOMETRÍA Y DECISIÓN, *B. Cabrer Borrás, A. Sancho Pérez y G. Serrano Domingo.*

NUEVA MACROECONOMÍA CLÁSICA, LA, *C. Usabiaga y J. M. O'Kean.*

NUEVO DICCIONARIO BILINGÜE DE ECONOMÍA Y EMPRESA (Inglés-Español/Español-Inglés), *J. M.ª Lozano Irueste.*

OPCIONES FINANCIERAS, *M. Casanovas.*

OPERACIONES DE SEGUROS CLÁSICAS Y MODERNAS, *Julio G. Villalón.*

ORGANIZACIÓN ECONÓMICA INTERNACIONAL. Problemas actuales de la economía mundial, *M. Varela (coordinador).*

ORGANIZACIÓN DE EMPRESAS. Estructura, procesos y modelos, *E. Bueno Campos.*

ORGANIZACIÓN Y GESTIÓN DE EMPRESAS TURÍSTICAS, *C. Casanueva, J. García del Junco y F. J. Caro.*

ORGANIZACIÓN SOCIAL DEL TRABAJO, LA, *L. Finkel.*

PLANES DE PREVISIÓN SOCIAL, *J. I. de la Peña Esteban.*

PLANIFICACIÓN CONTABLE ESPAÑOLA, *J. L. Gallizo, P. Apellániz, M.ª J. Arcas, A. Bellostas y J. M. Moneva.*

PLANIFICACIÓN PUBLICITARIA, *E. C. Díez de Castro y E. Martín Armario.*

POLÍTICA ECONÓMICA-LOCAL, *A. Vázquez Barquero.*

PRÁCTICAS DE CONTABILIDAD, *L. Cañibano y J. A. Gonzalo.*

PRÁCTICAS DE ADMINISTRACIÓN DE EMPRESAS, *E. Pérez Gorostegui.*

PREDICCIÓN Y SIMULACIÓN APLICADA A LA ECONOMÍA Y GESTIÓN DE EMPRESAS, *A. Pulido y A. M.ª López.*

PROBLEMAS BÁSICOS RESUELTOS DE CONTABILIDAD SUPERIOR. Nuevo Plan de Contabilidad, *J. Buireu y S. Buireu.*

PROBLEMAS Y CUESTIONES DE MATEMÁTICAS PARA ECONOMISTAS, *E. Costa Reparaz.*

PROBLEMAS DE ECONOMÍA APLICADA, *R. Fuentes y M. Hidalgo (coord.).*

PROBLEMAS DE ECONOMÍA DE LA EMPRESA, *E. Martín Armario y J. L. Galán González (coordinación).*

PROBLEMAS DE ESTADÍSTICA, *J. López de la Manzanara.*

PROBLEMAS DE ESTADÍSTICA. Descriptiva, probabilidad e inferencia, *J. M. Casas, C. García, L. F. Rivera y A. I. Zamora.*

QUÉ ES LA ECONOMÍA, *R. Febrero (ed.).*

SERVICIOS EN ESPAÑA, LOS, *J. R. Cuadrado y C. del Río.*

SISTEMAS DE INFORMACIÓN EN LA EMPRESA. Conceptos y aplicaciones, *D. García Bravo.*

SISTEMAS DE OPTIMIZACIÓN PARA LA PLANIFICACIÓN Y TOMA DE DECISIONES, *D. Villalba y M. Jerez.*

SUPUESTOS DE CONTABILIDAD, *J. L. Wanden-Berghe (dir. y coord.).*

SUPUESTOS DE ECONOMÍA DE LA EMPRESA, *M.ª F. Madrid Garre y J. A. López Yepes.*

TÉCNICAS DE PROGRAMACIÓN Y CONTROL DE PROYECTOS, *C. Romero.*

TÉCNICAS DE ANÁLISIS DE DATOS EN INVESTIGACIÓN DE MERCADOS, *T. Luque (coord.)*

TEORÍA Y PRÁCTICA DE LA AUDITORÍA I y II, *J. L. Sánchez Fernández de Valderrama.*

TÉRMINOS DE MARKETING. Diccionario-Base de datos, *M. Santesmases.*